麓山學人軼事

李蟠——著

作者與作者夫人陳蘭芬

序

　　1945年日本侵略者無條件投降後，搬遷到外地避難的各大中學校和文化團體陸續遷回長沙，一大批老中青知識份子雲集名城，雲集嶽麓山下，這裏又成了人文薈萃之區。這批知識份子親身遭受過外國強盜的蹂躪，飽嘗顛沛流離、饑寒交迫的困苦，領略過封建獨裁統治者的橫暴，大家都希望國富民強，要求開創一個沒有戰亂、沒有饑餓、沒有迫害的新的時代，新的生活，並為此一而再、再而三地掀起追求民主、自由、溫飽的鬥爭高潮。

　　我和本書的作者李蟠（筆名李鶴齡）教授是在這一高潮中邂逅相識的。以後我倆也和長沙一帶的其他廣大知識份子一樣，接受新的洗禮，有如季羨林先生〈站在胡適之先生墓前〉一文中所說：「懷著絕對虔誠的心情，嚮往光明，嚮往進步，覺得自己真正站起來了……全心全意投入造神運動……造出了神，又自己膜拜……對自己則認真進行思想改造……改造，改造，再改造，直改得懵懵懂懂……然而涅槃難望，苦海無邊……通過無數次的運動，直到十年浩劫……仍然不停地膜拜。其精誠之心真可以驚天地而泣鬼神了。改革開放以後，自己的腦袋才裂開了一點縫，覺今是而昨非。」

　　二十世紀八十年代後期到九十年代後期，我從北方回到嶽麓山下休養，與一別四十餘年的鶴齡教授比屋而居，時相過從。兩個「裂開了一點縫」的腦袋，兩顆「覺今是而昨非」的心，有說不盡的話。從古今中外的興衰成敗，賢愚不肖，到當年嚮往光明，嚮往進步的老中青知識份子的命運和我們自己的經歷，無所

不談。燈前月下，秋夕春朝，我們常相對欷歔，相對憤懣，相對熱血沸騰。

教授在嶽麓山下執教、生活五十餘年，對嶽麓山下的許多往事比我熟悉。我在外地闖蕩了幾十年，對故鄉的人和事已經很陌生了，發言權自然不如鶴齡兄大，所以常是聽者。不過我聽得很專心，很認真，像一個很用功的小學生。打那以後，我再去讀魯迅的名著《野草》，特別是其中的〈失掉的好地獄〉一文的時候，便覺得好懂多了。魯迅先生那精湛的思想，犀利的目光，那非常強烈的憤懣，震撼我的心靈，使我難以平息心靈深處的驚濤駭浪。

現在教授已將在嶽麓山下和我談過的一些往事記錄成集，名曰《麓山學人軼事》，據實走筆，不加粉飾。我想，在諛詞盈耳、謊話連篇的迷霧中為子孫後代留一點點歷史的真實，自是一件功德無量的善舉。縱然只是罄竹難書中的一葉，滄海橫流中的一粟，對後之來哲以史為鑒，大約不無裨益吧！當然來哲們怎麼想，那也還是個變數，不是我們管得了的。

作為一個整體來說，知識份子是人類文化知識的載體，是人類的腦袋，是從事複雜勞動的勞動者，是社會第一生產力的代表。沒有知識份子，社會便不能進步，民族便不能振興，國家便不能強盛。虐殺知識份子就是虐殺民族的生機，雖有利於愚民政策的貫徹，有利於封建專制獨裁統治的延續，而其毒害社會、毒害人民之禍是非常深遠，非常劇烈的。古今中外的興衰成敗早已證明瞭這個並不是怎麼深奧難懂的真理。即使是在史達林統治下的蘇聯，其知識份子的命運也不見得比嶽麓山下那一大批知識份子的命運悲慘。這是我們中國的悲哀，一個時代的悲哀！

知識份子不是敷在獸皮上的毛。野獸怕冷時，可以用毛來保溫；燥熱時，可以把它掉光；瘙癢時，可以在粗糙的樹幹上或石頭

上擦蹭以快意，一大片一大片地將它磨掉，在所不惜。然而，虐殺知識份子遠不是蹭掉皮上的一層毛。知識份子的命運就是一個國家、一個民族的命運。這不是個人恩怨問題，不是個人情緒問題，而是關係到天下興亡、生民死活的大問題。如果還不肯認識這個問題，那仍然是很危險的。

　　教授來信囑我寫序。記得魯迅曾驚詫於向秀的〈懷舊賦〉怎麼寫得那麼短，剛開始就結束了。我這篇序卻早已大大超過了〈懷舊賦〉的篇幅，該打烊了。自己也不知所云。

2009年5月 陶俊新 於青島

目次

003　序

013　「夜門兀自無人閉」
　　　——楊樹達先生晚年的困惑

026　「又卜明朝大好天」
　　　——回憶羅暟嵐先生

038　好錚錚一條漢子
　　　——懷念羊春秋

050　最後的囑託
　　　——我在「牛棚」中結識陳布雷胞弟陳叔時

058　天真、豁達與寬容
　　　——譚文炳其人其事

062　「老右傾」魏東明
　　　——魏東明的二三趣聞

067　和林增平在一起的日子裏

076　他是一本讀不完的書
　　　——記方嗣櫺博士

082　「洋博士」
　　　——楊卓新

088 不該被人遺忘的學人
　　——孫俍工

096 嶽麓山下最後一名「右派」教授陳孝禪

102 長壽教授姜運開
　　——記毛澤東親自任命的中共寧鄉縣委第一任書記

107 董爽秋教授的風範

116 二級教授林兆倧之死

122 瀟灑教授李盛華

130 一代名師皮名舉

139 「人患」論者黃士衡

146 筆耕不止的翻譯家謝德風

150 「左派」民主教授廖六如

159 「臭嘴」教授陶懋炳

167 「人際往來失酌裁」
　　——記勞改二十二年的「極右分子」熊克立

171　掩護過許多「左派」的右派分子曾作忠

177　「大法官」劉克儁教授後半生

181　我心目中最好的教務長金先傑教授

187　辭賦名家馬積高

193　經學大師馬宗霍

198　一個耐得住寂寞的學人
　　　──記孫文明教授

209　老院長劉壽祺的幾則往事

216　音樂家劉已明先生的笑話

223　葛德淹沒被接受的忠誠

232　一根繩子，兩條人命
　　　──記李祜夫婦之死

239　喝延河水長大的「紅小鬼」閻明智

250　嚴怪愚先生外傳

260　張名溢的遺憾

266　「爺爺」教授劉齊賢

273　枯木逢春開新花
　　　──記「右派」教授青義學

281　雷敢先生

286　抹不去的記憶
　　　──記鄒聲揚先生

295　難忘噯嵐先生

303　為人重德的教授

313　晚年李俊

318　楊「代數」少岩先生

321　憶「將軍」教授劉啓松

324　記憶中的張子傑

329　自學成才的鄭其龍教授

334　嚇死的海雲先生

336　戴世虎先生

338　詩人彭燕郊先生

342　梁啓燊先生

345　「低調」教授孫秉瑩

348　憶秉鈞先生二三事

351　詩人劉家傳

355　韓罕明教授的尷尬與苦澀

358　左翼文化人魏猛克先生

361　追憶儲聲虹教授

365　後記

「夜門兀自無人閉」
──楊樹達先生晚年的困惑

一

　　楊樹達先生的晚年是在長沙嶽麓山下度過的。他1937年舉家南遷，回到自己的家鄉，紮根於湖南大學中文系。1953年全國高校院系調整，轉入湖南師範學院，除了1948年曾去南京一次，1948－1949年去廣州講學之外，他基本上沒有離開過湖南。

　　楊先生「生平無他嗜好，惟喜讀書。心有所會，則筆之於書，以為至樂[1]」。他終生勤奮，數十年如一日，伏案筆耕不輟，著作等身，成績斐然，影響及於海外，在日本、（前）蘇聯、美國尤為知名。1942年被教育部聘為教授，1948年被中央研究院選為院士，1954年又被聘為中國科學院社會科學學部委員。他是我國最著名的語言文字學家之一。

　　如果說1949年以前，楊先生基本上是遠離政治的話，那麼在這以後，他似乎在逐漸改變自己，以適應於新的時代要求。對新政府頭兩年所取得的成就，他滿懷激情地謳歌：

「自留學以後，五十年來，日望國家進步，終不可得。今解
放不及兩年，國力日強：社會有正義、有是非；鄉村賭博絕
跡；流氓地痞，予以清除；遊子無業，施以改造。古稱堯天
舜日，恐亦不過如此。古人稱：『朝聞道，夕死可矣。』
余雖未能聞道，然衰年及見國家社會有此景象，雖死無恨
矣。」[2]

他不僅在大會上作這樣熱情謳歌的發言，而且還在國慶日寫下
了這樣的頌詩：

「熱淚縱橫不自休，暮年喜見此年頭。夜門兀自無人閉，穀
粒都歸種者收。淮水安瀾歌大德，夷人授首洗前羞。平生夢
想今都現，笑口頻開待首丘。」[3]

二

楊先生在新時代裏受到的禮遇，是許多大知識份子都要嫉羨
的。他被選為全國政協委員、省人民政府委員、科學院學部委員。
毛澤東三次同他見面，多次同他書信往還，視他為朋友，待他為上
賓。楊先生在1954年至1955年的十二個月中，出版新舊著作竟達七
種之多！作為最高級別的教授，他在生活上也受到多方面的照顧，
雖然趕不上抗戰以前的水平，但比之一般的教授，則優厚得多！政
治上他也沒有受到太大的壓制和打擊，從1950年到1956年，他在各
項政治運動中，都順利過關，惟一對他有所觸動的，是1952年開展
的知識份子思想改造運動，但也只是收到群眾意見六條，花了十天

時間寫思想檢查，最後在歷史系全系師生大會上宣讀，一次通過，輕鬆過關。

楊先生的檢討書，用文言寫出，與楊卓新先生的檢討書一起在《人民湖大》上刊登過，對推動湖大教師的思想改造，起過很大作用，上世紀八十年代再一次發表在《湖南文史》上。

我們從他的回憶錄中看到他的檢討是這樣的：

> 「余向歷史系師生檢討。平生最大的錯誤，為應日本人之請續修四庫提要一事。因好利之故，喪失民族立場，最可痛恨。次之則反對學生運動（抗日運動除外）。李毓堯出長湖大，學生反對，余竟為李緩頰。及軍人入校干涉，余始力助學生，則事已無及矣。他如強調業務、自高自大、自私自利，皆極端錯誤，急需改正者。」[4]

楊先生之所以在歷次政治運動中順利過關，當然首先得益於他崇高的學術地位與聲望，其次是得益於他的嚴格自律。他雖不懂政治，但終究是冷靜的現實主義者，懂得如何保存自己。如果說解放前楊老先生以說話大膽、不遮不掩而著名的話，那麼到了新時代他就出言謹慎，甚至有點小心翼翼了。從楊先生1953年寫就的回憶錄中，我們看不到湖南大學歷次政治運動的全貌，也就完全可以理解了。比如曾國藩的曾孫、電機系主任曾昭權教授在思想改造運動中，不肯批判先曾祖而寧願從科學館跳樓自殺一事，我們竟在回憶錄中看不到一點反響，這就是楊先生自律的最好例證，因為誰都知道作為國學大師的楊先生對一代碩儒的曾國藩持尊敬態度。此外象中文系陳書農的被解聘還鄉，羅暟嵐的用剃鬚刀自殺未遂，都在回憶錄中找不到影子，也是一例。

　　自律、克制、容忍是老一代知識份子試圖適應新時代的必然，並非楊先生一人如此，只有極少數的例外，如梁漱溟之類。絕大多數知識份子主觀上很想跟上新時代，但客觀上的現實生活，又往往使他們越來越感到難以適應，無法理解，於是他們慢慢地有了疑惑、迷惘、不滿，甚至失望、無奈！

　　使他感到困惑的，是一些人事上的安排，其實有些人的安排，同他並不相干。比如有人告訴他京中設文史研究館，某某出任館長。他說：「某乃妄人，不識一字。果有其事，亦是輕朝廷，羞天下之士矣！」[5]

　　1950年楊榮國出任湖南大學文教學院院長，楊先生也感到疑惑不解，有人告訴他廣播電臺已經廣播，他居然不信：「肯定是廣播員念錯了！楊榮國先生的特點不就是錯別字多嗎？這樣的人怎麼能當文學院院長呢？」

　　這只是傳說，並不見諸文字，但傳說很廣。當年湖南大學學生知道的不少，有一位親口對我說過，說他曾親耳聽到楊老先生說過。楊樹達先生說沒說過這樣的話，我無法肯定，但楊榮國先生錯別字多，我是相信的。批林批孔時他來我校作報告，把「一丘之貉」念成「一丘之絡」，我是親耳聽見過的，當時報告廳內外一片譁然。

　　關於楊榮國先生在這裏不得不多說幾句，因為他成了研究楊樹達先生晚年不快的一個關鍵人物。

　　楊榮國是1949年6月長沙解放前夕來湖南大學任教的。此前他在桂林師範學院當教授，他與楊樹達先生不是同一類型的教授。楊樹達先生是以學術研究為目的的教授，而楊榮國先生則是以學術研究為手段，為政治服務的教授。他們碰在一起不可能不發生衝撞和矛盾，這是不以他們的意志為轉移的。

　　楊榮國先生是一位進步的、革命的教授。三十年代中期參加共產黨，來湖南大學前，曾因從事地下反蔣活動被捕，後由桂林師院院長曾作忠博士出面，保釋出獄。來湖南大學以後不久，於1950年初被任命為湖南大學文教學院院長，儘管他是治中國古代思想史的，屬於歷史系，不屬於文教學院，而是屬於法商學院。因為當時文教學院下面只有中文系、外文系和教育系。楊樹達先生大概不知道楊榮國是地下黨員，至少是不知道他是湖南大學黨的秘密五人小組的成員之一，所以他從歷史系調出來擔任文教學院院長，成了中文系的主管領導。對此楊樹達先生很可能是有不同看法的，所以才有了前面提到的那一則廣為人知的傳說。

　　1951年初楊榮國在《新建設》雜誌上發表一篇文章，裏面引用了金文、甲骨文例子。楊樹達先生看了以後，覺得他「引金文、甲骨文錯誤百出」[6]，然後將錯誤一一列出。寫出這篇批評文章之後，楊樹達先生把它交給湖南大學的校刊《人民湖大》，要求發表。當時兼任該刊編輯的王石波先生看了文章以後，不敢作主，便將稿子交給學校軍代表余志宏。余以有礙團結為由，不同意發表，王石波不得不將原稿退給楊樹達先生，並一再致歉。楊樹達先生隨即將批評稿寄往《新建設》，編輯部又將稿子轉寄到湖南大學校長李達的手中。李達終究是一位嚴肅的學者，他親自將稿子交給楊榮國，並要求他「自行檢討，向讀者道歉」[7]，同時向楊樹達先生道謝。

　　但楊榮國先生並沒有照李達校長的意見辦，既未向讀者道歉，也沒有向指出其錯誤的楊樹達先生致謝，而是將此事彙報給了黨的五人小組，彙報到了省委宣傳部副部長唐麟那裏。唐副部長找了譚丕模等人研究，決定要壓一壓楊樹達先生的「囂張氣焰」。後來他們找來了楊樹達先生在抗日時期出版的《春秋大義述》，從〈自

序〉和〈凡例〉中挑出幾句「吹捧」蔣介石的話，交給《人民湖
大》的編輯汪華藻，說先讓人傳話給楊樹達先生，如果他「收斂」
一下，他們就不發表，否則就立即發表。據說楊樹達先生一見形勢
不妙，大驚失色，所以沒發表云云。

　　不過，事實似乎並非如此。楊樹達先生不僅沒有「收斂」多
少，反而當面要求李達校長撤銷楊榮國的文教學院院長職務，甚至
不再讓他上講臺，免得他「貽誤後一代青年」，因為他的學力實在
不夠當教授，或許可以讓他去圖書館當館長或當總務長。見到李校
長聽後默默無語，問他困難何在？李校長仍然默不作答。楊先生哪
裡知道李校長的難處：他當時黨籍才剛剛恢復，哪能撤換一個老黨
員的職務呢？有一件小事在這裏順便提一提，可以幫助我們多少理
解一點李校長的難言之苦。據當時任湖南大學秘書科科長的王石
波先生說，李校長寫出一篇稿子，不是〈《矛盾論》解說〉就是
〈《實踐論》解說〉，需要列印，軍代表余志宏竟然不准，說私人
稿件，一律不准列印。氣得李校長跑到秘書科對王石波發牢騷，後
來還是王石波拿去找打字員列印的。足見李達當時名為校長，實際
權力卻相當有限。遠不如軍代表余志宏！

　　同李校長談話未獲得結果之後，楊樹達先生採取了相應的行
動，直接給毛澤東寫信，詳細敘述他對楊榮國的看法，意圖非常明
顯，希望得到毛的支持。據說此時毛尚不知道楊榮國為何許人也，
正是楊樹達先生的這封信，才使毛開始注意楊榮國這個人物。毛在
接到楊樹達先生的信後，並未馬上回信。後來唐麟告訴楊老先生：
「今日教授，當以思想為主。」楊老先生這才明白毛澤東沒有馬上
回信的原因，於是「自悔孟浪，遂再奉書」，解釋原由，求得毛的
諒解。接連收到楊老先生兩封信後，毛才回信：

「違教多年，最近兩接惠書，甚為感謝。所論問題，先生在
第二封信裏已作解決，我以為取這種態度較好。」[8]

由於得不到毛的支持，楊老先生便不得不請求離開文教學院，
轉入法商學院的歷史系。楊先生的專業，放到歷史系並不為怪，但
楊先生在湖大中文系工作十餘年，一旦突然離開，其心情不難想像！

當然，促使楊老先生離開中文系的，不只是一個文教學院院長
楊榮國，還有一個重要人物，那就是中文系主任譚丕模。

譚丕模同楊榮國有許多共同點：他們都是以學術為政治服務的
教授，都是三十年代的地下共產黨員，都是在桂林師範學院因從事
地下革命活動而被解聘的教授，都在1949年6月間同時來到長沙。
當然他們專業不同，楊榮國治中國古代思想史，譚丕模攻中國文學
史，但都想進湖南大學。楊榮國順利達到目的，進了湖大歷史系，
譚丕模卻遭到中文系主任譚戒甫的婉言拒絕，不得不俯就私立民國
大學文學院院長。

但為時不到半年，長沙和平解放，民國大學併入湖南大學，楊
榮國出長湖南大學文教學院，譚丕模就任中文系主任。而他們兩個
在楊樹達先生的心目中都是學力不足的教授：一個特點是錯別字
多；一個是「連中蘇條約極粗淺之文字都看不通」。可到了新時
代，他們都飛黃騰達，成了耀眼的明星，成了他楊樹達直接的頂頭
上司！

其實，楊老先生還不完全瞭解他們兩位，尤其是譚丕模。

與楊榮國相比，譚丕模的政治實力，更為強大。他與省委書記
黃克誠、省委宣傳部部長周小舟、中南局書記陶鑄都曾同過學。他
們的關係都很好，譚丕模還曾救過陶鑄一次命。周小舟一到長沙，
找的第一個人，就是譚丕模，並於1950年3月介紹譚重新加入共產

黨，讓他當省教育廳廳長，譚不願意，於是留在湖南大學擔任中文系系主任。

譚與楊榮國不同，他工作積極，雄心勃勃，一心一意要徹底改造舊湖大中文系，要將它變成「延安魯迅藝術學院」那個樣子！

經過一番深入調查，他告訴學生，舊的湖大中文系，又稱國學系，是一個頑固保守的「經學堡壘」，只重古文，不要今文（白話文）；只重研究，不重寫作實踐。教師經院氣十足，落後保守，思想空虛，生活腐化，整日整夜搓麻將，上課瞎扯，不是自我吹噓，就是攻擊他人。學生作文，只許用文言，不准用白話，有所謂白話文不許過（湘）江之說。考生答卷，如用白話，一律不看，不給成績。課程單一，不是古文字，就是古文學，毫無現代氣息。教師中搞現代文學的，現代語言的，不僅數量少，而且備受蔑視與排斥，往往站不住腳跟。系裏的一切重大事情，全由幾個搞古的權威說了算，實行的還是一套封建家長式的管理，遠遠落後於時代。譚丕模認為必須立即改革，大刀闊斧地改革！

譚丕模對中文系的改造，是從整頓老師隊伍開始的。他比較注意工作的方式方法，沒有採取大批大鬥的辦法。他只解聘了「反動分子」陳書農，而且以後還承認有點「左」，卻讓好幾位教古文學的老師改任研究員，客客氣氣地剝奪了他們上講臺的權利。另一方面就是大力補充新鮮血液，將魏猛克、王西彥、韓罕明、董每戡、彭燕郊、馮放等人吸收進來，儘管他們有的從來沒有在大學裏面教過課，更談不上有什麼經驗。但他們大都是搞現代文學的，符合他的要求。經過一番努力，他在寫給女兒譚得俅的一封信中不無得意地說道：「我自己覺得，真正做到了把一個頑固、比較保守的國文系，改變成嶄新的文學系了。」

楊樹達先生對譚先生的這一番改造，作何評價，我們從回憶錄

中找不到，從人們的口中，也沒有聽到什麼。但他不聲不響地離開了中文系，是不是也多少說明瞭他的態度呢？

譚丕模並沒有與楊樹達先生發生正面衝突，但他在背後同學生的確說過要壓一壓楊樹達先生的「囂張氣焰」。儘管他同楊榮國並不親密無間，但在對待楊樹達先生的態度上，似乎取得了相當的一致。他們終究都是黨員……

1952年8月湖南大學評定老師的薪水等級，規定最高為六級，除五位院長外，還有十位教授評上這一級。楊樹達先生當然是其中之一，群眾沒有意見。有的認為楊樹達先生還應再高一級才好，但楊老先生本人卻覺得不必再高了。不過事後聽說譚丕模和楊榮國兩人也是六級，與楊老先生相同，這時楊老先生的意見就出來了：

> 「譚丕模連中蘇條約極淺之文字都看不懂，亦評為六級。余提議應減，無人見信也。憑心而論，余評最高級，決不為少，而與楊榮國、譚丕模同級，則認為是一種侮辱也。」[9]

全國高等學校院系大調整前，傳說上面有意任命楊榮國先生為新成立的湖南師範學院院長，楊樹達先生遂於1953年1月25日「作書與馬夷初部長，言湖大文學院院長楊榮國學識低劣，決不可任之為師範學院院長」[10]。

院系調整以後，譚丕模調往北京師範大學中文系任系主任，楊榮國調往中山大學任文學院院長，楊樹達老先生則以年老而不願他去，留在新成立的湖南師範學院歷史系，從而結束了他們三人在湖南大學並不和諧的三年多的共事關係。

三

　　郭沫若和他領導下的科學院，也曾給晚年的楊樹達先生帶來過一些不快，甚至引起過他的不滿與憤怒。

　　郭沫若所從事的學術專業，與楊樹達先生的，非常相近。上世紀四十年代初他們開始學術交往，互贈著作，相互尊重，關係正常而友好。比較起來，郭對楊似乎更為尊重。

　　郭沫若覆書云：「得大著（指《甲骨文編記》），捧讀一過，欣快無似。自盧溝橋事變發生，弟由日隻身逸出，所有研究資料，概被拋棄。歸國以來，身為雜務所纏，學問事早已久廢不講。今得讀大作，真如空谷足音也……就整個言之，我兄於文字學方法體會既深，而涉歷復博，故所論列，均證據確鑿，左右逢源，不蔓不支，恰如其量。至佩，至佩！」[11]

　　但1949年以後，郭沫若的政治地位發生變化，對楊先生的態度，也跟著發生了微妙的變化，等到郭出任中國科學院院長以後，這一變化就更明顯了，這自然引起楊老先生的不快。以楊老先生的學術地位，他的著作出版，理應暢通無阻。但不知為什麼，他的著作，不論是新著，還是舊著，如要出版或再版，幾乎篇篇都要經過郭沫若及其領導下的科學院審查。楊先生對此表露出不滿時，還受到郭沫若委婉的批評。1953年7月郭在給楊一封信中說：

　　　「今日著書立說，當對讀者負責，出版發行尤當對讀者負責。此乃國家事業，故不能輕率從事。往復磋商，應是好事，望勿為此悵惘。」[12]

其實楊老先生並不反對「往復磋商」，更不反對郭沫若對他的著作提意見。恰恰相反，他倒是樂意請郭看稿，因為「治甲文必通文字、音韻學以識字，通文義，以古書為基礎證言史實，能此者惟王靜安、郭沫若」[13]。

而且楊老先生把有些稿子一而再地寄給郭沫若提意見，如《積微居甲文說》就寄過兩次，並按照郭的意見，汰去了其中五篇，免得「往復討論，徒稽延出版時日」[14]。

引起楊老不滿的是「郭的成見太深」。而「心有成見，必欲推翻余說，遇有可違之助者，乃急不暇擇也。余往言：做學問必須誠意正心，信也。」

最使楊老先生不能容忍的，是對他稿子審查的拖延和審查者學力的不足。

> 「《積微居甲文說》去年3月寄科學院，請再審查。事將一年，杳無消息，因緘陶孟和問之。今日得陶覆書，云：『審查人員迄未交還，院方亦未追問，猶為奇怪。官僚主義，值得深切檢討』云。」[15]

如果說官僚主義作風還只是引起楊老先生的不滿的話，那麼審查者學力不足則簡直使他感到無比的憤怒：

> 「再寄《積微居小說述林》於科學院，請再審查。原審查人於訓詁及語源之學並無研究，學力不足，故矢口亂道，將有作無……末復以專門委員之資格，所謂科學院審查書稿，影響全國學術至大，務望科學院負責同志嚴切注意。」[16]

這裏的「負責同志」，顯然是指郭沫若。在這以後，對郭的不負責任還有更加嚴厲的批評：

> 「前以《金文餘說》寄請郭沫若審定，渠只讀書序，退還，云事忙未能全讀，乞諒云云。既不延請學術較裕之人置院中審查稿件，已又藉口事忙不審，可謂虛負院長之名矣！」[17]

話說到這份上，楊老先生仍然覺得不夠，他竟為此上書毛澤東：「呈毛公談科學院以審查書稿事，委之淺學少年為不當，應與天下學人共為之。」[18]

從下面這一段話裏，我們可以清楚地感覺出楊老先生的憤怒已經達到了何種程度：

> 「科學院對於審查稿件輕視之，信任諸少年不學者妄為評陟，余呈請再審《小學述林》時，曾予以諷戒。院中不省。前感於《金文餘說》妄評事，憤不能忍，故上書主席言之。今日得毛公覆云，已將余緘交院，請其注意。明知此事將開罪於人，然若院人稍有天良，必當力圖改進，公審查之責於天下人，則余雖為人疾視，為學術計，仍所甚願也。」[19]

對郭沫若的為人，楊先生也流露過不滿，但對郭的學力，卻從未提出過懷疑。郭沫若不是楊榮國，也不是譚丕模，終究還是學者！

注：

　　[1][2][3][4][5][6][7][8][9][10][11][13][14][15][16][17][18][19]見《積微翁回憶錄・積微居詩文鈔》，上海古籍出版社1986年版，第1、329、331、348、308、324、327、345、352、358、167-168、363、369、358、349-350、369、397、400頁。

　　[12]見黃淳浩編：《郭沫若書信集》（上），中國社會科學出版社，第501頁。

（本文經樹達先生哲嗣德豫、德嘉兄弟審閱，發表在《書屋》
2004年11期上，2011年被收入《書屋文叢》）

「又卜明朝大好天」
——回憶羅暟嵐先生

　　暟嵐先生離開我們已經16年了，但時間並沒有抹去我們對他的懷念，他的音容笑貌，不時出現在我們的腦海中。總想坐下來，寫篇文章紀念他，但一提起筆來又不知從何寫起！

　　是的，暟嵐先生一生坎坷，晚年的遭遇，更是令人唏噓！不過，他自己卻總在相信美好的明天。1975年9月，他在〈七十初度〉中寫道：

> 「秋菊春蘭七十年，
> 敢傷遲暮惜華顛？
> 心懷換骨身猶在，
> 志切傳薪信愈堅。
> 堂下稚孫紛戲繞，
> 廚中老伴為烹鮮。
> 晚霞一抹紅如錦，
> 又卜明朝大好天。」

　　我和羅老相識30年，但真正認識他，那還是在文化大革命中。那時我們一起挨批挨鬥，一起住「牛棚」。

　　我第一次見到羅老是在1957年7月初。當時，他從中文系調來外語系，擔任外語系籌備委員會主任。外語系的前身是公共外語組，我當時擔任外語組青年團的支部書記，在尚未建立黨組織的情

況下，團的支部書記實際上負責整個組的政治思想工作。新的主任到來，我理所當然地要去見一見，彙報一下組裏的情況和工作。再說組織上已決定我外出進修，更應該要見見新主任，一方面辭行，另一方面聽取他的意見。於是我去到了羅老家。

羅老像對待所有的客人一樣，很客氣地把我讓進屋裏，耐心地聽取我的彙報，他言語不多，給我留下了一位忠厚長者的印象。

在此以前，我知道羅老是中文系的教授，1957年3月讀過他寫的「鳴放」文章〈春風吹到嶽麓山〉，心中暗暗地佩服他的膽識和眼光，讚賞他辛辣、生動的語言。後來這篇文章受到批判，成了羅老「罪狀」。1957年冬天，羅老被劃為「右派」，被撤銷了在外語系的領導職務，調中文系工作。

羅老再來外語系工作是在他摘掉右派帽子以後。他患有高血壓，中間還中過風，言語遲鈍，行走也不方便。除上課以外，平時很少來系裏。記得他擔任的是英語專業的英國文學史和翻譯課。1960年全校開展學術批判，我和羅老被列為系裏的重點批判對象，但沒有公開點名，批判也只局限在外語系師生中，算是受了一點「照顧」。

羅老早年謝頂，身材矮胖，頗有學者風度，加上羅老知識淵博，在學生中威信越來越高。據說有一成績優異的學生，一心模仿羅老，自恨頭髮太多，於是天天對鏡拔髮。對於此事相信的人並不多，但一些人卻大講特講，作為資產階級爭奪青年的典型。批判的矛頭，自然向著羅老。

1964年全國搞「四清」，我校是省裏的重點，工作隊來了170多人。先是幹部「下樓」，「洗手洗澡」，然後「輕裝上陣，團結對敵」。至於教師，特別像羅老這樣的教師，自然是「邊緣人物」，只有接受批判教育的份了。

　　羅老一看這一來勢，自知難以倖免，除了檢討、交待之外，偷偷地把自己記了40年的日記（1925至1964）半夜三更燒了。他害怕這本日記會給他帶來新的災難。後來他告訴我，他是噙著淚燒掉的！是啊，40年的心血，誰能不傷心呢？可在那個時候，採取這種行動的，恐怕不止一個羅老！

　　從1957年到文化大革命開始，羅老有如一隻驚弓之鳥，成天提心吊膽。他謹言慎行，從不「亂說亂動」，儘量把自己隱藏起來，與外界實行隔絕。他本是省政協委員，省作協理事，但很少參加會議，生怕招來是非。對過去的朋友，也儘量設法回避，一則保存自己，二則免得牽連別人。李健吾、沈從文等人來長沙，他都沒有去見面。李霽野來學校視察，指名要見羅老，他才不得已而出席座談會，會見多年不見的老友。羅老這樣的約束自己，很有點像契訶夫的《套中人》中的別里科夫。照理，羅老應該「安靜」了吧。不，「樹欲靜而風不止」！流言蜚語還是不斷襲來，有人說他業務不行，口語尤差，不如一個中學教師。羅老視力不好，卻要去給別人校對蠟紙。他已經習慣於逆來順受，對這一切都能默默地承受下來，不駁辯，不反抗。有些人為他抱不平，他還加以勸慰。用他後來的話說，那是過的「眼淚泡飯吃」的日子！

　　文化大革命一開始，天崩地裂。數日之間大字報掛滿了學校，成千成百的教師、學生、幹部被揪了出來！羅老萬幸，還沒有受到大的衝擊。因為人們已經把他看成「死老虎」，暫擱一邊。他以為也許會躲過這場風暴，因為指導文革的「十六條」明確規定：「運動的重點」是「整黨內一小撮走資本主義道路的當權派和批判資產階級反動學術權威」嘛，他應該不屬於整的對象。

　　在劫難逃！命運之神並沒有讓羅老逃脫這場「史無前例」的浩劫！

　　先是大字報點名批判，隨後抄家、掛牌，大小會議批鬥，接踵而來。

　　文化大革命裏面不乏戲劇性的事件。湖南省革委會成立後，軍隊來校支左，說是要為受迫害的革命教師平反！我們所在的單位也召開大會，批判工作組所執行的反動路線。多年沉默的羅老，不知從哪裡來的勇氣，居然站出來說了話。他說：

> 「過去我不說話，裝啞巴，我那是等著死；現在我是死著
> 等，看迫害者的下場！這些迫害人的傢夥比國民黨還壞！」

　　羅老的這些話，刺痛了「左」派的心，招來了更為殘酷的迫害。「右派翻天！」「咒罵共產黨比國民黨還壞！」……一頂頂大帽子壓來，羅老又蜷縮進自己的小屋裏，等待更為嚴厲的批判了。

　　1968年9月8日，工宣隊開進學校，改造「上層建築」。次日就狠抓階級鬥爭，大規模抄家，抓「黑鬼」遊街。羅老被正式定為「黑鬼」，關進「牛棚」。每天掛著「黑鬼」的牌子，由「黑鬼」組長領頭，一邊走一邊搖鈴，先到系裏向革命群眾「認罪」，然後去參加勞動。羅老連走路都吃力，怎麼能勞動呢？但是，去不去勞動是態度問題，幹多幹少是能力問題。所以羅老還得去鋤草，打掃廁所！

　　最難受的還是批鬥。我們系裏的批鬥會頗具特色。鬥爭對象得跪在講臺上，有時講臺上還加放一條小方凳，「黑鬼」就跪在方凳上挨鬥，態度「不老實」者，立即賞以耳光、拳頭或皮鞭！

　　有一次，羅老挨鬥。跪在方凳上，實在難受，何況他是個年邁蒼蒼的高血壓患者呢！會上他全部承認了自己的「罪行」，說他自己「比反革命還反革命」！

會後我狠狠的批評他：

「你為什麼這樣不老實？你真的承認你是反革命嗎？」

他坐在「牛棚」裏的床沿上，歎了一聲說道：

「承認又怎麼樣？不承認又怎麼樣？他們反正是要把我搞臭，我就順著竿子爬，讓他們把我搞臭算了。我不像你年輕，身體好。我實在受不了，我怕死在這牢房裏。」

望著他的病體，我的口氣馬上緩和下來，但還是堅持我的看法。

「不能亂承認，亂承認了，今後不好辦。」

確實，在那樣的年代，承認不承認又有什麼區別。欲加之罪，何患無辭！

1969年3月，鬥爭越來越深入，「黑鬼」隊伍越來越龐大，用來關押「黑鬼」的牢房，已經人滿為患。工宣隊經過研究，決定召開一次全校性的寬嚴大會，宣佈處理一批「反革命」。羅老屬於最早寬大處理的一個。記得處理的決定是：羅某罪行嚴重，定為反革命分子。鑒於認罪態度尚好，決定從寬處理：不戴反革命分子帽子，將帽子拿在群眾手裏，交全系革命群眾監督改造。決定公佈之前，工宣隊要羅老簽字，羅老一再拒絕。在旁的一個紅衛兵頭頭硬拉起他的手，塗上印泥，打了一個手印，算是羅老自己的簽名。

就這樣，羅老離開了「黑鬼」的隊伍，回到了自己的家裏。

但是，殘酷的階級鬥爭還在進行，「一打三反」、「抓五‧一六」、「批右傾翻案」、「批林批孔批鄧」……一個接著一個，沒完沒了，羅老的交待、檢討也就沒完沒了……

粉碎「四人幫」後，中國人民迎來了第二次解放。中國的知識份子也慢慢地從苦難中站立起來了。羅老的境況，逐年有所改善，在省政協的關心下，一家人住在一間半房子裏的局面結束

了，搬進了一樓一底的套間。1979年羅老的右派冤案平了反，他收到的平反書上寫著：羅某在1957年大鳴大放期間雖有過一些錯誤言論，但尚不是反革命，因此將他劃為右派，戴上帽子是錯誤的，應予改正云云。

對於這樣一紙平反書，羅老已經心滿意足，至於是否留有尾巴，他倒不大在意。其實，羅老的言論哪裡有什麼錯誤？所寫罪行，純屬子虛烏有嘛！

羅老就是一個這樣寬厚待人的人。他那麼受壓，蒙冤，一旦平反，竟然毫無怨言，毫無別的要求！

憑資格，羅老在美國留過學，1934年就是南開大學的知名教授；論名望，他學貫中西，既是名噪一時的作家，又是國內研究狄更斯的專家。照理他應該得到應有的尊重，施展出他的才華。但是，他長期被塵土封住，被壓在底層，無法出土！就是「四人幫」粉碎以後，他的地位也沒有得到恢復。他完全可以帶研究生，但沒人給他創造條件，反而派一名青年教師到南京大學找陳嘉先生學英國文學。難怪陳嘉先生對此感到驚訝和奇怪：

「你們那裏不是有個羅暟嵐嗎？他比我強，你為什麼要捨近求遠呢？」

陳嘉先生哪裡知道，羅老在這裏並不受重視，在某些人眼裏，羅暟嵐一文不值！羅老對此曾經說過一句俏皮話：

「我羅暟嵐沒吃過豬肉，總算見過豬走路，有些人連豬都沒見過呢！」

羅老在晚年，可以說是牆內開花牆外香。慕名而來求教者，頗不乏人。羅老對求教者不擺架子，一律竭誠歡迎，對所提的問題，

總是盡力解答。有位遠道而來的求教者聽了羅老的解答之後，深有感慨地說：

> 「沒有想到湖南師院有一位這麼淵博的專家！」

羅老的才學和品德，真正瞭解他的人，是不能不承認，不尊重的。60年代初，李霽野先生以人大代表的身份，來我校視察、講學，在一次教師座談會上，只要有人就文學、翻譯、教學方面提出問題，李老總是說：

> 「這方面羅老是專家，比我懂得多，請羅老談談吧！」

羅老很重感情，對於自己的朋友和學生都是赤誠相待，肝膽相照。

1980年外國文學會在成都召開第一屆年會，系裏突然決定派我去參加。我立即把消息告訴羅老，他很高興，囑咐我代他看看他的一些老友。他用顫抖的手，給我寫了許多著名學者與專家的名字，記得其中有李健吾、羅念生、陳嘉、范存忠、謝文炳、卞之琳、水天同等等。老朋友們給過他的幫助，他全部記在心裏。他告訴我，他的長篇《苦果》是李健吾先生拿去出版的，先交給一家打算創辦的出版社，因該社沒有辦成，才交給《大公報》連載的。沒有《苦果》的那筆稿費，羅暟嵐先生就不可能遠渡重洋，去美國留學。

在他為數甚多的老同學中，他經常提到朱湘，柳無忌和羅念生。對朱湘的詩才和人品，尤為稱道。他和羅、柳寫成的回憶錄，後來結集由三聯出版社出版，書名為《兩羅一柳憶朱湘》，在海內外有過頗為注目的影響。

　　對於移居海外、成績斐然的老朋友，他並不嫉妒，也不妄自菲薄。有一次談起他們時說道：

> 「他們的學術成就、物質生活和身體狀況，都遠遠超過我，不過我有一點比他們強：我還是中國人，腳踏在中國的土地上，可他們不是了！」

　　羅老對自己的學生，也一往情深。在他早年教過的學生中，經常提到的有李賦寧。我去成都開會時，羅老叫我去看看李賦寧。他說李賦寧在南開品學兼優，對英文尤其努力。羅老有一次給他打了個一百分，並把李叫到跟前，嚴肅地說：

> 「我是從來不給學生一百分的，今天我破例，給你一百分。你要多加努力，千萬不能驕傲！」確實是羅老激發了李賦寧先生學習英語的興趣，從而使他成為當代著名的英國語言文學專家的。

　　李賦寧對此牢記在心，聽說我來自湖南，馬上談到羅老，說他是羅在南開的學生，同時談起羅老的《苦果》在《大公報》連載時，南開同學爭相閱讀的盛況。隨即問道：

> 「羅老身體如何？還在搞創作嗎？我很喜歡讀他的書呢！」

　　後來李賦寧先生在《社會科學家傳》上述說自己的成長過程時，以很大的篇幅談到羅老對他的鼓勵和引導。我在書店裏讀到這

篇富有特色的自傳時，情不自已，馬上回家告訴羅老。羅老也很激動，求我立即去書店給他買來一閱。

1983年3月李賦寧先生接受我系的邀請，決定於5月1日來校講學。我把這一消息告訴羅老時，他顯得特別高興。4月初羅老突然染病住院，15日我去醫院看他，他還提到李賦寧先生，說要爭取20日左右出院，回家接李賦寧。

這次我去看他時，他心境很好。我一進門，正好羅師母扶他翻身，翻身時額頭正巧碰了一下床框。他沒有叫喚，而是詼諧地念起魯迅先生的詩句：「運交華蓋欲何求，未敢翻身已碰頭！」惹得我噗嘶一笑，羅老自己也跟著笑了。萬萬沒有想到，羅老竟在兩天以後突然離去，終於沒有見到闊別近五十年的學生李賦寧先生！

羅老對後學者勸勉有加，是一貫的。但對於投機取巧、心術不正的人，卻相當警惕，決不給他以可乘之機。老老實實做人，扎扎實實做事，是他的忠實信條，也是他一生的寫照。

1961年的一天，系務委員會正在開會。羅老突然開房門，拄著拐杖站在門口，大聲說道：

> 「廖主任（指廖六如先生，文化大革命前為外語系主任），
> 你們要考慮安排一個人來搞英國文學史才行，我老了，再過
> 幾年就不行了，這門課沒人接不行呀！」

這是我第一次見到他生氣，為接班人沒有而生氣。這表現了他高度的責任感，遺憾的是，他的意見並沒有得到重視。羅老走後，這門課至今仍在懸著。培養一名合格的外國文學教師，談何容易！

1979年三中全會以後，羅老精神煥發，談笑風生，與以前相

比，判若兩人。有時與好友暢談，竟然不知疲倦！他雖已步入古稀之年，但仍然非常關心國家大事，憂國憂民之心，常常溢於言表。

羅老晚年看到了「如錦的晚霞」，相信「大好天」就要到了，所以一反過去的沉默，恢復了原來開朗、風趣、幽默的本色。

羅老原名正，號暟嵐，湖南湘潭人氏。1906年出生，1922年考入北京清華留美預科學校，1924年即在他剛滿十八歲的時候，開始發表文學作品，隨即參加清華文學社。1929年赴美留學。留學期間與羅念生、柳無忌、水天同等人創辦《文藝雜誌》。1934年學成回國，任南開大學外文系教授。次年與柳無忌、羅念生等人組織《人生與文學社》，出版《人生與文學》雜誌和叢書。

抗戰時期，清華、北大、南開在長沙聯合成立長沙臨時大學，羅老任文學院教授。後來三校遷往昆明，羅老考慮家庭人口多，不便遠行，便留居湖南，任湖南大學外文系教授兼系主任。1953年院系大調整，羅老因子女多而未能去中山大學任教，留在湖南師範學院中文系工作。60年轉入外語系，直到1983年4月去世。

羅老擅長小說，尤以短篇為甚。他是清華文學社諸小說作家的代表。先生出版過短篇小說集三本：即1929年3月上海光華出版社出版的《招姐》，1929年4月上海現代出版社出版的《6月裏的杜鵑》和1938年長沙商印書館出版的《紅燈籠》。長篇小說一部即1936年6月天津《大公報》社印行的《苦果》（在此以前曾在該報連載五個月）。此外，還在一些報刊雜誌上發表過數十篇小說、詩劇、隨筆、通信和譯作。

論數量，他的作品不算多，但論質量，卻有不少佳作。朱湘說他的小說「總是在水平線以上」（《朱湘書信集》第166頁）柳無忌則認為有的是「可以傳諸後世的不朽之作」。（〈惻惻吞聲，生

死兩別——悼念羅暟嵐〉載《芙蓉》83年第4期）偉大的魯迅先生也肯定過羅老的短篇〈中山裝〉：「來稿是寫得好的，我很佩服那辛辣之處」。（《魯迅書信集》上卷第202頁）

羅老的作品得到這樣高的評價，並不偶然。只要細心閱讀，就不難得出這樣的結論。但是在一個相當長的時間裏，羅老的作品卻受到了不應有的冷遇！然而大英國圖書館卻在藏著他的著作，國外的研究者也沒有置之不理。1982年人民文學出版社聽說香港要出羅老的選集，決定由湖南師院中文系的葉雪芬老師負責編選。入選的材料，不少竟要到國外去複印！隨著羅老的去世，這本選集的出版也就遙遙無期了。1986年《中國文學研究》第2期發表了一篇葉雪芬的〈羅暟嵐及其小說創作〉，算是填補了羅暟嵐作品研究的一項空白。

羅老生前不止一次地談到批評界對他的冷淡。他說：

「沒有什麼人說過我羅暟嵐什麼好話，只有魯迅先生說過幾句。」

羅先生的話沒有說完，但意思已經很清楚：文學是不能用勢利眼光去看的！文學終究是文學！

羅老死於尿中毒。他雖是三級教授，省政協委員，卻不能住高幹病房，最後死在一張普通病床上。追悼會因為級別不夠而只能由系領導主持。在我們這個看病、吃藥、住房、坐車、開追悼會都講究級別的社會裏，羅老，一位從事教育工作數十年，給我們留下不少「傳世之作」的專家學者，最後的結局就是如此！

不過，羅老對這一切是不會介意的，因為他一生從不覺得自己有什麼特殊，總是以當普通教師為榮。他多次告誡家人：不要做

官,要做普通老百姓!他與人民始終站在一起。同情人民,揭露、批判、打擊壓迫人民的「官僚」老爺們,正是他的作品的基調,也正是羅老作為作家的價值所在!

在火葬場上,一位年輕的領導人問我:

「羅暲嵐先生有什麼專著、論文?」

「沒有!他給我們留下的是他的幾本小說和做人的品德!」

(本文原載於《山西文學》2001年第一期,2007年被收入《山西文學》作品精選《和錢鍾書同學的日子》,陝西人民出版社出版。)

好錚錚一條漢子
──懷念羊春秋

　　羊春秋離開我們八年多了。他去世時我恰巧在外地休養，沒能同他作最後一次告別，非常遺憾！

　　羊春秋是我國著名的古典文學專家，享譽文壇的詩人，又是從教數十年的資深教授，桃李滿天下。他長我6歲，我不是他的專業同行，認識的時間雖然很長，真正密切交往的時間卻不長，對他的學術成就和教學業績沒有資格置喙。但是他給我留下的印象很深。所以我有許多話要說，有的在他病重住院時說了，有的還沒來得及說他就在2001年初走了……

　　在我的印象中，羊春秋是一條硬漢子。我在知識份子的行列中混了幾十年，接觸過大大小小的知識份子，數以千百計，但真正稱得上硬漢子的卻不多。有人告訴我，這原因有二：一是「先天不足」，我們幾千年的封建文化哺育給他們的是「軟性的養料」；其次是「後天失調」。所以得軟骨病的越來越多，年齡越大，病情越重。在一時一事上硬得像個人樣的，也許不少，但一生硬到底的，卻少得可憐。

　　但羊春秋卻不是這樣的知識份子，他的骨頭似乎特別硬，而且一硬到底，終其一生都沒有得過軟骨病。

　　我第一次見到羊春秋是在「一天等於二十年」的1958年的秋天。當時我在武漢華中師範學院進修俄語，他在那裏的中文系讀副博士研究班。進修生和研究生都住在一棟宿舍裏，又都在一個食堂裏用餐，幾乎天天見面。但是見面歸見面，說話卻很少，往

往是點點頭，笑一笑而已。他留給我的印象只是他矮胖的個子和親切的微笑。

我們的第一次交談，是在一次露天批判大會上。這次批判大會，給我留下的印象很深刻。那原因至少有三點：一是被批判者錢基博名氣大，是一級教授，全國聞名的大教授；二是批判會的規模大，全院數千名師生都參加，而且是在露天之下舉行的；三是被批判的對象已經死去。錢基博生前參加了「鳴放」，放出許多「毒草」，被劃成「右派」，帽子還沒來得及戴就病死了。學校領導原則性強，政治上不含糊，右派死了也要批判，於是有了這次奇特的批判會。錢鍾書捧著靈牌接受批判（羊春秋說捧著靈牌的不只有錢鍾書，還有錢基博的女婿石聲淮）。

參加這樣一次嚴肅的會議，照理是應該集中注意力傾聽批判者的發言的。可惜廣場太大，擴音效果奇差，批判者義憤填膺地批判時，我們只能聽到一片嗡嗡聲。

我和羊春秋帶著各自的座椅，坐在遠遠的山坡上，因為聽不清批判者的發言，便低聲開起了小會來。首先開口的是我：

「這錢基博究竟是什麼人？你知道嗎？」

「錢基博是一位名氣很大的教授，資格老，在我們國師（指國立師範學院）教過書，我聽過他的課，他兒子錢鍾書也在國師教過英國文學。他女婿石聲淮還是我的同學呢！」

其他還談了些什麼，現在已經記不起來了。但從此我們的認識算是進了一步，我知道他是湖南邵東人，解放前國立師範學院的畢業生，是國學大師馬宗霍、駱鴻凱的高足。

此後我們就沒有再交談了。實在太忙，沒有時間。他忙著學習，也忙著參加「火燒教學」，寫大字報、寫文章批判指導老師方步瀛。題目是領導佈置的，文章後來收在人民文學出版社出版的一

本論文集中，臨終前不久他告訴我，他為此懊悔了一輩子！這是他平生唯一一次違心批判自己的老師。那是人人力爭上游的大躍進日子，誰不忙呢！

　　一年以後，我進修期滿，回到了湖南師範學院。又過了一年，羊春秋研究班畢業，被分配到我院的中文系，於是我們由同學變成了同事。

　　照理我們之間來往多一點了吧？但是情況卻不是如此。這原因有三：一是我們住的地方相距甚遠；二是忙，沒時間串門；三是沒有這種拉關係，套近乎的願望，確切點說是怕，怕運動來難得交待。社會關係還是簡單點好。所以直到「文化大革命」開始，我們竟然沒有見過一面，更不用說傾心交談了。

　　到了1963年的下半年，國家的經濟形勢有了好轉，於是階級鬥爭尖銳起來了，又要「年年講，月月講，天天講」了。全國展開「四清」，向「階級敵人」發起進攻！我校是湖南當時唯一的一所文科高等學校，成為湖南開展「四清」的「試點」單位，省委派出了工作隊。

　　為了教育群眾，工作隊把明察暗訪，辛苦收集起來的「活生生的」「階級敵人」的材料，不點名地進行宣講。我所在的教研室的一位工作隊員忘記「保密」，向我們談了中文系的「嚴重敵情」，說那裏挖出了一個非常囂張的反革命小集團，為首的竟是副系主任馬積高和鑽進黨內的古典文學教研室主任羊春秋！這一「新聞」有如晴空霹靂，驚出了我的一身冷汗！我感到一絲欣慰的是：馬積高我不認識，與羊也沒有來往，牽連不到我！

　　出乎我的意外，「四清」結束後，馬也好，羊也好，都沒有成為反革命，當副系主任的，還是當副系主任，當教研室主任的還是當他的教研室主任，是黨員的，還是當他的黨員。我後來在「牛棚」

裏問過羊春秋，這到底是怎麼回事？他居然毫無所知：「哪有這種事？工作隊一負責人在『四清』結束後還專門來我家，找我談心，說我走的是一條革命的路，肯定我是革命知識份子的典型哩！」

　　「文化大革命」的序幕一拉開，作為「革命知識份子典型」的羊春秋一夜之間成了「反革命」。他被揪出來了！他顯然對此毫無思想準備，這從他的回憶中可以看出：

> 　　「1966年6月1日晚，支部大會一直開到斗轉星移，氣氛沉悶得象暴風雨快要降臨似的。支部成員逐個表示，要在這次運動的暴風雨中，沖刷盡沾染在自己身上的髒東西，成為真正的無產階級戰士……
>
> 　　第二天天剛麻麻亮，組織委員便來喊我去看大字報。只見教學樓成為了大字報的海洋，那鋪天蓋地的大字報，幾乎都是對準我和一個副系主任開的炮，而且我倆的名字上都打了一把大紅叉，什麼『漏網右派』呀，『三反分子』呀，『黑幫分子』呀，『反動權威』呀，帽子大得嚇人。來往的人都對我視而不見，冷若冰霜，甚至投以蔑視和仇恨的目光，我意識到我已成為了國人皆曰可殺的敵人，我已被劃到了『同志』的圈圈以外了。我茫然了，我木然了，我像顛簸在大海裏的一葉孤舟，隨時都會被大風大浪撕裂、吞噬。我頹然地坐在一張破椅子上，心潮翻滾，思緒萬千，恍惚看到自己百口莫辯的窘態，妻兒流落街頭的慘像。啊！我就這樣被揪出來了！……」

　　他的被揪，我倒並不覺得意外，因為〈橫掃一切牛鬼蛇神〉的社論一出，在我們這所學校裏一夜之間被揪的，多達200餘人，約

占全校教職工總數的1/4！像我這樣名不見經傳的角色，也忝列其中，他羊春秋豈能倖免？

羊春秋終究是羊春秋，與一般被揪鬥者迥然不同，很快就成了全省的「知名人物」。他的名字上了省報，天天受到全省革命群眾，特別是工人貧下中農的批判和聲討。同他一道享受過如此「殊榮」的，我校教師中只有三位。另兩位是林增平和馬積高。他們從此三合為一，號稱「林馬羊」。

與別的「黑幫分子」相比，羊春秋的態度特別「頑固」，他不僅不低頭，不認罪，而且嘴巴硬得出奇。比如「革命小將們」第一次拉他遊街，他就很不「老實」，「嬉皮笑臉」，旁若無人！小將們交給他一面破鑼，叫他敲一下，說一聲：「我是黑幫分子羊春秋！」然後數一數自己的「三反」罪行，可是羊春秋就是不敲鑼，不認罪。後來他雖然敲了鑼，但說的卻是：「我叫羊春秋，是一名光榮的共產黨員！我堅決擁護黨，擁護社會主義，擁護毛澤東思想！」這樣的態度，當然會激怒紅衛兵小將。於是他飽嚐了一頓拳腳，被打得頭破血流！但他並未從中吸取教訓，改弦易轍。有一次他剛剛從例行的鬥爭會上坐完「噴氣式」回家，順手拿起一本《敦煌曲子詞》翻看，想以此發洩胸中的悶氣，不巧被鄰居發現，馬上報告紅衛兵小將，把他叫到宿舍裏，叫他跪下，說他「偷看黃色書籍，對抗運動！」他不僅不跪，反而據理辯駁。於是他被當堂剝去棉衣，小將們的皮鞭便在他的身上跳起舞來，把他全身打得紅一塊、紫一塊！他不僅不求饒，不認罪，反而大聲呼叫、抗議，「你們這是私設刑堂，非法拷打！」結果自然很慘：他被打得血流如注，昏倒在血泊之中。家人聞訊趕來，含淚用板車把他拉到醫院裏。醫生護士見了，無不動容，但卻愛莫能助。誰能收留一個名字上了省報的大「黑鬼」呢？給他的傷口縫了幾針，上了點藥，便

讓他躺在板車上回家了。一位好心的電工偷偷地給他送去中草藥偏方，讓他躺上半個月，吃了幾十副中草藥才好。

此類大大小小的鬥爭會，他在整個「文化大革命」中不知道經歷了多少次！除開坐「噴氣式」以外，他還跪過玻璃渣，頂過盛滿髒水的大盆，頸上吊過貼滿罪狀的大黑板，戴過重達數十斤的特製高帽，鑽過長達數十米的狗洞，滿臉潑過黑墨水……總之，人世間不堪忍受的凌辱，他都「備嘗之矣」！

他的家呢，先後被抄過13次，書籍、手稿、講義、書信、衣服、手錶、存摺（上面僅有2.4元）……都被抄了去，只差「掘地三尺」了！

造反派給他戴的帽子，也多得嚇人，簡直難以數計。見諸報端的還算比較「文雅」：「三反分子」、「反動學術權威」、「黑幫分子」；正式寫在鐵牌子上面戴在頸脖上的是「黑鬼」。

後來隨著運動的深入，他的頭銜不斷變化，帽子也就有所不同：批劉（少奇）、鄧（小平）、陶（鑄）時，他是他們的「黑爪牙」、「社會基礎」；批判湖南「省無聯」的極左時，他是「黑手」、「極左分子」；挖「黑三線」時（這是湖南的「特產」），他是「黑三線」在我校的總代表；清理階級隊伍時，他是「國民黨特務」、「土匪」、「漏網右派」；「一打三反」時，他是打、砸、搶、抄的「壞頭頭」；反擊右傾翻案時，他是右傾翻案的急先鋒；抓暗藏的「五‧一六」分子時，他是「五‧一六」分子……就這樣，羊春秋成了我院第一號「反革命」，在「十年文革」中，他扮演的就是這樣一位「顯赫」的角色，一個場場都要出臺的「主角」！

這麼多的帽子戴在他的頭上，到底是否合適呢？隨便挑幾頂來研究一下吧！

先從「反動學術權威」說起。文化大革命開始時羊春秋還只是湖南師範學院中文系的一名講師，古典文學教研室的主任，拋開「反動」二字不說，將他封為「學術權威」，實在是大而不當，太抬舉他了。他臨終前不久在醫院裏對我開玩笑時說過：「要是現在有人說我是『學術權威』，那多少還算沾了點邊。因為我好歹已經是個教授，掛過系主任、學會會長、理事長、主編……之類的頭銜……至於文革那時就封我為『學術權威』，實在使我『愧不敢當』啊！」

再說他的「土匪」帽子，雖然多少有點「根據」，但那是反動派對他的蔑稱。原來解放前不久，羊春秋接受了共產黨的領導，參加了湘中游擊隊。國民黨白崇禧的部隊曾經張榜通緝過羊春秋，榜文中說羊是「土匪」。正確的說法應該是：羊春秋是國民黨眼中的土匪，共產黨領導下的游擊隊員，所以他退下來以後，成了一名離休幹部。

說他是「漏網右派」，倒不是無中生有。1957年的春天他在一所中學裏當教導主任，鳴放開始後不久，他經不起學校領導的多次動員，向領導「放」出了一些意見，後來反右時，有人要將他劃為右派。但此時他已被華中師範學院錄為碩士（當時叫副博士）研究生，檔案早已寄走，人也離開了學校。於是領導放了他一馬，讓他「漏網」了。領導的原則性很強，說人雖然走了，但影響和流毒還在，必須召開一次批判會，予以肅清。至於他本人已經離開學校怎麼辦？領導說缺席批判，讓他老婆代他出席。羊春秋說到此處，不禁哈哈大笑：

「這叫夫債妻還！」

其他的帽子如什麼「省無聯的黑手」啦，「五・一六」分子啦……全都是無中生有，不值一駁。但有一頂帽子，他是怎麼也不

好不戴的，抵賴不了啊！那就是「右傾翻案的急先鋒」。至於到底是左傾還是右傾暫且不說，反正翻案是鐵打的事實，羊春秋本人對此也供認不諱，從未否認過。

我可以負責地證明，在整個文革期間，羊春秋的活動，除了挨批挨鬥之外，就是翻案。因為我是他的翻案「同謀」、「副手」，是他的「第一知情人」所以我在此不得不多說幾句。

1966年8月6日工作隊宣佈撤走，讓革命小將在「游泳中學游泳」，成立革委會。8月8月全院統一行動，大抄家，大搜捕，把200多個大大小小的「黑鬼」關進各個系科裏的「牛棚」。不幾天就有中文系副系主任李祜夫婦和化學系老師魏璠等數人自殺身亡。羊春秋自然也被關進了「牛棚」，同他一起被關的共有27名，約占中文系教職工1/3，數量之多，為全院之冠！

此後不久，紅衛兵小將們開始大串連，殺向社會去了，我們這些被關在「牛棚」裏待決的囚徒受到了冷落：既沒有人來批，也沒有人來鬥，除了寫些交待之外，就是成天勞動改造。

這年11月，中文、外語、生物三個系的部分「黑鬼」，被送到平江勞改。由於脫離了革命小將的監管，羊春秋和我便開始有了接觸。「心有靈犀一點通」，我們很快就達成了共識：不能坐以待斃，必須沖出「牛棚」，起來「造反」。

回到學校，他就率先沖出「牛棚」，開始翻案。他以「愚公移山戰鬥隊」的名義貼出大字報，揭發工作組對他的種種迫害，堅決要求平反「翻案」。

「一石激起千層浪」。他的大字報〈我的控訴〉在全院引起了震動，而在「黑鬼」隊伍裏則引起了強烈的共鳴。一些膽子大的「黑鬼」便偷偷地聚集在羊春秋的周圍，形成了一個以羊春秋為首的翻案集團，準備集體行動，要求平反，爭取參加革命的權利。

　　激烈、殘酷的「內戰」，使我們的翻案活動不得不暫時停了下來。羊春秋等人不得不聯袂出走，直到中央對湖南問題表態，湖南省革命委員會（籌）成立，他們才回來。

　　羊春秋回校的第二天，「黑鬼」們的組織便宣告成立，全校被工作組打成的「黑鬼」，幾乎全部成了這個組織的一員。羊春秋理所當然的成了一把手，我成了他的副手。

　　這個組織一經成立，就在長沙各個高等學校，文化學術團體裏引起了震動，不少文化名人、學者專家，前來我院「取經」。在短短的一個月中，長沙市的所有高等院校都相繼成立了類似的組織。負責各組織協調工作的機構也宣告成立，羊春秋被公推為總負責人。據不完全統計，參加「黑鬼」組織的總人數不下800人！各校的正副教授，至少有百分之七八十在其中。這麼多的高級知識份子團結起來，要求平反，要求得到應有的權利，這在全省、全國恐怕並不多見吧！

　　在這個組織存在的那些日子裏，羊春秋忙得不亦樂乎。他到處作報告，給受迫害的知識份子打氣、壯膽、撐腰！他認為我國廣大的知識份子是愛國的，是努力工作的，也是聽黨的話的。他主張徹底批判那條長期以來迫害知識份子的極「左」路線，把顛倒的歷史徹底顛倒過來！他不只是要求給他個人平反，而是給所有被迫害的知識份子平反。他有一個完整的計畫，首先要為「文革」中被打成「黑鬼」的冤案平反，然後「像梳頭髮一樣，由前往後」，翻「四清」的案，翻1959年反右傾的案……總之，他要把所有的冤案都統統翻過來。

　　這在當時要有多大的勇氣，得冒多大的風險啊！就差沒說要給右派平反了！不過他多次說過，右派摘了帽就不是右派而是革命同志了。即使對當時尚未摘帽的右派，也沒有同他們「劃清界線」，

視他們為「另類」，而是同他們有說有笑，打得火熱，甚至在「牛棚」裏同他們開玩笑說「苟富貴，毋相忘」！

羊春秋沒有想到，極「左派」的勢力竟有那麼大的力量，他的活動剛剛開始，就遭到無情的鎮壓，他屬下的成員，一個個又被打進十八層地獄，等待他們的是一次比一次更為殘酷的批鬥……

被鬥得最慘的，自然是羊春秋！系裏鬥，院裏鬥，各個高等學校輪流拉著他去鬥，這個造反組織拉他去鬥，那個造反組織也來拉他去鬥！羊春秋常常身披破席，頭戴紙糊的高帽，頸懸黑板，臉上潑滿墨水，手持破鑼一面，被人牽著遊街示眾！

一直為受迫害的知識份子鳴冤叫屈、翻案平反的羊春秋，在受盡凌辱之後，終於在1979年獲得平反，和我國所有知識份子一道，迎來了充滿陽光的春天。

獲得平反以後，羊春秋馬上要求調走，以便充分發揮出他的作用。南京大學聞訊，派專人邀他去南大，因為有著名的程千帆教授的極力推薦。但省裏不答應他出省，怕人說湖南留不住人才，落實政策不力。於是他被調到了湘潭大學中文系，繼續他的教書生涯。

進入80年代，像我國廣大知識份子一樣，羊春秋迎來了事業上真正的春天！他鼓起了最大的幹勁，充分釋放出所有的能量，論文一篇接一篇的發表，專著一部接一部地出版，一批又一批的本科生、研究生從他的門下走向社會……他成了知名的學者、教授。登門求教者絡繹不絕，就是那些曾經無情地批他、鬥他，甚至打過他的人，也有不少前來認錯求助的。羊春秋是寬容的，他不曾起過報復的念頭，特別是對那些年輕、幼稚的學生，他認為從某種意義上講，他們也是受害的人嘛！我曾經問過他：「我們經歷的這些災難還會重新出現嗎？」他的回答是：「難說啊！我們只能寄希望於未

來的一代了。希望他們多思考一下道家的『勿為已甚』！儒家的『泛愛眾而親仁』，佛家的『眾生平等』這一類的光輝思想，或許有可能不再重複那段史無前例的殘暴歷史。」

羊春秋的頑強，不僅表現在政治鬥爭方面、學術研究方面，而且表現在與病魔的鬥爭中。4年之中5次手術，誰能承受得起？但他卻一次又一次的挺了過來，或筆耕，或舌耕，直到最後一息！他的不少詩文，甚至成本的書稿，都是在病榻上完成的。

羊春秋文思敏捷，才華橫溢，詩詞歌賦，無所不能，雜文、小品尤佳，散曲更是當今文壇一絕。他文字功夫根底厚，知識面廣，往往下筆千言，一揮而就！難怪《南方日報》闢專欄，刊登他的《春秋漫筆》，《湖南日報》連載他的《閒話》，《湘潭日報》發表他的《書話》，《湖南廣播電視報》約他談《茶道》……如果不是病魔過早地奪去了他的性命，不知還會有多少好文章出自他的筆下。

「人生自古誰無死！」羊春秋很懂得這個道理。面對死亡，他無所畏懼，因為他一生「仰不愧於天，俯不怍於人」，死而無憾矣！

他不只一次地對我說過：「我很知足，就是現在死去也沒有什麼可遺憾的了！我起碼有兩點已經超過了孔子：一是我的年齡比孔子大，他僅僅七十有三，我已七十又八了；二是我的弟子比孔子多，他的弟子號稱三千，我教過的中學生、大學生、研究生加起來，不知比他多了多少倍。」

他可以死而無憾，可我對他的死，卻感到無比的悲哀。他使我失去了一位生死與共的戰友，一位不可多得的「棚友」，一位可親可愛的「難兄」！

安息吧，我的「難兄」，我的「棚友」！

（本文曾以〈懷念羊春秋〉為題發表在2003年第一期的《文史拾遺》上，《湘濤》於2005年第一期上轉載，標題改為〈永遠的懷念〉！《湖湘文史叢談》2008年第三冊轉載。）

最後的囑託
——我在「牛棚」中結識陳布雷胞弟陳叔時

　　我是1968年在「牛棚」裏認識陳叔時先生的，儘管他調來湖南師範學院已經多年。剛來時他被安排在地理系當老師，1964年「四清」前不久地理系撤銷他才轉到我們外語系來教英語。

　　陳先生是從北京外交系統下放來到我院的，同他一起下放的還有好幾位，大多數都被安排在外語系教英語。同這些人相比，陳先生有兩點顯得特別突出：一是他的胞兄陳布雷大名鼎鼎，無人不知；二是他本人當過國民政府駐外使領館的外交官，再加上他年紀大、個子小，所以他一出現，人們往往指指點點，嘀嘀咕咕。

　　議論管議論，但都是背著他進行的。主動同他接觸的人卻不多。在那個親不親、階級分的年代裏，誰願意去主動同有他這種

政治背景的人接觸呢？避之難恐不遠啊！所以我同他在一個系裏工作了那麼幾年，卻沒有單獨同他說過一句話！界線劃得可是一清二楚啊。

陳先生調來我院時，正好趕上過「苦日子」，因為他是歸國僑胞，又是統戰對象、高級知識份子，按規定享受某些優待，生活過得比我們一般老師好；每月多配給半斤油，五斤灰麵，兩條煙，三斤黃豆。最重要的是那幾年大家忙於過苦日子，政治氣候寬鬆一些，沒搞什麼運動，有時老師們還開開「神仙會」，發點牢騷。不過，我可沒聽說陳先生發過什麼牢騷，至少沒聽到他說過給人留下深刻印象的話。

三年苦日子一過，階級鬥爭的弦繃起來了。我院成了我省高校「四清」的試點。單是工作隊員就進來了一百多。「桃園經驗」出來以後，我院的「四清」進入高潮，先是層層動員，查敵情，報上當、背靠背揭發檢舉，然後出大字報，幹部「下樓」，「洗手洗澡」，再由大家「脫褲子」，像「打掃廁所」一樣，把一切骯髒的思想統統交代出來，分析批判，最後是團結一致，向一小撮階級敵人開火！結果當然戰果輝煌，分清了階級陣線，開除了一個「階級敵人」，寬大處理了一個「壞分子」，把幾個階級敵人的「帽子」拿在群眾手裏，視其表現再行決定是否戴上，還有幾個定為「內控對象」。當然，還有一批「推一推就可以成為階級敵人，拉一拉也可以算成內部矛盾」的人，經過教育「挽救」過來了！這幾種人加起來有十幾個，好像陳叔時先生都不在其中。也就是說陳先生安全闖過了四清這一關！

當然憑著他在國民黨駐外使領館工作的經歷，陳先生要得到重用、成為依靠對像是不可能的，但直到文革工作組大抓「黑鬼」為止，陳先生都還置身於革命群眾之中，沒有受到批判和揪鬥。

　　但好景不常！到了1968年8月，工宣隊浩浩蕩蕩開進學校，清理階級隊伍的時候，陳先生就在劫難逃了：他的家突然被抄，藏在蜂窩煤裏的美元，也被「小將」們抄了出來，於是他理所當然地被關進了「牛棚」！

　　陳先生是在我們一百多條「牛」被關進牛棚以後幾天才被關進來的。我們進牛棚的儀式非常隆重，先是排著長隊，掛著自製的「黑鬼」牌子，站在炎炎烈日之下，恭候工人階級的檢閱，然後由工人階級的代表——工宣隊領著在校園裏遊街示眾，聽革命群眾呼喊革命口號，慶祝工人階級佔領上層建築的偉大勝利！遊行（應為遊街示眾）以後，再由工宣隊員率領紅衛兵小將分別去我們家抄家，然後命令我們背著鋪蓋捲，在「小將」們押送下走進「牛棚」。我清楚記得陳先生沒有參加這一「盛典」，不在我們外語系的黑鬼隊伍之中。

　　但沒過多久，他就被關進「牛棚」裏來了。我勞動回來時，發現他默默地坐在進門左邊第一間房裏，昂著頭，兩眼茫然地望著窗外。對面的鋪上，也坐著一個老人，卻哭喪著臉，兩手不停地抖動。我定睛一看，發現是我們系的老教授羅暟嵐先生。因為我同他們倆是一個系的教師，同羅先生更是很熟，便輕輕地走了進去，想安慰他們幾句。羅先生一見到我，什麼話也沒說，只是唉聲歎氣，眼淚和鼻涕水都流出來了。陳先生卻欠欠身子讓我坐在他的床上，然後談起了他的過去。他說他不是反革命，雖是陳布雷的胞弟，兄弟二人卻走的不是一條路。他，陳叔時，1927年就參加了革命活動，而且參加了「CY」（共產主義青年團），後來在上海大學從事進步文化工作。抗日戰爭爆發後，國共兩黨聯合抗日，他才接受國民政府的派遣，去駐外使、領館工作，曾經擔任過駐智利等國使領館的一等秘書、參贊和駐聯合國代表團的高級外交官。中華人民

共和國成立以後不久，他就退出了國民黨政府的外交工作，躲在美
國的一個偏僻小鎮上，開辦一個小小的養雞場，準備一有機會就返
回祖國，參加新中國的社會主義建設工作。經過多方奔走，終於找
到了回國的機會。1954年他懷揣著一位頗有影響的著名人士寫給周
恩來總理的親筆信，帶著他的妻子和兩個幼小的女兒，繞道瑞士，
回到祖國，受到有關方面的歡迎，被安排在外交系統的國際關係研
究所工作。1961年北京各單位幹部下放，於是他來到了湖南師範學
院。他反覆告訴我，他的一生是愛國的、革命的，從來沒有反對過
革命，反對過共產黨。他要我相信他，他說的全是實話，沒有半句
虛假。

　　鬥爭他的時候，他的態度特別「頑固」，翻來覆去就是那幾
句話，從不承認自己是反革命，「小將」們義憤填膺，對他的鬥
爭，特別殘酷。有一次鬥他的時候，讓我站著陪鬥。「小將」們
別出心裁，將講臺佈置成鬥爭台，上面擺著一條四方凳子，凳子
上面橫放著一個竹掃把，然後命令年逾花甲的陳叔時跪在上面挨
鬥，不承認就不准起來。陳先生一跪就是兩三小時，痛得他渾身
冒汗，出來卷起褲腿一看，膝蓋上早已血跡斑斑。但他卻忍住
了，既未叫喊！也沒有呻吟！氣得「小將」們揮動鋼鞭抽打，他
也不承認自己是反革命！

　　他的這種表現，使我感到震驚。震驚之餘，心中對他不由得出
生了敬意，這真是一條漢子！他已年逾花甲，身子相當單薄，居然
能經受住那麼殘酷的折磨！如果不是親眼目睹，簡直無法相信！

　　在批鬥完了回「牛棚」的路上，我勸他改變態度，承認一些
問題，免得皮肉受苦。好漢不吃眼前虧嘛！可他卻斬釘截鐵地回
答我說：

　　「我承認什麼？我從來沒有反對過革命，我沒有罪。我年輕時

就參加革命，就跟著共產黨幹革命，而且參加了CY，就是共產主義青年團。我哥哥（指陳布雷）怕我惹禍，曾經將我鎖在家裏，不讓我出去，但我還是想方設法逃了出來，繼續參加革命活動。我有什麼罪？」

「你總為國民黨當過外交官吧！」

「我當外交官是在開始抗日的時候，當時國共兩黨合作，不少共產黨員都進了國民政府工作。我出國是為了爭取美國人民對我們的支持！幫助我們抗日，不是為了國民黨！中華人民共和國一成立，我就離開了國民政府的外交使團，一有機會就回來參加新中國的建設了。我是愛國的，我有什麼罪？難道我攜帶全家回國也有罪嗎？也算反革命？」

我睜著兩眼望了他一下，無言以對。

他的確是攜帶全家回來的。他妻子樓韻午就在我們系的資料室工作，我們常常打交道。他的大女兒陳智兒在我院物理系就讀，小女兒陳夏蒂在我校附中讀初中。

1969年3、4月間，陳叔時和我同時從「牛棚」裏放了出來，交由革命群眾「監督改造」。後來我隨同革命群眾去農村接受貧下中農「再教育」，他因年老多病，留在學校裏。由於他的歷史複雜，態度又是那麼「頑固」，所以一直被「掛」著，沒有得到「解放」。

在他去世的前幾天（最多不過一星期），他突然來到我的家裏。記得他以前從未到過我家，這是唯一的一次！大概人在臨死前有預感吧，知道他的日子已經不多，所以才來我家找我。他進門時，正好碰上我的小兒子在學著拉小提琴。他站著望了一陣，臉上露出了我從未見過的笑容，然後說了一句：

「拉小提琴好！」

　　等我支開小孩以後，他才開口談他的來意。他說他在我院沒有接觸過什麼人，只對我說過他的一生，只有我同情他、瞭解他，所以他才來找我。他希望我以後有機會幫他說話，為他鳴冤！他說的時候，態度非常誠懇，使我不得不答應他的要求。等到我答應之後他便起身告辭而去，在我家待的時間最多不過一小時。

　　幾天過後，聽說他死了。我感到非常震驚！他是怎麼死的，得的什麼病，我都不清楚，也沒敢去打聽。我估計系裏也不會有什麼人去看他。那個時候死人很簡單，趕緊火化了事，連個簡單的追悼會，也沒開。不過，他對我的要求，我倒是一直記在心裏。但在那時，「左」風正盛，簡直不可一世，我記著又能怎樣？我自己不也是沒有平反嗎？

　　陳叔時先生去世以後，好久都沒有平反。他的妻子經不起打擊，不久就神經失常，不得不回杭州投靠親朋，休息療養去了。他的大女兒陳智兒受的牽連也很大。

　　文化大革命開始的時候，陳智兒像所有的青年學生一樣，積極投身運動，寫大字報，搞大批判，外出串連，相當活躍。等到工人階級登上上層建築，大肆清理階級隊伍的時候，陳叔時被揪出來了，於是陳智兒從半空中摔了下來，成了「可以教育好的子女」，很快就被分配到湘西邊遠的農村當老師去了。這對一個在國外出生的女孩子來說，打擊不謂不大，但陳智兒還算堅強，承受住了，沒出什麼意外。

　　不久她結識了一位解放軍幹部。兩人你來我往，產生了愛情。那青年軍官打報告，申請與陳智兒結婚，但領導不但不准，還命令他與陳智兒斷絕來往，說她是個「可以教育好的子女」，父親的問題很大，是歷史反革命。這一消息傳來，有如晴空霹靂，一下子就把陳智兒擊倒了。她精神完全奔潰，成了瘋女！成

了文革時期極左的犧牲品！她現在雖然還活著，還住在他們家住的房子裏，但精神一直沒能恢復正常。直到現在也沒有結婚，我每次一見到她就想起陳叔時先生，就想起他對我的囑託和要求！心裏感到很不安！

陳叔時先生的冤案，一直拖到八十年代中後期，才得到徹底的平反。學院的院刊專門出了一期特刊，刊登了一篇很長的文章，敘述他革命的一生，我認真讀了兩遍，內容與陳先生對我所說的，沒有什麼出入。陳先生九泉有知，應該可以感到安慰了。

當然遺憾還是有的，就是他的那個「可以教育好」的女兒的病，至今也沒有治好！這是「史無前例」的文化大革命的「成果」！全國有多少這樣的「成果」，恐怕沒人去統計，至少孤陋寡聞的我，並不知道。但我卻敢肯定，不只陳智兒一個。

近些年不斷有人問及陳叔時先生，並且這些人都說陳先生「了不起」，是個「大好人」。我這才覺得有必要寫一篇短文來發表，一則表示我對陳先生的懷念，二來把我所知道的這點點情況告訴關心陳先生的親朋好友。

（本文在《世紀》2006年第六期發表後，國內一些大小報刊爭相轉載，《湘聲報》2007年元月五號全文轉載時有所改動。）

注：關於陳叔時先生一文的幾點補充

　　一、陳叔時先生原名訓惠，浙江慈溪人。1909年2月24日生，1978年病逝。兄弟八人，行七，長兄陳布雷，最知名。

　　二、陳先生曾兩度留學日本：1929年至1930年就讀於日本政法大學。1936年4月至1937年7月在日本仙台東北帝國大學學習。

三、陳先生勤於著述，曾有以下著作出版：（1）《國際通史》，1930年上海光華出版社出版；（2）《世界史之地理因素》，1935年杭州貞社出版；（3）《德、意、日防共軸心論》，1939年重慶正中書局出版；（4）《蘇聯經濟史》（此書未出版，手稿被沒收）。

四、陳先生1927至1929年在上海同文書院、立達學院讀書時參加共青團，並任支部書記，還當過共青團上海法南區委宣傳委員。

五、1934年陳先生在杭州組織左翼文化聯盟，並擔任領導。1937年創辦《戰時生活》旬刊，出任主編。

　　在從事上述革命活動時，結識了沙文漢、張愛萍、杜國庠、邵荃麟、鄭森禹等著名革命文化人士。

六、抗日戰爭全面爆發後，陳先生立即從日本回國，參加國民政府工作。先在重慶軍委會參事室任職，1940年進入外交部，任亞東司專員，1942年至1946年任駐智利大使館二等秘書。1946年以後任駐美使館一等秘書，駐聯合國遠東委員會代表團一等秘書。中華人民共和國成立後即自動脫離。

七、1989年10月20日湖南師大黨委決定為其平反，同時決定刊發〈一個前外交官的祖國戀〉，並將其大女兒錄為「學校的正式職工，享受在編職工的待遇」。

天真、豁達與寬容
——譚文炳其人其事

　　譚先生是湖南師院初建時為數不多的教授之一。我1955年來師院工作不久，他就引起了我的注意。他個子不高、單瘦，但動作迅速，走起路來，昂首挺胸、精神抖擻，兩隻眼睛炯炯有神，說話聲音宏亮，語速很快。

　　他為人直率、天真，說話無所顧忌，喜怒都掛在臉上，叫人一看就知，他可能是老教授之中最沒有城府的一個。

　　他的這種性格，使他成了我校最著名的「運動員」，次次政治運動，他都是「對象」。但他又是一員「福將」，次次運動他最後總是「全身而退」，安然脫險，既未成為右派，也沒被戴上反革命分子的帽子。他雖然「下鄉坐過轎子」，「收過租子」，卻只是個小土地出租者，夠不上地主分子；雖然「擺過教授的架子」，也對人「耍過威風」、「發過脾氣」，卻與政客、官僚，沒有什麼來往，算不得反動分子。所以你只能說他是個思想落後的教授，還是團結、教育、改造的對象！

　　運動中批判過他的人不少，有他多年的同事和朋友，也有他苦心培養的學生。運動過後，這些人都覺得不好意思見他，常常為了避免同他見面而繞道走。他發覺以後往往主動上門，找那些人交心，勸他們放心，他是不會計較的。

　　「你千萬不要見著我不好意思，我知道，你是瞭解我的，你對我的批判，那不是你的本意，是領導叫你說的！」

　　他對人的這種寬厚，倒是贏得了他不少朋友和學生內心的尊重。

　　文化大革命，「史無前例」，許多老革命，老左派都被揪被鬥，他這個「老運動員」，豈能倖免！工作隊一進來，他就成了物理系重點批鬥的對象。後來，隨著運動的步步升級，他的日子越來越不好過了：他被戴上了「黑鬼」牌子，被牽著遊了街，進了「牛棚」！

　　有的老師膽子小，上吊自殺了；有的嚇得與老婆離了婚，後來證明是為了後人而不得不採取的措施。更多的是急得要死，不知如何是好。可譚先生不同，他似乎早有預見，心態十分平靜，一切還是與以前一樣，沒有什麼大的變化。他每次去挨鬥，你看不到他臉上露出驚慌和恐懼的神色，即便在鬥爭會上挨了打，他回來時也總是精神抖擻的，沒見過他露出過頹喪和痛苦，儘管他大聲斥責「小將們」無理，不講政策！背地裏有人說他是洞庭湖的老麻雀，打不死、鬥不倒的老運動員！

　　有一次我校一百多名「黑鬼」，被趕著去市郊天馬大隊「雙搶」。當地農民好奇，全都圍著我們看，好像我們全都是「天外來客」。有幾個青年農民站在田頭指指點點，說這個是林增平，那個是馬積高、羊春秋。因為他們三人都正在《新湖南報》上點名，天天受到全省人民的聲討與批判，所以農民們在紛紛議論他們。

　　議論越來越熱烈。內容也越來越離奇。他們說林增平如何如何架子大，馬積高如何如何有錢，羊春秋又如何如何兇惡……越說越荒誕。譚先生聽著一直沒有作聲。直到一個青年農民非常肯定地說林增平有很多錢，生活闊氣得很，給他提皮包的秘書，都有好幾個……這時譚先生憋不住了，他馬上站起來，糾正說：

　　　「你們都說錯了，他們我都認識，他們都沒有多少錢，就拿林增平來說吧，他是副教授。我是教授，他的工資沒有我的多，我都沒有配秘書，他哪裡有秘書呢？」

　　他出奇的坦率，使那些議論的青年驚得不知如何是好，一個個面面相覷！

　　譚先生長壽，他活了九十三歲。九十大壽時他頭腦非常清醒，把他所認識的親朋好友、同事，不論職位高低，通通都發了邀請，聲明不要他們送禮，而是請他們來敘敘舊，話話家常。他不高攀權貴，卻不忘布衣舊友，讓大家痛快痛快。九十一歲那年正好趕上長沙高等學校召開大學生運動會。他背上自製的運動員號碼，穿上運動衣，小跑著趕到會場，請求參賽：

　　「我報名！」

　　人們禮貌地告訴他：

　　「這是大學生運動會，老師們不參加！」

　　他聽後差點發起火來，經人勸了好一陣，才怏怏而去。

　　他非常豁達、樂觀，從不向困難和挫折低頭。開刀動了手術，還帶著導尿管在家裏歡快地寫字、繪畫。他永遠也不叫苦，而且總能在苦難中找到歡樂，在黑暗中看見光明。他常常奉勸人們要多想生活中的歡樂，不要老想苦難和不快，整天愁眉不展。

　　有位老教授與老伴常常為一些小事拌嘴，後來，矛盾越來越大，急得老先生哭了起來。他聽說之後馬上上門勸解：

　　「你怎麼這麼想不開呢？你成天這樣愁眉不展，還能活得多久？應該多想愉快的事，多想想歡樂嘛！」

　　「沒有呀，怎麼歡樂得起來？」

　　「怎麼沒有？新婚之夜總是歡樂的吧！」

　　這一下把那位老教授說得破涕為笑！

　　譚先生算不上是大教授，沒有顯赫的學歷和名聲，也未聽說他出版過什麼宏文巨著，各種名人辭典上，也很少出現他的名字。但他幾十年勤勤懇懇教書，講授物理系的基礎課程，教學認

真負責，態度一絲不苟。他的教授頭銜恐怕也不是走後門搞關係弄到手的。

北大著名教授任繼愈，是譚先生早年教過的學生，聽說譚先生病逝之後，馬上寫下「師德流芳」四個大字，讓他的家人鐫刻在譚先生的墓碑上。

（本文先在2007年3月2日於《湘聲報》上發表，幾天後武漢《讀者文摘》全文轉載，標題是〈譚文炳其人其事〉，2007年10月《世紀》將它收入〈嶽麓山下名教授〉一文中。）

「老右傾」魏東明
——魏東明的二三趣聞

　　魏東明的名字，年齡大一點的麓山學人，大概不會不知道。他雖然是湖南大學的副校長，但在師範學院當過四清工作隊的副隊長，具體負責中文系的四清。在一次學習毛澤東的一篇什麼文章時他給我們作過一次報告。原來只聞其名卻未見其人，現在算是見著了。他個子不高，戴一副眼鏡，是近視還是老花，我不清楚。

　　說句老實話，他這次給我留下的印象不怎麼好，也許是我對他的期望太高。他說話很慢，而且不停地在講臺上走來走去，擺出一副名士派頭，我覺得他知識份子的味道太濃了點。

　　「四清」結束以後，他離開了我們學校，回湖南大學去了。

　　文化大革命一開始，他的名字就在《新湖南報》上出現了，他是繼林（增平）、馬（積高）、羊（春秋）之後被點名的。但為時不久，該報就被學生們封閉了，他受到的批判不算多。他的「罪狀」我沒大記住，好像主要是「一貫右傾」：肅反，他沒肅出多少反革命來；「三反五反」，他又沒抓出多少貪污分子。領導運動，可說成績糟糕得很，老是右傾嘛，所以人們給了他一個綽號：「老機」！

　　「老機」由江西調來湖南，單位換了好幾個，好像他都不如意，最後調到湖南大學當副校長，才算勉強湊合。他本是燕京大學的學生，一・二九運動的幹將，後來到上海當了作家，以後又去了延安。毛澤東在延安就文藝問題發表講話時，他在場。他說毛澤東一口寧鄉湘潭話，聽起來很費勁，講話時還不時說了一些罵娘的粗話，與後來發表出來的，有很大的不同。我相信他說的符合實際。

當然經「革命派」一分析，說他反毛澤東思想，似乎也順理成章，並不特別令人感到奇怪。

文化大革命開始後，他是湖南大學的第一號鬥爭對象，於是有關他的傳聞不斷，笑話百出。比如在湖南大學上萬人參加的大會上，批鬥他的人一個接一個地上臺，發言時慷慨激昂，聲嘶力竭。打倒魏東明的口號聲，震天動地，他卻坐在台前的一角，呼呼地打起鼾來。鼾聲從高音喇叭裏傳出來，叫人聽了不可思議！有的人實在忍不住，不禁哈哈大笑，把個莊嚴的大會，幾乎變成了文藝演出晚會。

1966年8月18日湖大學生牽著一大群「黑幫分子」到省委遊行。魏東明作為該校的頭號大「黑鬼」，理所當然地被押著走在隊伍的最前面，頭上戴著一頂很高的高帽子。隊伍走到湖南師院印刷廠時，魏東明突然抬起頭來，大聲說話：

「我敢打賭，不出三個月，張平化（省委書記）就得向我登門道歉！」

押解他的學生趕緊捂住他的嘴，壓低他的頭，他的嘴卻還在唔唔地說著什麼。當時那裏有一塊棉花地，我和幾個「黑鬼」正在地裏勞動，恰好看見了這一幕。

不過他這次的預言，卻沒有應驗。莫說三個月，十年以後也沒人向他賠禮道歉。他犯了個小小的經驗主義的錯誤：過去幾次運動他錯誤地挨整，到運動結束或結束後不久，他都得到過平反，領導人客客氣氣地向他賠過禮、道過歉的。在延安整風時許多同志錯誤地挨了整，毛澤東不是親自上臺，向那些被整錯了的同志舉手敬禮，道歉過嗎？

此一時也，彼一時也！這時的毛澤東早已不是延安時代的毛澤東了。運動經驗豐富的魏東明犯下了一個小小的錯誤：在錯誤的時

間，錯誤的地點，說了一句錯誤的話，得出了一個錯誤的結論，吃了不少的苦頭！

他的夫人梁再，也是一名喝過延河水的老幹部，同魏東明一樣，也是一名「右傾機會主義分子」，先後在長沙師專和湖南師範學院都挨過批鬥。她那一把眼淚，一把鼻涕的狼狽相，我是至今也沒忘的。一次湖南大學的遊鬥會後，梁再走不動，由魏東明背著才遊完，那慘像叫人看了實在不忍。不知為什麼又是那麼巧，我又一次見到了魏東明，已經沒有上一次那麼大聲呼喊的力氣了。只見他背著梁再，氣喘吁吁、汗流浹背……

不過魏東明終究是魏東明，他又同看守他的紅衛兵玩起了捉迷藏的把戲。一次鬥爭會後，他說口乾要去買點西瓜解渴。買來西瓜以後，他手拿西瓜在兩個紅衛兵的眼前一晃，說：

「你們吃不吃？不吃我就吃了！」說完就咬了一大口，隨後又說：

「你們還是不吃的好，吃牛鬼蛇神的西瓜是要犯立場錯誤的。」於是他把買來的西瓜一個人全吃了。那兩個紅衛兵氣得不知說什麼好！

又一次批鬥會後，魏東明趁押送他的紅衛兵沒有注意，一下子跳上五路公共汽車，朝礦冶學院方向開去。紅衛兵一看魏東明不見了，馬上跑去報告學校，學校馬上派出好幾輛汽車、摩托車去尋找魏東明。但不到一個小時他就乘同一輛公交車回到了湖大，一見那兩個看守他的紅衛兵就大聲說：

「你們兩個的革命警惕性哪裡去了，竟在光天化日之下，讓大「黑鬼」魏東明跑掉了！」

說得兩個紅衛兵小將又氣又恨，不知道說什麼好！

有一天上面把扣發的工資發還給他，學校革委會的一個頭頭找

他借錢，他說：

「錢麼？我有呀，今天補發的，但是我不能借給你。你不是要同我劃清界線嗎？怎麼還要借我的錢呢？再說你是革命領導幹部，我借錢給你有拉攏腐蝕幹部之嫌，我不幹！」

他硬是讓那位革命幹部碰了一鼻子的灰，只好恨恨而去。

清理階級隊伍的時候，「牛棚」的頭頭們要他交代歷史。他馬上貼出一份聲明：「我的歷史簡單而又樸素，早在延安就已交代清楚，特此公告。」

專案組的人員，多是紅衛兵小將，一個個氣得咬牙切齒，馬上把魏東明叫到一間小屋子裏，揚起皮鞭抽打他。他立即揚手：

「且慢，有膽就到大街上抽，不要在這黑屋子裏偷偷摸摸地幹！」

「你魏東明就沒有一點錯誤？」

「有呀！我最大的錯誤就是教出了一批像你們這樣的學生！」

你不能不佩服魏東明，你硬是頂住了，那幾個學生被他說得放下了手中的皮鞭。

以上這些事除了我親眼所見的以外，其餘都是聽來的，真實性如何，很難說。但我卻相信它基本上都是真實的，因為它很符合魏先生的性格，所以我把它們記錄在這裏，供人們一笑。

魏東明在湖大是「要犯」，在另一位副校長唐麟不明不白地死去以後，他就成了那所大學的第一號「牛鬼蛇神」。他挨的鬥、吃的苦、受的罪，恐怕很難想像，不採取他那樣的喜笑怒罵態度，怎麼受得了！我佩服他的機智、幽默和膽量。在我身處「牛棚」的時候也想過向他學習，但學的結果並不理想。我到底不是魏東明！

七十年代後期，他的同學、朋友們像谷牧、蔣南翔、韋君宜這些人勸他離開湖大，調到北京。他先調到中國科學院科技情報研究

所，不滿意。據我的一位在那裏工作的同學說他為人不錯，對下面的工作人員態度也好，但與同級領導人員關係總不大好，於是又調到《人民教育》雜誌社當主編，最後在那裏去世。

（本文於2007年3月16日發表在《湘聲報》上，
標題是〈老延安魏東明〉。）

和林增平在一起的日子裏

　　我在知識份子隊伍裏混了幾十年，直接間接結識的高級知識份子數以百計，但給我留下難忘印象的卻並不多，林增平先生算是其中的一位。他離開我們已十載有餘，但他的音容笑貌卻時不時的出現在我的腦海中，使我好像又回到了我們在一起生活的日子裏。

　　他去世後，我幾次想提筆寫篇回憶文字寄託哀思，但我有顧慮：林先生應了「大難不死必有後福」這句古話。文革結束後，他的政治地位和學術地位不僅得到恢復，而且越來越高。各種榮譽紛至遝來，使他成了我們學校的一顆最耀眼的明星。他先是當上了院長、校長，後來又被聘為湖南文史館館長，省人大常委，成了我校

的第一位博士生導師……從文革的「階下囚」一躍而成了當今的「座上客」。可我要回憶的那些同他在一起的日子，恰恰是他遭難的時候。幾十年過去了，再來寫這段不堪回首的往事，恰當嗎？會不會有損於他的形象？

反覆考慮了十來年以後，我覺得還是得寫，把他鮮為人知的一面寫出來，不寫，我於心不安！

我同林先生認識是從上世紀五十年代開始的。我們年歲不同，他長我九歲，屬於兄輩。我來湖南師範學院開始教書的時候，還是個初出茅廬的楞頭小子，他卻已經是獨當一面的骨幹教師了。論性格，我們更是迥然不同：他沉默寡言，靜如處子；我則好動，說話口無遮攔。我倆既非同學，又非同鄉，更無師生之誼。而且所學專業不同：他專攻近代史，我教俄語。唯一的共同點，就是我們都是教師。在文化大革命前，我雖然認識他，知道他是歷史系的教師，但沒有來往，甚至沒有單獨談過話。我只從別人口中，知道他的一點情況：他不是共產黨員，政治運動中，沒聽說他有過什麼突出表現。他也沒有什麼政治歷史問題，所以他在歷次政治運動中沒有成為批判、鬥爭的對象。即便在反右運動中，他也沒有成為「右派」，儘管歷史系的右派抓得多，僅古代史教研室九個老師中就抓出了八個右派，為全校之冠！不，恐怕在全國也不多吧！

他政治上不左不右，儘管也爭取進步，但充其量只能算個中間分子。但他在業務上卻勤於鑽研，埋頭苦讀。有的人說他是個書呆子，但「左」派積極分子則對他頗有閑言，說他走的是只專不紅的白專道路。不過只是批評教育而已，沒有對他展開批鬥。後來他寫了一本《中國近代史》，在史學界獲得好評，在知識份子「脫帽加冕」的日子裏，他被提升為副教授，正式跨進了高級知識份子的行列。不久又被任命為歷史系副系主任，已經有了一點名氣了。人們

一提到他的名字，不論是領導還是一般老師都是持贊許的態度，不少青年教師還把他當作學習的榜樣。

但沒過多久，「史無前例」的文革序幕一拉開，作為史學家的林增平很快就被列為鬥爭對象。省委派來學院領導文化大革命的工作隊進校不久，就把他推上鬥爭台，說他是「反動學術權威」。大會鬥爭以後，就在全省範圍內點名批判，每天的《新湖南報》上都有聲討批判他的文章，他成了萬人唾罵的「大黑鬼」！

工作隊組織全院師生鬥爭他的時候，我還「混」在革命群眾中當看客。我坐在臨時搭起的鬥爭台下，親眼目睹了鬥爭他的全過程。那驚心動魄的一幕，我是終生銘記在心的。

那是文革工作隊進校的頭幾天。所謂文革工作隊，就是原來在學校搞「四清」的工作隊，只是換了幾個頭頭，增加了一些工作隊員而已。林增平是工作隊進校後批鬥的第一個對象。鬥爭台搭在學生三舍前面的操場上，臺子是工人們加班加點臨時搭起來的。鬥爭會開始時，主席臺上傳出一聲吼叫：「把林增平押上臺來」！林增平被人押上臺後，坐在台的一側，面對著數千「革命群眾」。那時還是工作隊說了算的時代，鬥爭的方式還算文明，只停留在口誅筆伐階段，沒有發展到「噴氣式」時代。但面對數千「義憤填膺」的革命群眾，聽著他們聲嘶力竭的謾罵、聲討和震天動地的口號聲，文弱書生林增平，哪裡見過如此場面？他有如待決的囚徒，早已嚇得魂飛魄散。他面如死灰，兩隻眼睛死死地盯著地面，兩手平放在膝蓋上，渾身不停地抖動。這紅色恐怖的一幕，雖然過去了近四十年，我卻總是覺得它好像就發生在昨天，一切都是那麼清晰、鮮活！

鬥爭會後，幾個彪形大漢走上台去，像老鷹抓小雞似地把林增平抓起來，將他押到新至善村他的住處。從此，林增平就被「監

護」起來了，失去了一切行動自由！家人被趕走，「監護」小組成員晝夜伴隨在他身邊。他一夜之間由主任變成了囚徒，由人變成了「鬼」，開始了他漫長的「黑鬼」生涯！

如果文化大革命也像以前的歷次政治運動一樣，只鬥黨外知識份子的話，那林增平之流的命運就會和胡風分子、右派分子沒有區別了。但文化大革命終究不是反右，它要整的主要還是黨內的一大批幹部。文化大革命十六條明確指出：「重點是整黨內那些走資本主義道路的當權派」，知識份子只是批判的對象而已。

習慣於走老路的經驗主義者，沒有理解這一變化，還是沿用抓右派的老辦法，拿黨外的知識份子開刀。於是林增平作為黨外知識份子的一員，成了我院第一個犧牲品！這是林增平的不幸！

照十六條看，林增平既不應該是鬥爭對象，也不應該是批判對象。說他是當權派吧，那時他也只是一個相當於正科級的副系主任，而且又不是黨員，當了多少權，只有天知道。說他是學術權威吧，似乎也有點抬舉了他，他當副教授才幾年，哪裡算得上學術權威呢？

附帶說一句，在湖南上報點名批判的「學術權威」中，我校占了三個，即林增平副教授和馬積高、羊春秋兩位講師。後來人們為了方便，將他們三人的姓連在一起，合稱林、馬、羊。其實按年齡大小來排列，應是羊、林、馬。羊生於1922年，林為1923年生，馬最小為1925年生。不過按職位來說，林、馬都是副系主任，而羊僅為一教研室主任，理應排在最後。

後來，由於省委工作隊對無產階級文化大革命的「不理解」，結果「犯了方向性」錯誤。工作隊偷偷的一撤走，學校的面貌馬上大變，學生們嗅覺靈，政治上很敏感，一個個戴上紅衛兵袖章衝進省委、殺向社會，抓大走資派去了。「小將」們已經不把我們這些

「黑鬼」放在眼裏了，於是林、馬、羊三人得以聯袂出走北京、南京。直到中央表態，成立湖南省革命委員會（籌）的時候，他們才回到了學校。

這以後，我們就一起成立組織，學著造反派的樣子「造反」。其實我們的所謂造反，只是要求說出事實的真相，要求還我們以清白而已，也就是要求平反而已。「秀才造反」的結果是：五十天以後，我們全被關進「牛棚」，接受長達數年的批鬥。

我認識瞭解林先生，就是從「造反」開始的。隨後就是一起進「牛棚」，一起挨批挨鬥，一起下工廠燒水泥，一起修防空洞，時間長達數年。通過這長時間的接觸，我發現大字報把他描寫成可怕的反動「權威」，實在叫人無法理解。

我覺得林先生是知識分中有代表性的一員。他的最大特點是老實，老實得有點近乎迂拙。他在學術上的成就，我不敢妄評，但我敢斷言，他的成就來之不易，不是因為他聰明過人，而是因為他的勤奮。「才華橫溢」，「才思敏捷」，「智力超群」之類的評語用在他身上，似乎都不貼切，而勤奮刻苦、孜孜不倦，倒是較為中肯。他曾當著不少人的面，公開承認在中小學的學習成績不佳，甚至在他發表在《社會科學家傳》上的自傳中，都坦率地承認他曾經留過級，不像有些人吹噓自己為天生的奇才！

他寫的辛亥革命史，有人剽竊了其中一些內容，他沒有向剽竊者興師問罪，而是寫信告訴他，被剽竊的部分有錯誤。「我在重印時會改正，你以後最好不用，要用就必須改正其中的錯誤，免得貽誤讀者。」從這裏，我們可以看出他為人的厚道。他把這事告訴我時，臉上沒有憤怒，而是掛著微笑！

他每次出國講學或參加高規格的國際學術會議，歸來後，他給我們講的都是他出的「洋相」。比如去美國講學，他說由於英語口

語不過關，差點被丟在機場上，等了好久，接他的人才把他送到開會的地點。朋友們總是搶先為他開門，他覺得不好意思，有一次，他也搶先去按門鈴，結果，按錯了按鈕，門沒開，報警器卻響了，弄得他好不尷尬。他說在美國費正清研究中心講學，他只講了二十五分鐘，沒有也不允許你誇誇其談，那些研究中國問題的「中國通」，不好糊弄。還是在美國講學，為了節省外匯，他同河南大學一位公派留學生共睡一個鋪。留學生晚上出去打工，他就睡那張床，白天讓留學生睡。

應邀去日本講學，鬧的「笑話」也不少，就是在國內參加學術會議，「洋相」也出過很多，比如在廣州參加紀念孫中山的國際學術討論會就是一例。同來自海外的學者們一起吃飯，別人盡是吃菜喝酒，他卻大米飯吃了一碗又一碗，別人風趣地說他是貫徹執行毛澤東的「以糧為綱」。國外的同行們會外串門，他想學他們的樣，請客人吃點點心宵夜，但又苦於囊中羞澀，只好作罷。坐計程車，看到計程器上數字跳動，他的心就發緊，生怕付不出車費。為了節省點電話費，他跑到賓館外面去找郵局或電信局打電話，跑了好遠也沒找到，不得不又跑回賓館打，結果受到服務員的奚落和嘲笑：「你看，不是還得在這兒打嘛，來回一趟，浪費了多少時間，太不合算了嘛！」

你同他在一起勞動，一定會感到莫大的愉快。他決不會偷懶，耍巧，讓你吃虧，而且總挑重的活幹。最髒的活，也搶著幹。在株洲麻紡廠燒水泥，他班班負責裝水泥袋。那活雖不算重，卻是腳不停、手不歇的累活，特別是髒得不能再髒了。一班下來，頭髮、鼻孔、眼睛裏都 是水泥，幹久了完全有得矽肺病的危險。所以這種活，誰都不願幹，他卻一直幹到調他回校審查為止。他不僅幹，而且幹得很好，裝袋的紀錄，一破再破，沒有人超過他！

　　林先生同大家在一起，非常隨和。勞動之餘，「黑鬼」們常常拿他開玩笑，他總是付之一笑。一起上小吃店，喝甜酒，付錢的總是他。其實那時他雖是「權威」，工資卻並不比別人多，因為他那時只升「官」（指升為副教授），沒發「財」。

　　林先生是我校第一批帶研究生的教師。他對研究生非常嚴格，有一位考生報考他的研究生，帶了兩條大草魚，硬要送給他。林先生說：

　　「你這兩條魚送壞了。我要是收了你的魚，你這研究生就做不成了，要是我收下你的魚，又收下你當研究生，別人就會說：你這研究生是用兩條魚換來的，太低下、太不值錢了！你看怎麼辦？是把魚拿走考研究生，還是硬要留下魚不考研究生呢？」那考生感到很尷尬，說：「研究生一定要考，魚呢，拿回去也臭了，還是留在您這裏吧！」林先生聽他說得有理，便說：「既然魚拿回去會臭，丟了怪可惜的，我就按市價給你買下。你以後可要記住，再也不要做這種事了。好好考吧，憑真本事！」

　　有的報刊、雜誌社的頭頭，看在林先生的面上，想發表他的研究生的文章。他知道後，馬上給他們打電話。我就親身聽到過一次，。他對那位總編說：「我的研究生那篇文章，我看過，不成熟，還沒有達到發表水平，請不要發表。而且此人的基礎知識還不扎實，需要補課！過早過多發表研究生的文章，對他們的學習與提高，不一定有好處！千萬不要揠苗助長啊！」聯繫到當時和現在一些導師想方設法幫助自己的研究生發表文章，甚至不惜走後門、拉關係、送紅包、買版面，林先生的道德思想境界就顯得高多了。

　　林先生度量寬宏，心胸廣闊。對於那些對他口誅筆伐，甚至拳打腳踢的人，從不記仇，更不報復，他總是與人為善。他掌握升等大權之後，對那些對他批鬥過的人，在升等問題上，他也沒有設置

過任何障礙。他們該升教授的都升了教授，該升副教授的都升了副
教授。

　　林先生拙於言辭，更不擅長交際，行政領導能力不強。但八十
年代初，他卻被安排當上了學院的院長，學院升格為大學之後，他
自然地又成了校長。這雖是落實政策的需要，卻難壞了林先生。在
當院長、校長的那些日子裏，他簡直度日如年。有時夜裏躲在別人
家裏，因為找他解決問題的人實在太多，沒落實好政策的，找他；
從農村裏回來沒房子住的，找他；工作沒安排好的，找他；子女沒
從農村調回來的，調回來沒安排工作的，也找他。他同情這些人的
遭遇，但他有能力解決這「五子登科」嗎？（所謂五子指老婆子、
孩子、房子、票子、工作位子）1987年他任期屆滿，獲准離任的時
候，他那高興的勁頭，簡直無法用言語來形容。他終究還是一介書
生，一位近代史的權威！

　　林先生雖不長於做領導工作，但責任心卻很強。他主持學校
行政的時候，正是我國大學生思想特別活躍的時期。他們指點江
山、激揚文字，對學校的工作和教師的教學，都敢於提意見，暢
所欲言，無所顧忌。記得有一次他問我：「同學們，特別是研究
生們，對學校有什麼意見？對老師們的印象、反映如何？」我當
即直言相告：「聽我的研究生說，他們在下面對導師們的意見不
少，有的還相當尖銳。他們甚至作出結論，說我校不少導師思想
僵化、知識陳舊，眼界窄狹，方法呆板！」他聽了我的話，先是
一驚，稍加思考之後，就說：「問題提起很尖銳，但又不無道
理，要設法解決。」

　　林先生趕上了重視知識、重視人才的好時代，應了「大難不死
必有後福」那句老話。平反以後，政治地位、學術地位越來越高。
他發表一篇又一篇頗有見地的文章，出版一本又一本的學術專著。

他真的成了名符其實的權威，頭上戴了一頂又一頂的桂冠：院長、校長、博士生導師、省人大常委、民進的省委主委、省文史館館長……但他還是老樣子，不盛氣凌人，不為盛名所累。在朋友面前，還是那副憨態可掬的忠厚相，不擺大人物的架子，更不輕視、鄙棄落難的朋友。文化大革命中，大字報經常把他描寫成十惡不赦的大壞蛋，可在我的心裏，他卻是一個難得的好人。羊春秋臨終前不久，在病床上深情的對我說：「老林是個大好人哪！他甚至可以為你承受皮鞭的毒打而決不出賣朋友！」文化大革命對每一個知識份子，都是一場大考驗，靈魂的大考驗，林先生是經受住了考驗的一個。

總之，像林先生這樣知識淵博，人品高尚的知識份子，我遇到的雖不是絕無僅有，但的確少見。惟其少見，故而彌足珍貴。可惜天不假年，他未滿七十，就離開了人世，悲乎！

他的去世，使我國少了一位嚴肅的近代史專家，對我個人來說，少了一位可親可敬的兄長和朋友。

（本文曾在《文史拾遺》2004年第三期上發表，2007年9月《世紀》將它全文收在〈嶽麓山下名教授〉一文中。）

他是一本讀不完的書
——記方嗣櫻博士

　　方先生是我校老教授之中，給我留下深刻印象的一個，當然不是僅有的一個。

　　我認識方先生，始於文革中的「牛棚」。在此以前只知道他是物理系的系主任，但同他沒有來往，甚至沒有交談過。

　　1969年8月，毛主席號召工人階級登上上層建築，佔領學校，於是工人階級的宣傳隊便浩浩蕩蕩來到我們學校，說是要徹底結束資產隊階級知識份子對學校的統治。工宣隊一來，馬上拉出近兩百個「走資派」、「反動學術權威」以及其他的「牛鬼蛇神」遊街，歡呼工人階級的偉大勝利。遊行過後，其中的一百四十八個「牛鬼蛇神」被關進「牛棚」。方先生是其中之一。我呢，不但是其中的一個，而且被任命為一個小組的組長。但沒過幾天就被撤了職，大概是我「改造」的態度不好，不稱他們的心，不如他們的意吧。方先生和其他十來條「牛」一樣，成了我組的一個成員。他在夫人的陪同下，帶著行李，走進房間，聽人說我是組長，便開玩笑對我說：

　　「我叫方嗣櫻，我們以後都是難友了。請多關照！」

　　他名字中的「櫻」字，我以前並不認識，花了不少的氣力才記住，才會寫出來。他的那句玩笑話和臉上掛著的微笑，引起了我的好奇，我覺得他是一個風趣的老頭，和藹可親的長者。

　　我們那一組十來個人包括鄒聲揚、張隆華、蔣固節、馬積高、程麒、陶淑亮、劉齊賢、顏小卿、蕭一新、再加上方先生和我。方

先生是年齡最大、學歷最高、名氣最大和地位最為突出的一個。我們都把他當前輩對待。

　　方先生是湖南衡山人，北京師範大學畢業生，畢業後在北師大附中，當過校長，1927年大革命時他在湖南著名的私立嶽雲中學當訓導主任。三十多歲以後才去美國留學，一去就是五年，從碩士讀到博士，直到拿到理學博士文憑，才回來結婚。因為他是湖南省派去的公費留學生，所以畢業回來以後，就留在湖南工作。那時湖南省科學館剛剛成立，方先生成了它的第一任館長。美國在日本廣島投下原子彈後，給湖南省的領導人作原子彈報告的，也是方先生。那個時候知道原子彈為何物的人，大概在湖南不多，作報告自然非他莫屬了。此後不久他就應聘到湖南大學當了教授，直到1953年全國高等院校院系大調整為止。

　　1953年以後方先生被安排到了北京師範大學，出任物理系主任，同時兼任《中國物理學通報》的主編。他同北京師範大學的淵源很深，連工作帶學習，加起來竟有二十年之久。

　　本來他是不願離開北師大的，他對這所學校實在懷有很深的感情，何況他僅有的一個女兒也留在北師大工作呢！但他卻又無法不走，因為1959年「拔白旗」的時候，他受到嚴厲批判，被樹為北師大的一面大「白旗」，被批得「體無完膚」，顏面掃盡。實在待不下去了，於是不得不請求回到家鄉湖南！

　　我校的領導人劉壽祺知道方先生是我省第一個公費派出的留學生、美國博士，解放前又在湖南大學當過教授，便滿口答應他的要求，歡迎他回來，並給他相當高的禮遇，讓他出任湖南師範學院物理系主任的職務，以取代葛旭初教授去湖南大學擔任系主任而留下的空缺。

　　他來湖南不久，正好碰上過「苦日子」。肉食不用說吃不上

了，就是最低的生活必需品，也日益短缺。口糧一減再減，有的人餓死了，不少人患上了水腫病……不過對於方先生來說，生活還可以過得下去，他享有高級知識份子的優待，除規定的口糧之外，每月還可以憑票買到麵粉五斤、茶油一斤、高級香煙兩條等。雖然「苦一點」，政治環境卻寬鬆了許多，民主黨派的成員可以在「神仙會」上發發牢騷，以前受到的種種批判還「一風吹」都平了反。方先生的心情自然比在北師大舒暢得多！和我國所有的高級知識份子一樣，他舒舒服服地在嶽麓山下過了三年「苦日子」！

但三年「苦日子」剛剛過去，毛澤東就在盧山會議上吹響了階級鬥爭的號角，要求人們千萬不要忘記階級鬥爭，而要天天講，月月講，年年講了。於是方先生平靜的日子已經屈指可數了。

1964年元月元旦剛過，一支龐大的省委工作隊便開進了我院。不過這一次方先生還沒有受到太大的衝擊，雖然參加了「洗手洗澡」，最後還是「下了樓」，過了關，系主任的頭銜，還是戴在他頭上。

但好景不常。文化大革命的炮聲一響，方先生就在劫難逃了。他被掛上了「黑幫分子」的牌子，被關到系裏的「牛棚」裏去了。

我校的「黑鬼」牌子，大小尺寸，全校是統一的，但牌子上冠的頭街卻不盡相同，各系有各系的特色。物理系的分得很細，有寫地主分子的，有寫反動權威的……我記得方先生的牌子上寫的是「可疑分子」！正是他的這塊頗具特色的牌子，引起了我的注意。所以在他同我關在一起的時候，我就問他：

「為什麼你的牌子上寫的是可疑分子？」

「他們懷疑我是迫害共產黨的可疑分子。」說完就把他寫給他女兒的一封回信給我看。原來他女兒來信，要求他把他的歷史問題原原本本告訴她，以便她好向組織上交代！我沒有仔細看他寫的內

容，只看到他書寫相當工整，連標點符號都相當注意。他見我沒仔細看信的內容，便對我說：

「那是1927年我在嶽雲中學當訓育主任的時候，學校裏開除了兩個學生，後來聽說他們是共產黨，所以有人懷疑我是迫害共產黨的嫌疑犯！」

「你當時是否知道他們是共產黨？」

「不知道。」

「開除他們的理由呢？」

「記不起來了，好像不是因為他們是共產黨。反正是學校領導決定開除的，不久我就離開了嶽雲中學。」

方先生是個典型的「紳士」，派頭十足，非常注意自己的衣著。他個子魁梧，風度翩翩，平時西裝革履，就是參加勞動，也穿得一身整潔，而且頭髮總是梳得光亮光亮的。一句話，他非常注意自己的形象。

他說話不急不慢，待人彬彬有禮，臉上總是掛著微笑，有時還好開開玩笑。不論對誰，都是一副和藹可親的樣子。

他雖是學物理的，卻對語言很感興趣，特別偏愛語音、語調。對於用詞遣字，也是非常講究。他與同組的馬積高很熟，因為馬先生的岳丈駱鴻凱教授同方先生很要好，方先生任北師大附中校長時，請駱先生去兼過課。方先生來我校以後便與馬先生常來往。到了「牛棚」裏，方先生更是同馬先生經常談用詞遣字問題。

方先生骨頭硬，第一次戴高帽子時，他硬是不戴，叫他下跪，他一再反抗，結果挨了一頓毒打：腦袋被打破，血流如注，人也被打倒在地，幾乎暈死。

有一次方先生從批鬥會回來，滿臉的怒氣，馬積高問他情況，他一言不發。一再詢問，他才解開上衣讓馬先生看，原來方先生不

低頭認罪，挨了一頓毒打，身上青一塊紫一塊的，傷痕累累。平時挨鬥回來，即便跪得一身泥土，他也沒失去常態，拍去身上的泥土了事。

方先生特別講究科學精神，說話、做事、都要求準確，不，是精確。比如你問他現在是什麼時候，他一定告訴你幾點幾分幾秒，決不含糊、籠統。他每餐吃的東西，也有極嚴格的規定，決不馬虎：主食幾兩，肉食多少克，蔬菜多少克，不能多，也不能少。有人還說一年四季他總是按氣溫的高低著裝，決不隨便。每晚十點必須洗澡，水溫嚴格控制在35度。外出開會、活動，絕對準時准點。當然，進了「牛棚」以後，就沒有可能這麼辦了。

方先生做事讀書，一絲不苟，非常認真。讀書的時候正襟危坐，全神貫注，對書中的錯別字，一經發現立即改正，對重點、難點都用紅筆劃出，決不馬虎。

方先生和夫人真是相濡以沫，伉儷情深。他是在訂婚以後才遠渡重洋去美國留學的，夫人在國內硬是苦苦地等了他五年。夫人為了相夫教子，居然從藝術專科學校畢業出來，就斷然放棄自己的專業，沒去從事藝術工作，而是如影隨形地侍候方先生一輩子！他們情深恩厚，彼此照應，一輩子沒有吵過嘴，紅過臉！我們這些人被關進「牛棚」以後，家屬來探監的很少，為了「劃清界線」而被迫「離婚」的也有，但方夫人卻差不多天天來。她一來，方先生的嘴就笑得合不攏來了。她不僅來送衣送食，噓寒問暖，還不時送一些我們都喜歡吃的紅薯之類的小吃，分給同室其他的難友！

我同方先生同住一個囚室達半年之久。不論我多麼努力擦亮眼睛，多麼想方設法學著用戰無不勝的思想去對他進行分析，怎麼也得不出他是反革命的結論來。於是我對他只有尊敬！

　　從「牛棚」裏放出來不久，方先生和夫人一起到女兒家去了。他又回到了北師大！但不到一年他就得上癌症，不治身死了。

　　他沒有活到「四人幫」垮臺。但他文質彬彬的身影卻至今還不時出現在我的腦海中。而他的學生彭聖儒則讚揚他是一本「讀不完的書」，可以學習的東西太多了。

　　　　　　　　（本文曾在學校內部刊物《校友》上發表。）

「洋博士」
──楊卓新

　　提起楊卓新先生的大名，解放前湖南的教育界，大概沒有人不知道的。他是湖南最負盛名的教育家之一，曾任湖南大學教授、理學院院長、代理校長。

　　楊先生名卓新，字華一，號祖谷，又號茂復，湖南新化人。出身書香門第，從小受到良好的家庭教育，學習勤奮努力。1908年考入湖南實業學校機械科，這是我國最早開辦的高等工科學校之一。畢業後，於1913年赴美留學。他先後就讀過的學校有哈佛大學、威斯康辛大學、伊利諾斯大學、沙拉格斯大學，並於1920年榮獲數學博士學位。他是我省的第一個博士，我國近現代第三位留美的數學博士。但他並不以此為滿足，又赴英國劍橋、倫敦大學、法國巴黎大學（選聽過居里夫人的物理講座）、德國柏林大學進修、留學。先後在美、英、法、德學習11年，到了1924年才回國。他曾與愛因斯坦進行過對話與探討，發現他們之間不乏共同語言，是我國當時廣涉歐美名校，博採眾長，為數很少的數學家之一。

　　回國以後，他就留在湖南工作，先是出任湖南省立高等工業學校（湖南大學的前身）教務主任。

　湖南大學成立以後，他出任該校理學院院長，同時兼任數學系主任，而且一度代理過校長。從此他沒再離開過湖南大學。抗戰期間，西南聯大曾有意邀請他去任教，但他謝絕不往，仍然留在湖南大學。他是一位終生獻身湖南教育事業的教育家。

　　除開在湖南大學工作之外，他對中學教育也很關注，曾經在中學兼過課並擔任過明憲女子中學的名譽校長。他還是一位愛國主義者，抗日戰爭期間，他積極參與發啟組織湖南文化界抗敵後援會。

　　1949年長沙和平解放，他留在湖南大學當教授，曾赴京參加一次全國高校理學院院長會議。1953年湖南大學撤銷，他很不滿意，不得不轉到湖南師範學院數學系，從事數論和微分幾何的教學與研究工作，直至1963年去世為止。

　　楊先生的大名，我早在讀中學時就聽說過。但正式見到他卻是我來師範學院工作以後。當時楊先生孤身一人，住在靜一齋的教工宿舍裏，並在靜一齋公共食堂裏就餐。那時我住在學習齋，也在靜一齋食堂裏就餐，不僅每天可以看到他的身影，而且經常同他同桌共餐，因為那時吃包飯，八個人一桌，見面的機會不少。不過由於年齡相差太大，又不同一個系，加上他的一口新化話很不好懂，因此很少同他談話。直到1956年我伯父李祖蔭先生出差來長沙，順便去看他，我才跟著去他房裏坐了坐。他們是湖南大學的老同事，兩人都當過院長；楊先生是理學院院長，我伯父是法學院院長。

　　1957年春天，共產黨開展整風，動員教職員工和學生「大鳴大放」。文昌閣裏夜夜燈火通明，開會座談，不少人都去發言。記得楊先生也去了一次，而且站起來發了言。不過，他剛開口沒說幾句，董爽秋教授就打斷他的話，拉著他坐了下來，並笑著對他和大家說：

「楊老，您老糊塗了，怎麼能那麼說呢？快坐下來吧！」

原來楊老先生在扯開嗓門，大聲說道：

「你們說修正主義不好，我看修正主義好嘛！你錯了，他來修正，有什麼不好呢？……」

在座的人全都哈哈大笑，笑楊先生的「糊塗」，因為誰都知道我們是反修正主義的。我也認為他的確是老糊塗了。要是不糊塗，怎麼會說修正主義好呢？那可是嚴肅的政治問題呀！

好在別人說他老糊塗，沒同他計較，否則，右派帽子他就早該戴上了。

前不久，與楊先生同為新化人，還去過楊先生老家的鄒蘊賓教授告訴我，楊先生其實並不糊塗，他對許多問題，都有自己的看法。他說的好些話，不僅說明他不糊塗，而且說明他的見解獨到，超出我們一般的人，因為他的見識廣。比如他反對1953年搞的全國高等學校院系大調整，說撤銷綜合性大學，建立獨立的單科性學院，如湖南撤銷湖南大學，新建礦冶學院、鐵道學院、農學院、醫學院、土木建築學院……是錯誤的。他說：

「這是落後的錯誤做法，歐美早就不這麼做了，認為那樣培養不出高質量的人才來，是培養技術工人和低級技術員的路子！」

有人告訴他說：

「這是蘇聯人創造出來的先進經驗。我們要向蘇聯老大哥學習，『走俄國人的路』嘛！」

「不對，蘇聯的這條路走不得，培養不出人才來。大學是為國家培養人才的，知識面要廣，你把大學撤銷了，怎麼能夠培養知識面廣的大學者、大科學家來？絕對出不了人才，只能出知識面窄的技術人員和工人。取消綜合性大學是要吃大虧的！」

楊先生的這段「落後的瘋話」，卻不幸而言中了。不到幾年，

原來被撤銷了的湖南大學，在許多像楊先生一樣的有識之士的呼籲下，在1958年的大躍進聲中，重新上馬，這中間所受到的損失，誰能說得清楚？又有誰敢於出來承擔責任呢？

楊先生年齡大，名氣不小，再加上他的資格老、學歷高，他的話雖然沒人聽，卻也沒有進行追究。他在歷次運動中受到的批判不算怎麼多，除了在1951年的知識份子思想改造運動中，在學生的「幫助」下，用文言寫出一篇「檢查」，同楊樹達教授的檢討書一起刊登在《人民湖大》報上之外，他沒有受到別的什麼批評。他終究是一位很有影響的著名人士，不能不對他有所顧忌吧！但背後說他壞話的人不少，甚至說他「洋博士不如土博士」。

楊先生晚年有兩大嗜好。一個是人人皆知的酷愛跳舞。五十年代，風行跳交誼舞，上自中央毛澤東，下至一般群眾包括職工、學生，幾乎都跳舞。每逢節假日，各個單位都組織舞會。領導不僅不阻止，還經常「身先士卒」，帶頭下舞池翩翩起舞，起表率作用。說來慚愧，我不喜歡跳舞，還受過批評呢！

楊先生是不是這個時候開始跳舞的，我不清楚，不過他的舞跳得不好，幾乎沒有人不知道。我起初不信，後來去看，發現他真的不會跳，只會「拖板車」，被人拖著走，而且常常踩痛舞伴的腳。女孩子多不願意同他跳，他又非同人家跳不可。這就引起一些人的議論，招致不少人的嘲笑，並以此作為茶餘飯後的談笑資料！

楊先生的另一個愛好，可能知道的人不多，那就是篤信佛教，天天念經拜佛。有人告訴我時，我怎麼也不相信。一個在英、美、法、德留學多年的博士怎麼可能向泥塑木雕的菩薩頂禮膜拜呢?!在我這個自認思想進步、又相信科學的青年人看來，簡直不可思議！但這卻是千真萬確的事實，我又沒法子不相信。

近年來有的學者認為：「楊卓新本人的興趣，是企圖探索宇

宙的起源……他主張六維時空……他發現佛教哲學博大精深，遠遠超過中國傳統的儒家、道家、墨家、陰陽家……」因此他「廣泛深入地研讀佛教經義……形成了他的一套融儒家學說、佛教哲理、現代物理為一體的思維方式和理論模式。」所以他特別讚賞嶽麓山儒、釋、道三教合流，和諧相處，對於奉行鬥爭哲學的政治毫無興趣。

楊先生是1963年去世的，他沒有看到「史無前例」的文化大革命，也就沒有享受被抄家、掛牌、戴高帽遊街之類的「優待」，更沒有住過「牛棚」。比起晚死的老先生來，他是幸運得多。不過他死去之後，也沒大肆張揚，草草埋葬了事，連簡單的告別儀式，都沒舉行。這對篤信佛教、崇尚四大皆空的楊先生來說，大概是不會介意的。他應該感到幸運的是，他終於安安穩穩地埋葬在祖國的大地上，走完了他七十多年的生活歷程！

楊先生在數學界影響不小，曾經被湖大推選為中央研究院院士候選人，但在著作出版方面卻態度謹慎，僅出版了幾種較為成熟的講義如《近世解析幾何學》、《高等數學解析》《科學通義》等等。

三年困難時期，他年老體衰，遷往武漢二兒子家休養。不久就發現了胃癌，不治身死，但臨終前猶能述志抒懷：「為學不厭，誨人不倦，日知所無，月習所能；睥睨環宇，熙攘人生，徵考通家，張揚大道；彷徨壇席，俯仰名山，日月千秋，江湖萬古；非關人傑，或是地靈，逝者如斯，憂乎尚已。」

他生前非常注意自身的道德修養，他的座右銘是：

「成己、成人、成物；立德、立言、立功」。

　　對於楊先生在湖南大學幾十年的功過,後人評說不一。說他好話的人不少,說壞話的也有。誰人背後無人說,哪個人前不說人?

　　喜歡他的人,說他治學、律己、治校都很嚴。學生見著老師不敬禮,睡懶覺不起床,他都管,甚至揚起棍子打人。所以學生對他敬而遠之,見了他來便繞道走。

　　不喜歡他的人,說他作風霸道,罵他是湖大四大學閥之一。有位受過他的恩惠的教授甚至在離開湖大時對楊樹達老先生說:「楊某不走,湖大數學系絕對辦不好!」意見之大,令人吃驚!

　　　　　　　　　　　　（本文曾刊載於2007年3月30日《湘聲報》上）

不該被人遺忘的學人
——孫俍工

嶽麓山下，人文薈萃，教授本來就多。抗日戰爭開始以後，北大、清華、南開三校南遷長沙，教授就更多了。

人一多就雜，各種政治背景、思想傾向的人都有。真所謂泥沙俱下，魚龍混雜。與毛澤東有過這樣那樣來往的人，也不少：羅章龍、李達、陳書農、楊樹達、雷敢、姜運開等等都是。孫俍工先生也是其中之一。這些人中，有的是毛的老師如陳書農，更多的則是同學、同志，但也有政治上的反對派如羅章龍。孫俍工和毛在政治上走的也不是一條道，所以至今孫先生還是一個頗受爭議的人物，但他們的來往較多、認識較早。

孫先生認識毛澤東大概是是在1920年。那一年孫先生從北京高等師範學堂國文部畢業來到湖南第一師範當語文教員。當時毛澤東還在一師，他們是否有過師生關係倒不太清楚，但他們是熟悉的，後來也有過書信往來①。

---

① 胡光曙在〈毛澤東與作家孫俍工〉一文中對毛孫之間的關係有較詳細的敘述，可資參考，特別是孫先生論書法的二十八個字即「疏密，大小，長短，粗細，濃淡，乾濕，遠近，虛實，顧盼，錯落，肥瘦，首尾，俯仰，起伏」，更值得一讀。

　　1945年毛澤東去重慶，與蔣介石和談。為了爭取群眾，尋求支持，他大力開展統戰活動，親自登門拜訪了許多有影響的湘籍人士，其中就有孫俍工先生。

　　據當時在重慶工作的彭燕郊先生說：「孫先生完全站在國民黨一邊，力勸毛澤東交出軍隊、解放區，放棄權力，一切聽從蔣介石安排，同毛主席當面發生頂撞，爭得面紅耳赤，場面十分尷尬。後來又在報紙上發表一首和毛澤東的〈沁園春〉[②]，居然說什麼「樓蘭不斬，胡炎又熾」叫嚷要毛主席『早回頭是岸，莫待明朝』，態度十分惡劣，思想非常反動！」

　　彭先生說到此處，情緒十分激動，停了一下，繼續說：

　　「但中華人民共和國成立時，孫俍工的態度來了個180度大轉變，他馬上給毛澤東寫信，表示祝賀，同時承認錯誤，表示歉意，並要求回湖南工作。毛澤東態度寬容，把信交給了時任湖南大學校長的李達，說：『這個人看來重用是不行了，不過還是要給他飯吃，你給他安排個工作吧！』於是孫先生來到了嶽麓山下，在湖南大學當文學教授。」

　　以上都是彭燕郊先生的說法。我引用的不是他的原話，但意思是沒有錯的。彭先生曾經是湖南大學知識份子思想改造運動中的積極分子，又與孫先生同在一個學院工作，所說應該可信。

　　不過孫先生本人的交待，卻不盡相同。關於同毛在重慶的會見，他是這麼說的：

　　「1945年9月6日毛主席潤之偕周恩來、王若飛兩同志來看

我（因我先寫了一封信去問候他，並探聽五內弟王梧的行蹤。我又去紅岩咀十八集團軍辦事處看了他一次，未晤。）時我的思想起了一個很大的激動，我的生命才發現復蘇的徵號與曙光。」

他還說當天他寫下一首詩〈喜毛潤之兄過訪〉。

「1945年9月6日潤之兄偕同周恩來王若飛兩同志來訪，談一小時別去。感賦此篇，以志紀念。

> 毛公天下奇，風流儒雅見容儀；
> 毛公天下秀，奮劍揮戈能禦寇；
> 毛公天下雄。魔兵百萬何從容！
> 生成豪俠骨，更具男兒血：
> 為國不恤七尺軀，為義更覺肝膽熱。
> 政治協商再電招，延安道上走華馬鹿；
> 翩然命駕來渝市，彌天煙塵一旦消。
> 9月之六日，草堂午睡足，
> 候臨故人來，惄然喜空谷。
> 相逢各問年，殷勤話衷曲；
> 疇昔老知遍諮詢，予為一一陳所鳳；
> 存者星散死木拱，廿五年來變遷酷。
> 君家五桂亭亭立，愧我七兒尚鹿鹿；
> 生逢險巇幾滄桑，猶幸此身老窮跼，
> 窮跼此身可奈何，蘧然更覺宇宙促。
> 輾轉話偏多，愛國心尤切：
> 和平民主救中國，君志如山意如鐵；
> 多君此志若雲天，民族光輝天下傑！
> 吁嗟乎民族光輝天下傑，望君永保此令節，

　　手挽乾坤成大業，千古青史垂鴻烈！」

　　作者注，此詩初稿寫於1945年9月6日，1950年10月改正稿成。」

　　孫先生在這裏沒有提到爭吵與和詩，但爭吵之說並非彭燕郊先生虛構，和詩更是在當時的報紙上登載過，白紙黑字，否定不了，他本人也沒有否認。

　　1949年11月29日重慶解放。孫先生當天就給毛主席發出一封賀電：

　　「霹靂一聲，重慶歡慶解放！翹首燕雲，無任欣慰！」

　　這裏又與彭先生的說法不同。這封賀電裏面只有祝賀，沒有承認錯誤、道歉和要求工作之說。

　　那麼孫先生又是怎麼來到嶽麓山下湖南大學的呢？據孫先生本人交待是當時任教育部長的馬敘倫介紹他去湖南大學的。此說可能不假，因為馬敘倫曾經教過孫俍工的課，是孫先生最為推崇的老師之一。孫先生說1919年以前給他影響最大的是錢玄同、馬幼漁、朱希祖和馬敘倫，以後才是提倡整理國故的胡適。

　　但孫先生又是五四運動的積極參加者，親身經歷過火燒趙家樓的一幕，思想相當激進。後來曾經與人合作，發啟組織工學會，倡導半工半讀，還組織平民教育社，提倡平民教育。

　　孫先生熱心創作，到1923年為止，已經發表兩本小說集。影響最大的是他1931年發表的小說《續一個青年的夢》。這是一本揭露日本侵略野心的書，出版不久即譯成日文。

　　「據巴金筆記說在日本影響甚大。故日本對此提出交涉，勒令

中華（書局）停止出版。」

孫先生來到湖南大學以後，馬上登臺講課。據當時湖南大學中文系學生蔣靜先生說：

「孫先生給我們講過課，但他講的不是他擅長的中外文學史，也不是外國文學，而是屬於冷門的版本學。孫先生學識淵博，教學效果不錯，學生歡迎。」

1951年知識份子思想改造運動時，人人交待歷史。孫先生在學生的「幫助」下交待出他參加復興社和擔任中央軍校主任教官等歷史問題，受到嚴厲的批判和追問，當然那首和毛的〈沁園春〉也理所當然地被揭露出來了。他嚇得膽戰心驚，不得不低頭認罪，狠狠地批判自己不該反蘇，胡說：「樓蘭未斬，胡炎又熾」。

此後他就沒再上講臺講課，但教授頭銜還是保留，既沒有逮捕法辦，也沒戴什麼帽子。有人問過領導，得到的回答是：「他是反動文人。」最近又有人確切地告訴我，說孫先生是「文化特務」、「歷史反革命」。前不久查閱檔案，發現肅反五人小組的最後結論是：

「孫係歷史反革命，但其歷史罪惡此前已作交代，可不以反革命論處。」

雖不以「反革命論處」，沒有逮捕法辦，但再上講臺是不行了，於是他轉到了資料室工作。人們對他已經另眼相看了。同住一個宿舍的老師們見了他夫婦倆不是繞道，就是裝作視而不見，連招呼都不打了。

1953年湖南大學撤銷，他被安排到湖南師範學院中文系。系領導對他還算客氣，1954年他六十歲生日，系裏還派了一位副主任去上門祝壽。不過此人在回來的路上碰到一位教師，一再囑咐他不要聲張，免得造成不良影響云云。

　　孫先生在肅反運動以後，對自己的歷史反革命身份已經明確，平時嚴格約束自己，不敢亂說亂動，居然安安穩穩過了反右那道關。

　　1957年孫先生雖然年過花甲，但身體尚好，既然無課可教，閒得發慌，不如找個研究工作幹幹。不知通過什麼人的介紹，中國科學院語言研究所於當年正式聘請他擔任該所的兼職研究員，並給他夫人王薺也安排了一份工作。此後孫先生還被選為省文聯委員。這事在教師中引起過不少議論，一些人認為孫先生來頭大，有背景，否則科學院語言研究所怎麼敢聘他？難道他對語言有研究？

　　後來有人告訴我，孫先生不僅對中國文學、外國文學有研究，對語言研究也不外行。甚至有人說「現代漢語」一詞最早就是他提出來的，後來被大家所接受。又傳說我校周鐵錚先生編寫的《現代漢語講義》得到過他的不少幫助，成了我國最早、影響較大的一本現代漢語教材，為不少高校所採用。

　　當然孫先生研究的主要方向是中外文學史。他曾兩度赴日留學：一次是在1924至1928年，他在日本上智大學攻讀德國文學。學成回國後應陳望道之邀，出任復旦大學教授，次年任復旦大學中國文學系主任，同時兼任勞動大學教授；另一次是在1931年，他偕夫人去日本後不久就發生了九一八事變，他們立即回國，先在南京國立編譯館任編譯，兩年以後辭職，專一從事創作和著述。

　　抗日戰爭全面爆發以後，孫先生率家來到成都，出任華西大學教授，同時兼任中央軍校主任教官。三年後辭職，前往重慶，出任四川湘輝學院、四川教育學院教授，講授世界文學和中國文學史，直到重慶解放。

　　1962年孫先生去世，系裏派了一名副主任去，但沒有說什麼話，而且一再表示他不代表黨總支。系裏也沒有出面召開追掉會，

後事全由家人料理，草草埋葬了事。當時他頭上還掛著省文聯委員的頭銜。1951年起他就是省文聯的籌備委員。

孫先生去世以後，人們對他漸漸淡忘了，但他的作品卻不斷出現在圖書館的書架上，我走近一看都是日本人出的翻譯本，我不懂日文，只能望書興歎。看來我們幾乎把他忘了，日本人卻還在記著他！

進入九十年代，人們開始對孫先生發生興趣，首先是他家鄉人想起了他，給他豎了碑。據說還將他的故居開辦成了紀念館，使不少過去怕接近孫先生的人，大為驚訝，有的人甚至不願相信。但事實終歸事實，你可以不贊成，卻無法否認。

隨著改革開放步伐的加快，一些大型的辭典如《中國翻譯辭典》陸續刊出孫先生的生平事蹟來了，原來孫先生曾經還是我國一位相當知名的學者、作家和翻譯家。使孤陋寡聞如我者，也開始用另一隻眼睛來看待孫先生了。

孫先生原名光策，號僚光。俍工是他的筆名。他既是學者、教授，又是作家、翻譯家，正式出版的作品，多達五十餘種，而且多由開明、中華、商務、亞東、北新等著名出版社出版。有人說他的書多而雜，又有人罵他是「學術騙子」。前一說可能是事實，後一罵我確不敢苟同。我不是學者專家，也沒讀過孫先生的作品，說好說壞，本都沒有資格。但我想說他五十多部著述都是東拼西湊的，實在很難令人相信！像《東方美術史》、《中國民族藝術史》、《中國古代文藝論史》（上下冊）、《中國經學史》、《中國文學通論》……這樣的專著，僅靠東抄西拼，拼得出來嗎？那麼多有名的出版社肯花錢買他的稿子出版嗎？

孫先生有好幾個子女，重慶一解放他就動員他們參軍，其中有一個年紀小，不到參軍年齡，部隊不要，他親自出面向部隊首長求情，才勉勵收下。似乎他的四個兒子分別叫長福，長祿，長壽，長

喜。他們的年齡都不算大，現在不過八十左右吧。

　　我同孫先生從來沒有見過面，他的名字我還是從別人的口中聽到的。關於他的一切材料都是最近幾年間接獲得的，但經過認真分析和思考，我相信它的真實性，所以斗膽寫出來供研究者參考。

　　　　　　（此文曾在2007年4月20日《湘聲報》上發表，標題是
　　　　　　　　　　〈「回頭是岸」孫俍工〉）

嶽麓山下最後一名「右派」教授陳孝禪

　　陳孝禪先生是湖南師範學院元老級的教授之一。但在當時為數不多的教授之中，他的名字並不特別響亮。論學術成就、學術地位、社會知名度，比他高的不少，就是在他所在的教育系中，比他資歷深、學位高、名氣大的，也有張國安教授和曾作忠教授。不過，陳先生卻是這個系的系主任，說明他也有他的長處。

　　我認識陳先生是在1957年的夏天。那是在一次批判他「反黨反社會主義的右派」言行的批判會上。

　　我不是教育系的教師，平時並不同教育系的老師們在一起學習，但因為前不久兩個單位合在一起，歸一個總支統一領導，所以我和外語組的老師一起參加了教育系組織的這次批判會，見到了批鬥對象陳孝禪先生。

　　教育系規模不大，教職員工不多，充其量也不會超過二十人吧。但揪出來的右派卻不少。現在還記得起來的，就有曾作忠教授、鄧公先、王隱雄等，還有一個剛畢業不久的黃姓青年老師，也被劃為右派。這就是說，「右派」幾乎占了這個系教師的百分之三十！

　　這些被批鬥的右派當中，態度最為「頑固」，反動氣焰最為「囂張」的，當推陳孝禪先生！他的拒不認罪的態度，引起了與會者的強烈憤慨（至少在表面上如此）。年輕氣盛的我，從沒見過這種場面，也站起身來，就他的態度，進行嚴屬的批判。學院的反右簡報，還摘要刊登過我的發言呢！

　　記得陳先生的主要「罪行」是他在省政協全體會議上的一次發言。他在發言中大聲疾呼，要求全社會重視中小學教育，提高教師的待遇和地位。他說不少農村裏的幹部輕視教育，輕視教師，甚至把教師當奴隸一樣對待，呼之即來，揮之即去。一些鄉村幹部結婚嫁女辦喜事，動不動就讓學校停課，叫老師們給他們吹喇叭，抬花轎！這樣的發言，雖然有事實作根據，卻刺傷了一些人的心。於是他們大動肝火，說陳先生「別有用心」，是在利用政協的講臺，煽動中小學教師起來「反黨」，挑撥他們與黨的幹部的關係……

　　陳先生不服，說他根本沒有反黨的意思！不服，就是態度不好，解釋說明自然就是「頑抗」了。批判會開了好多次，陳先生的態度還是依然故我，還是不承認反黨、有罪！

　　由於陳先生的態度「頑固」，不得不給他戴上「右派」帽子，降低兩級工資。據說要是陳先生認罪態度好一點，帽子雖然難保不戴，工資至少是可以不降兩級的。我院一百多名「右派」，差不多個個都降了工資，有的更慘，只發生活費，生活相當困難。

　　陳先生似乎對名譽、地位、工資，不大看重，被戴上帽子以後，陳先生的損失可謂慘重：民進省市負責人的頭銜沒有了，省政

協的職務自然也隨著消失了，系主任被撤銷了，工資降了兩級⋯⋯他原來擁有的一切，幾乎全沒了，只剩一個不能上講臺的教授頭銜⋯⋯但他似乎並不在意。

有人好心地勸他改弦易轍，緩和一下態度，處境就會好一些的。但他聽不進去，反開玩笑說：

「你知道嗎？右派並不是個壞名詞，英語中的「右」，還有「正確」的意思，『右』派者，正確派也！怎麼承認？」

學校統一規定，凡是教授（不包括副教授）中的右派一律不下農村，留在各系科的資料室或圖書館裏工作，但不得上講臺給學生講課，防止他們「放毒」，貽誤青年。

陳先生高高興興走進系裏的資料室，幹起資料員的活來了。

一般的教師，多有看不起資料員的工作的，認為那是比教課低一等的工作，陳先生卻不以為然，這一工作他一幹就是二十二年，直到他摘去帽子為止。

確切地說，他的「右派」帽子，不是別人摘去的，而是在全國右派甄別平反時自行脫落的。我們學校數以百計的右派，有只戴一兩年的帽子就摘掉了，有十年八年摘去的，也有十幾二十年才摘去的，唯獨陳先生耐得寂寞，成了最後的一個！

陳先生直到文化大革命開始，一直留在資料室裏工作，過著「躲進小樓成一統，管它春夏與秋冬」的生活，倒也逍遙自在。他不是馬馬虎虎應付差事，而是認認真真一絲不苟地工作。他利用這一工作的便利，收集、積累了不少寶貴的資料，回到家裏，就進行整理。他平反以後，出版一本又一本的專著，依靠的就是他在資料室收集的資料，是他戴著「右派」桂冠辛勤耕耘的成果。陳先生在科研上的「頑固」，比起他在政治上的「頑固」來，一點也不遜色。除了挨批鬥、寫思想彙報和交代材料之外，

他沒有一天不在從事他的學術研究工作，有時伏案筆耕到深夜。就是到了平江學農基地，他除了白天放牛、餵豬、撿狗糞之外，到了夜裏還在如豆的燈光之下，偷偷地收集、整理他的《漢語外來詞詞典》。被人發現後，不肯交出手稿，結果被人「打翻在地」，還被人狠狠地「踏上一腳」，痛得他在地上直打滾！於今的老師從事科研，不僅有獎金可拿，還可以以此升等升級，陳先生可是付出了血的代價！

　　直到文化大革命開始，陳先生雖然有時也受到一點批評，大的衝擊，倒還沒有，因為他已是明擺著的「敵人」，屬於死老虎了。反右以後的各種運動，他都沒有資格參加，所以都平靜地走過來了。但文化大革命，「史無前例」，他就沒法過關了。

　　剛開始的時候，學院裏到處都貼滿了大字報。不少人的家門都被大字報封住了。不過總的局勢還是掌握在工作隊和黨委的手中。給誰貼大字報，該鬥誰，還得由黨委點頭才行。陳先生頭上已經有了帽子，經常受到保衛部門的警告：「文革是革命群眾的事，你們沒資格參加，只許你們老老實實，不許你們亂說亂動！」這話雖然難聽，但卻保護了陳先生那樣的一批人！不過工作隊一撤走，黨委靠邊站，陳先生的日子就不好過了：他被革命小將們從資料室裏揪了出來，家被抄了，人也被關進了「牛棚」！先是被關在系裏，後來由學院集中統一管理，關到院一級的大「牛棚」裏去了。如果說陳先生以前是被「孤立」的，那現在他就不再孤立了，同他先後關在一起的，足足有兩百來人，僅以他所在的教育系來說，被關的教師就有好幾位，裏面還有走紅的黨員！「牛棚」負責人叫他交代歷史，陳先生說：「早交待完了。寫來寫去還是那幾件事，無非是把次序顛倒一下：這次寫『門前一顆樹』下回寫：『樹後一扇門』而已。」

　　這樣實事求是的態度，得到的不是一頓訓斥，就是一頓辱罵和毒打。但陳先生還是若無其事，我行我素，人們還是奈何他不得！

　　陳先生廣東人，家庭並不富有，也沒有參加什麼政治團體和黨派，政治歷史清清白白。他沒有留過洋，喝過海水。他是一步一個腳印，扎扎實實走過來的，從講師、副教授、再升到教授的。人們說他是土教授，土生土長的教授。他基礎扎實，功底深厚。1979年右派帽子不摘而脫之後，他一本又一本地出版他的專著，什麼《皮亞傑學說及其發展》啦、《普通心理學》啦、《心理教育問題引論》等等。

　　陳先生鄉音不改，一口廣東普通話初聽有點彆扭，但聽慣了，覺得他的話風趣幽默，難怪聽過他的課的人，說陳先生的課很吸引人。他寫的學術文章，讀來也很有趣。我是不喜歡讀乾巴巴的文章的，但陳先生送給我一本普通心理學專著，我打開讀了，竟然不肯放手！它把我吸引住了。據教育系的老師說，此書在國外，特別是在東南亞的華人讀者中，頗為暢銷，影響不小。我不是陳先生的同行，沒資格就他的學術成就說三道四。但有一點我敢肯定，陳先生是我校老一輩教師之中筆耕最為勤奮的一個，直到他九十高齡去世前，還在伏案執筆，真是做到了一息尚存，筆耕不止，鞠躬盡瘁，死而後已！

　　陳先生是一位真正的教育學家，他不僅善於教育學生，而且善於教育自己的孩子。在「史無前例」的那些年月裏，不知有多少不知世事的孩子，經不起威脅與恐嚇，起來「大義滅親」，揭發檢舉自己的父母親，藉以表白自己與「反革命」的老子劃清了界線，弄得那些老子們哭笑不得，個別的甚至想不開想自殺呢。「子不以我為父，妻不以我為夫，我活著還有什麼意思？」

　　但陳先生的女兒可不是這樣，在陳先生身陷「牛棚」痛苦萬狀

的時候，她卻給父親捎來一封充滿感情的長信。她歷數陳先生多年來對她的教育，深信她父親是世界上最好的父親，決不是什麼「牛鬼蛇神」！他安慰父親，相信公正終將戰勝邪惡，取得最後的勝利！信的篇幅很長，文情並茂，感人肺腑！

但這封信到了監管人員的手裏，卻被看成是階級敵人爭奪青年的絕好教材，是嚴重的階級鬥爭的表現，於是在「牛棚」裏展開批判。批判儘管批判，「牛」們卻從這封信裏受到了鼓舞，看到了希望。我們的青年終究沒有完全垮掉，還有陳先生教育出來的，這樣心明眼亮的好女兒！我們這個國家，還有希望！

平反以後陳先生成了忙人，他又成了民進湖南省委的負責人，省政協的副主席。社會活動頻繁，他卻樂此不疲。當然學術活動，更是積極參加。他不僅自己出版專著，還參加大型辭書《中國大百科全書》教育心理學部分詞條的撰寫工作，他說他要加倍工作把失去的時間撿回來！

我雖同陳先生作鄰居四年有餘，卻往來並不多，但我敬重他的為人與為學的「頑固」！

陳先生雖未喝過海水，但他的學歷還是不錯的。1937年他獲得中山大學教育學碩士後，曾任中山大學師範學院、國立師範學院、桂林師範學院、湖南大學等校的講師、副教授、教授，湖南師範學院教育系主任等職。

（本文於2007年11月9日發表在《湘聲報》上，標題為〈最後一名右派〉。）

長壽教授姜運開
——記毛澤東親自任命的中共寧鄉縣委
第一任書記

　　姜運開先生，湖南寧鄉人，生於1905年，屈指算來，已經一百多歲，2005年3月12日領導和親友都來給他祝壽，他是湖南師範大學有史以來年齡最大的長者！

　　他又是政治經歷極為複雜的一位教授，他的治學從教遠不如他從政的經歷複雜。他既參加過共產黨，當過毛澤東委派的縣委書記，也做過國民政府委任的縣長⋯⋯

　　我1955年來湖南師範學院的時候，姜先生還是學院的總務長，我的住房就是他親自安排的，他叫人把我的行李搬進學習齋229號，與外語組一位叫龔雲財的老師住在一起。他給我的第一印象是個子矮小，衣著樸素，沒有架子，但言語不多，對人的態度不怎麼熱情。

　　沒過幾天，學校奉命開展批判胡風反革命集團運動，正式逮捕了「胡風集團」的骨幹分子、中文系副教授彭燕郊、生物系的鄭英渠，中文系的侯懷沙「自絕於人民」自殺身死。在接下來的「肅反」運動中，姜先生首先是停職審查，最後被定為歷史反革命分子，但仍然留在學校裏工作。當然，總務長的職務被撤去了，被一位在部隊裏當過團長的邸祥臨所取代。不過他還是民主建國會的成員，而且省政協委員的職務，也還保留著。

　　1957年共產黨開門整風，動員非黨人士「大鳴大放」，姜先生積極參加到了鳴放者的行列，並在省政協的會上，積極參加林兆倧

為首的五人聯合發言。在反擊右派進攻時，這個聯合發言被判定是右派分子向黨射出的「一支插著美麗羽毛的毒箭」。參加聯名的五位委員，除林先生一人「保護過關」外，其他四人都成了「右派」。於是姜先生的頭上又多了一頂右派帽子，從此以後他就完全被「隔離」起來，專一在學院的農場和苗圃裏勞動了。按學校的規定：所有右派都必須參加勞動，但教授中的右派，受到優待：不下農村，只在本單位資料室或圖書館中勞動。姜先生是教授，他沒下農村，也沒進資料室或圖書館，而是在校辦農場或苗圃裏勞動，政治權利完全被剝奪，連政治學習也不讓參加了。這樣的生活，一直延續到文化大革命的中期。

「史無前例」的文化大革命的初期，他幾乎沒有受到觸動，只是保衛部門的人警告他：這是革命群眾參加的大革命運動，你不是革命群眾，沒有資格參加，只許老老實實勞動，不許亂說亂動。所以一天到晚，他都待在苗圃地勞動。等到我和一批早期的「黑鬼」被派到苗圃勞動時，發現他對外面轟轟烈烈的運動，幾乎一無所知。他真像是一個身處世外桃源，無分魏晉的人，連我們說的話，他都覺得陌生而不可理解了。沒有人給他貼大字報，也沒有人給他戴高帽遊街。人們把他看成是已經被打倒了的「死老虎」，沒人對他發生興趣，他已被人們完全忘記了！

等到1968年工人階級佔領上層建築，開進學校，大肆清理階級隊伍的時候，人們這才想起他來。但他還是沒被關進「牛棚」，只是在開全院性的大會或上街遊行的時候，我們才能在長長的「黑鬼」隊伍中，發現他矮小的身影。大會或遊行一結束，他又回到苗圃，幹他的活去了。那裏實在缺不了他啊！

直到「四人幫」垮臺，他一直在勞動改造中度日。從1955年到1978年這二十四年他基本上是在勞動中渡過的，勞動時間最長的是

在學校的農場和苗圃裏。那裏的一草一木，都灑下過他的汗水，每一塊土地都留下了他的足跡，他已成了名符其實的勞動者。

到了1979年，他先是「右派」摘帽平反，算是回到了人民的隊伍中。他的工資、幹籍隨後也得到了恢復，他又成了省政協的委員。儘管中華人民共和國成立以後，他就沒再教過書，現在當然無法再上講臺，但還是將他作為教授，安排到了中文系。像董爽秋教授晚年不上生物課，而專心撰寫漢語源流辭典一樣，他自稱在家研究嶽麓山上的禹王碑文，但研究的結果如何，我就不清楚了，好像沒有出版過什麼著作。他在日本學過經濟，歸國後在湖南大學教過會計，但沒有受過古文字學和考古學的專門訓練，要出成績，恐怕也難。

進入八十年代，他似乎在到處奔走呼號，要求落實政策。正是在這個時候，我才對他的經歷有所瞭解。原來此人不是一般的教授，他從教的經歷遠不如他從政的複雜。後來他自己用小說的形式，把他的主要經歷，寫成了一部三萬多字的自傳，在親友中間流傳。有人交給我看了一遍，我才對他有個大致的瞭解。

姜先生是湖南寧鄉人，出身並不富裕，但求學的願望強烈，曾設法去日本學習經濟。在日本留學期間，開始接觸馬列主義。回國以後不久就參加共產黨，專門從事革命活動。大革命期間，毛澤東曾委派他出任湘陰縣委書記。他以不熟悉湘陰情況為由，要求改派。毛覺得他說的不無道理，就同意了他的要求：

「湘陰你人生地不熟，那你就去老家寧鄉吧！」

寧鄉是他老家，不好說人生地不熟了，於是走馬上任，成了共產黨的一個中心縣委的書記。按所轄的範圍算，相當於今日的地委。

1927年國共分裂，國民黨鎮壓共產黨。有一天姜先生去長沙，找上級彙報，沒想到走到南門口就聽說共產黨的領導人郭亮的頭，

已經割下來，血淋淋地懸在司門口！姜先生一見嚇出了一身冷汗，
拔腿就跑，心想寧鄉是回不去了，於是星夜逃往上海。他在上海與
郭沫若、田漢那些革命文化人一起，以曼郎等筆名寫文章、出雜
誌，繼續鼓吹革命。據他說，他文筆來得快，寫了不少文章發表。
我校中文系的現代文學教師蔣靜先生，也向我證實；他在三十年代
出版的左翼雜誌上，讀到過姜先生的不少文章，因為我不是搞現代
文學的，沒去深入調查研究。

　　1937年抗日戰爭爆發，國共兩黨聯合起來抗日。他大概在此後
不久就進了國民黨的政府工作，被國民政府委任為縣長。他在自傳
中沒有交代清楚，我估計他的問題就出在這裏，所以在1955年肅反
中，他被定為歷史反革命，在文革中又被定為共產黨的叛徒。

　　抗戰勝利前後，他退出國民黨的政界，進入高等院校教書。長
沙解放前不久，他在克強學院當教授，講授會計、統計學方面的課
程。他這時的思想已經發生變化：他積極支持、幫助學生們進行反
蔣活動了。

　　克強學院的學生會主席高繼青，是地下民盟成員，他在積極進
行反蔣活動時，就得到過姜先生的庇護和支持。他印製反蔣傳單的
油印機，就是姜先生提供的，印完傳單，送走油印機之後，高繼青
被國民黨長沙警備司令部的人員逮捕，秘密殺害，屍體被偷偷地掩
埋在南門外的一家菜園裏。姜先生為長沙的和平解放，還出過不少
的力，比如他曾經親自登門，勸說時任民國大學校長的魯蕩平參與
起義，雖未成功，但他的努力還是不可否認的。唯其如此，對長沙
和平解放，居功甚偉的李達先生，在出任湖南大學校長之後就力邀
姜先生出任湖南大學的總務長，協助他接管和建設新的湖南大學。

　　姜先生沒有辜負李達校長的期望，他在任期間工作積極，想方
設法籌款，給湖南大學修建了不少的房子，解決了學校發展的需

　　要，比如湖南大學的大禮堂和好幾棟教學大樓，就滲有姜先生的心血，迄今為止，仍然是湖南大學的重要建築。說起這些建築來，姜先生總是眉飛色舞，露出自豪的神態。

　　1953年全國高等學校院系大調整，湖南大學宣佈撤銷，李達先生出任武漢大學校長，姜先生留在湖南，轉到新建立的湖南師範學院擔任總務長。他是教育部直接任命的總務長呢！當時高等學校的校長、教務長、總務長，由教育部任免。

　　姜先生在嶽麓山下工作、生活近六十年，目睹了這裏所發生的巨大變化。他今年已經104歲，身體仍然相當健康，前些年人們不時在校內的大馬路上看到他的身影。他見到熟人還能舉手示意，點頭微笑，雖然他已說不出你的名字。前幾年他摔斷了腿，醫生都認為他起不來了，但不到半年他居然站了起來！他的生命力之強實在令人吃驚！

　　2005年他一百歲，學校給他祝壽，他頭腦還相當清醒。有人問他認不認識巴金？他說：

　　「怎麼不認識？巴金早年相信無政府主義，用著名的無政府主義者巴庫寧和克魯泡特金姓氏中的『巴』和『金』，作為自己的筆名，你們知道嗎？」

　　這兩年他不行了，終究年歲不饒人，但還在活著。

　　他是毛澤東早年在長沙發動泥木工人大罷工的積極分子，碩果僅存啊！

董爽秋教授的風範

　　1955年我來到湖南師範學院的時候，就經常聽到董先生的名字。他當時是湖南師院生物系的教授兼系主任，在該校為數不多的教授之中，他是名氣頗大的一位，解放前在好幾所大學裏當過系主任、院長、代理校長……五十年代初就被評為二級教授，除科學院學部委員楊樹達以外，湖南師院只有他和副院長林兆倧教授獲此殊榮。這時的董先生在我的心目中，是一位高不可攀的大教授，一位嚴肅的長者！

　　1957年大鳴大放，他作為農工民主黨湖南省委的副主任委員，積極支持該黨成員大鳴大放，差一點被劃成右派。只是因為是搞自然科學的專家，又是二級教授，才被保護過關。但在1959年的拔白旗運動中，他還是成了湖南師院的一面大白旗，受到嚴厲的批判。

　　我沒有參加對他的批判大會，但從廣播中聽到過左派積極分子對他的批判發言，說他政治上一貫反動，是國民黨教育部長CC派朱家驊的死黨，解放後又成為右派分子章伯鈞、羅隆基的同夥，是章、羅同盟在湖南的代理人，還說他是個學術騙

子，作為生物學家，卻分不清兔子的公母等等。總之，董先生不論政治上，還是學術上，都是一無是處，是資產階級知識份子「貪、妄、騙」的典型。左派發言用語之尖酸、刻薄，使我終生難忘！

但董先生卻很豁達，對之不予理睬。他當時夫人剛剛過世，經人介紹，又找到一位新夫人，談情說愛去了。當然左派們對他也莫可如何，只得恨恨地背地裏罵他「狡猾」、「無恥」！因為當時的「左」還只表現在口誅筆伐的文斗方面，沒有發展到武鬥的地步。特別是對董先生這樣知名的學者，還不得不有所顧忌和克制，所以董先生又僥倖闖過了這一關，儘管廣播喇叭裏還不時發出一些刺耳的叫罵聲。

六〇年以後，我國國民經濟由於人所共知的原因，滑到了破產的邊緣，全國出現大餓荒，人民生活苦不堪言。城市人口的口糧，一減再減，「節約再節約」，成年男子每月由二十七斤減到二十三斤，肉每人每月由一斤減到四兩，油也是如此。高級知識份子雖然享受某些優待，但董先生家庭人口多，生活也不容易。在三年苦日子裏，董先生卻仍然保持著極大的工作熱情，教學、科研、系主任工作，民主黨派的工作一點也沒放鬆，取得了不少的成績。

文化大革命一開始，董先生就首當其衝，被作為資產階級反動學術權威，受到揪鬥，被關進「牛棚」，多次被拉去遊街、戴高帽、坐噴氣機，儘管他已年過古稀！1968年8月9日，長沙市萬名黑鬼大遊街，要湖南師院去九個「黑鬼」，代表走資派、反動權威、地主、叛徒、右派……董老是五個代表之一，代表反動學術權威！清理階級隊伍時，董老再一次被關進牛棚，過著受盡屈辱的非人生活。單是檢討交代就寫了五十多萬字！令人難以置信的是，他居然昂然挺立，沒有被折磨擊倒，奇跡般地熬過來了！這需要多大的勇氣和毅力，需要有多大的忍耐力、多堅強的信念啊！

　　董先生是我國有數的老一代生物學家，對自己所從事的專業，是非常執著的。但在整個文化大革命期間，他卻被剝奪了從事專業研究的權利。他不得不自行改行，幹起了漢語言文字源流的考證工作，在他離開人世前硬是給後人留下了一部五十多萬字的專著手稿《中國漢語言文字源流》。這當然說明董先生的博學多才，也說明當時的形勢，對自然科學家是多麼嚴峻！他們多麼無奈！

　　四人幫垮臺以後，我們的國家出現了轉機。1978年召開全國首屆科學大會，八十二歲高齡的董先生作為湖南代表團年紀最大的一員，欣然與會。在小組會上，董先生不顧個人得失，不計個人恩怨，大膽發言，把我院尚未摘帽的「右派」頑固分子陳孝禪教授在平江分校所受到的種種非人待遇，包括被人打倒在地還用腳踩，一一揭發出來，激起了與會學者專家的義憤。「一石激起千層浪」！董老的發言，引起了連鎖反應。其他各組也紛紛議論起他們所在單位的右派來，使得當時主持會議的某副總理不得不趕緊向有關領導彙報，引起最高當局的注意。以後全國右派的全部甄別平反，是否與此有關，我們不得而知，但董老發言的勇氣是令人欽佩的！有人餘悸尤存，替董老捏著一把汗，悄悄地對董老說：

　　「你怎麼敢這麼發言，這可是為右派說話呀，是政治立場問題呀！」

　　董老坦然回答：

　　「我已經八十多歲，沒什麼好怕的了！我說的是實話，要真的發展科學事業，不能這麼對待知識份子，不能摧殘人才！」

　　這話簡單、樸素，道出了一個愛國知識份子的赤誠之心！動不動就打擊、壓制、摧殘正直的知識份子，還談什麼發展科學、重視科學、科教興國呢？

　　董先生晚年的這一行動，給了我深刻的教育，震撼了我的心

靈！如果說左派過去對董先生的批判，對我多少產生過一點影響的
話，那麼在此以後，我對董先生就只有尊敬和景仰了！

「沒有調查就沒有發言權」毛澤東的這句話是非常正確的。一
經調查，我就發現左派們對董先生的批判，全是一派胡言。除了污
蔑，就是誣謗！董先生的真實面貌究竟是什麼呢？是左派們所說的
「政治上反動」，「學術騙子」，集貪、妄、騙於一身的資產階級
知識份子代表嗎？

董先生，原名董桂陽，1896年農曆12月4日出生在安徽省的一
個貧苦農民家裏。早年喪父，全靠母親苦苦支撐，他才得以成人。
兄弟三人，他年齡最小。八歲至十三歲讀私塾，十四歲進高小，十
七歲考入中學。他學習勤奮，聰敏過人，畢業後以優異成績考上北
京大學預科。後因家庭困苦，學費無著，不得不忍痛輟學。為了贍
養母親，董先生回家當了一年的小學教師。

1916年他隻身前往上海，考進商務印書館，當了兩年的練習
生。工作之餘，他仍然孜孜不倦地學習，努力提高自己。1919年他
考取公費留學，與周恩來等人一起，遠涉重洋，趕赴法國。兩年以
後，他考入德國柏林大學，攻讀植物分類學。在植物學著名專家迪
爾士（L.Diels）的指導下，通過五年的刻苦攻讀，終於取得了柏林
大學生物學博士學位，成為我國最早一代學成歸國的生物學家之
一。他在德國結識了後來成為我國領導人的朱德元帥。

回國以後，董先生即從事教育工作，先在安徽省立中學任教，
後任安徽大學生物系教授。1930年起他出任中山大學生物系教授、
兼系主任，隨後還擔任過該校的教務長。他在中山大學一幹就是十
二年。抗日期間，廣州淪陷以後，董先生隨中大顛沛流離，西遷雲
南澄江縣。在極端困難的條件下，一直堅持教學工作。離開中大以
後董先生又到貴州大學、西北大學、同濟大學、蘭州大學等校任

教，擔任過蘭州大學生物系主任、代理校長。

　　解放以後董先生應李達校長的邀請，擔任湖南大學生物系教授兼系主任，自然科學院院長。1953年全國高校院系調整，董先生任湖南師範學院生物系教授兼系主任。從1930年起至1980年去世止，董先生在我國各高等學校工作整整五十年，把自己的全部身心都獻給了我國的教育事業，是我國生物學界公認的著名的教授、專家！

　　董先生從教五十餘年，工作兢兢業業，備課一絲不苟。對學生滿腔熱情、殷勤教誨、循循善誘、關心愛護、無微不至，深受學生的愛戴和尊敬。他早年的學生，現在定居美國的陳本昌先生深有感觸地說：

　　「董先生對我們同學關懷備至，鼓勵和培養我們銳意進取，勵志救國、報國，使我們終生難忘！」

　　為了提高教學質量，董先生大抓教師隊伍建設。他四處奔波，多方延攬名家來校任教。在中山大學，受聘前來授課的有胚胎學、細胞學教授朱洗；動物學教授張作人、費鴻年；鳥類學家任國榮；植物生理學家羅宗洛、湯佩松、謝循貫、馮吉安；動物生理學家戴辛皆、黃文；家畜寄生蟲教授朱徽等等。一時間，中山大學生物系裏，真可謂名師雲集，學生們受益菲淺！後來在湖南師範師院（即湖南師範大學）任生物系主任期間，董先生也是四處請人來系授課。他先後從中山大學請來戴辛皆教授講授動物生理學，從湖南醫學院請來任邦哲、方暨嵐教授講生物化學，劉秉陽教授教微生物，盧惠霖教授講授遺傳學，還從湖南農學院請來胡篤敬講授植物生理學，周聲漢、李學恭、張效良諸教授講授農業基礎。這些名家的到來，不僅解決了師資缺乏的問題，而且大大提高了教學質量，也為青年教師的培養，創造了良好條件。在董老先生的苦心經營下，湖南師範學院的生物系呈現出一派欣欣向榮的局面。

　　董先生不僅注重「軟體」，而且注重「硬體」開發。在董先生的精心組織下，生物系的圖書資料、儀器設備不斷添置。在幾年之內，從無到有地建立起了無脊椎動物、脊椎動物、植物、植物生理、遺傳學、農業基礎等七個實驗室和兩個動植物標本室。他還年年組織全系師生赴沿海及內地各地採集動植物標本。在湖南師大如此，在中山大學也是如此。據當年中大的學生現在已經成了中大教授、博士生導師的張宏達說：

　　「在中大，每週末董先生均帶領我們到廣州郊外認識植物，採集標本。每年的春秋兩季，董先生都親自率領學生到野外實習，廣泛採集動、植物標本。數年之內，我們在廣東的江瑤山，廣西的大瑤山、鼎湖山、羅浮山，湖南的衡山、嶽麓山，雲南大理的蒼山等等地方，都留下了我們的足跡！」

　　董先生不僅重視課堂教學，而且非常重視實驗，要求老師們在實驗前認真備課，他經常說：

　　「不做實驗怎麼知道學生在課堂上知識到底學到手了沒有。生物教學一定要做實驗！」

　　董先生既注意搞好教學，也不忘加強科學研究工作。他深深懂得教學與科研的關係。不重視科學研究，課堂教學就會成為無源之水，無本之木，質量就上不去。科研也必須結合實際，促進教學。董先生的科研成果，相當豐碩。曾由商務印書館出版《植物形態學》、《植物地理學》、《植物分類學》、《植物的生活》。特別是他與武漢大學張挺教授合著的《植物生態學》更是我國第一部研究植物生態的專著。他還在教學之餘，把迪爾士所著的《植物地理學》、《中國中部植物》譯成中文，前者由國立編譯館出版，後者發表在中山大學出版的《自然科學》雜誌上。其中尤以《植物地理學》的學術價值最高，被喻為經典之作，至

今還是一部必備的參考書。

　　他還撰寫了《我國古代學者的進化思想》、《達爾文主義》、《遺傳學》、《今天地球上還有生命自然發生嗎？》等論文和教材。

　　董先生不是為科學而科學的科學家，他堅持真理，反對偽科學。早在三十年代董老就領導中山大學生物系的師生，展開了一場很有意義的科學實驗，揭穿了所謂「生物自然發生」的虛偽性，引起轟動。1956年董老又撰文批判蘇聯著名生物學家勒伯辛斯卡婭的「生命可以自然發生」的觀點。在五十年代敢於與蘇聯科學家進行爭論，是要有很大的勇氣的。董先生的這一舉動，使我大為震驚！

　　另一件事也足以說明董老堅持真理的膽識。我們知道五十年代，生物學界，特別是遺傳學界，只許談米丘林、李森科。對於孟德爾‧摩爾根則給貼上資產階級的標籤，只許批判，不能說好的。董老對此非常不滿。他巧妙地編寫出《孟德爾‧摩爾根學說批判》的講義。封面上寫的是「批判」，實際上卻是介紹孟德爾‧摩爾根的學說。他語重心長地告訴學生：

　　「孟德爾‧摩爾根的遺傳學是科學的，非常嚴謹，將來一定會派上用場的。有人要我起來批判，我自己就相信他們的學說是正確的，我又能從何批起呢？只好將計就計了，講義上印了批判二字，那只是一個掩護，裏面的內容全是孟德爾‧摩爾根遺傳學的要點，沒有什麼批判的內容，希望大家好好學習、鑽研！」

　　1958年湖北紅安放衛星，瞎吹水稻畝產三十萬斤、五十萬斤。董老參觀以後不作聲，「左」派們便在拔白旗時批判他思想右傾。但董老硬是堅持真理，反對浮誇。他在批判他的大會上公開表示：

　　「紅安縣的水稻長得的確不錯，但說畝產幾十萬斤，那是浮

誇。一畝地的面積只有六十平方丈，水稻畝產幾十萬斤，光稻穀就得堆這麼厚……」他用手比劃了一下，「雖說我去參觀了，但我還是不相信！」

他的這種實事求是的科學態度，實在難能可貴！

在政治上，董先生幾十年來，一直追求進步，跟著時代前進。早在留德期間，他就與朱德、徐冰等人一起學習馬克思的著作，積極參加革命活動。1925年董先生在德國加入共產主義青年團。1927年2月，他以柏林的中國學生代表的身份，出席在比利時首都布魯塞爾舉行的世界反帝大同盟國際代表大會。由於積極參加革命活動，遭到蔣介石集團的登報通緝，無法學成歸國。於是又在比利時留學一年，同時學習法文。直到1928年秋天他才改名爽秋，回到祖國。

回國以後，他在繁忙的教學工作之餘，在極其險惡的條件下，偷偷地翻譯馬克思的《資本論》，供學生和親友們學習。還在報刊上撰文，宣傳蘇聯10月革命的勝利。

抗日戰爭開始後，他積極投入抗日救亡工作。曾經找到徐特立同志，要求去延安。徐老考慮到董先生的身份，勸他回廣州去參加抗日救亡工作。他愉快地回到廣州，擔任廣東文化界抗戰協會秘書長，積極參加協會工作，同時送長子董玉清、內弟吳蘇輝、同鄉洪東山三人赴延安抗大學習。畢業後，玉清和東山奉命回安徽，參加新四軍沿江支隊，堅持在敵後打游擊。在一次戰鬥中東山壯烈犧牲，玉清負傷被俘，被國民黨關進上饒集中營。後雖經葉劍英、邢西萍、章伯鈞、朱家驊等人營救出獄，但因獄中條件惡劣，玉清染上嚴重肺結核，不久就病死於蘭州。

兒子的死，一點也沒有影響到董先生的抗日救國熱情。他不辭辛勞，積極動員和組織學生開展抗日救亡的宣傳活動。他的革命熱

情和對工作的負責精神，深深地感動了學生，給他們留下了難以忘懷的印象。

　　解放以後，董老的政治熱情更加高漲，1950年加入中國民主同盟，1951年又加入農工民主黨，出任長沙市副主委。以後又被選入該黨中央委員，該黨湖南省委副主任委員，第二至第五屆全國政協委員，湖南省人大常委。他還曾參加中國人民赴朝慰問團，親臨前線，慰問志願軍。

　　（此文的摘要曾在《湖南師大報》以〈董爽秋印象〉為題發表；2007年10月《世紀》雜誌又將它全文收入〈嶽麓山下名教授〉中。）

二級教授林兆倧之死

　　1955年我來湖南師院工作時，人們向我介紹學院的著名教授中，就有林先生的名字。除開楊樹達先生是一級教授之外，林先生是學院僅有的兩位二級教授中的一個，同時又是學院籌備委員會的副主任。他生活儉樸，沒有大教授的架子，工作認真，除開上課之外，一頭扎進實驗室裏。他後來還兼任化學系主任，因為原系主任魏文悌長期患病，無法工作。

　　在湖南師範學院早期，教師中年青的多，中老年教師少，林先生雖然不足六十，卻被看成老人，人們一致尊敬地稱他為林老。

　　林老在解放以後參加中國民主同盟，被選為民盟的中央委員，民盟湖南省委的副主任委員，是一位知名度很高的民主人士，學術界的權威，共產黨的一位重要統戰對象！

　　1957年的春天，共產黨開門整風，號召黨外人士提意見，「知無不言，言無不盡，言者無罪，聞者足戒」！大家盡可以放下包袱，打消顧慮「大鳴大放」！在各級黨委的反覆動員之下，在民盟內部的督促之下，天真的林先生也很不情願地參加到了「鳴放者」的行列之中。

　　先是在民盟內部的會上，有人問他是否有職有權？他沒加思

考就回答說他有職無權！但他不僅不要權，而且職也不要，他還是希望去到綜合性大學裏搞科研！他是搞有機化學的，強於科研，並頗有成就，特別在染料的研究方面成績突出，不願意待在師範院校教書，「低人一等」。

林先生是省政協常委。在政協會上，我校幾位政協委員要林先生代表他們到大會上聯合發言，反對以黨代政，要求在高等學校實行黨委領導下的校務委員會制。林先生一再推辭，不願意出面帶頭，但經不住皮名舉、雷敢、姜運開、解毓才等人的勸說，他終於同意了。這就是反右中在湖南引起轟動的五教授聯合發言！

平時他也有過「反動」言論，如對個別黨員不滿，說他們是「黨老爺」，「洋大人」，「半瓶子水」，「滑頭」，「花樣多」，還說過人事部門是「變相法院，操生殺大權……」

反擊右派的炮聲一響，「聯合發言」就作為右派向黨進攻的大毒草而受到批判。《新湖南報》派人來約稿，批判「聯合發言」，消除影響。不知怎的，上面把任務交給了我。我當時雖然「積極」，卻怎麼也「批不透」這株大毒草。稿子寫出以後，上面認為沒抓住要害，決定改由別人重寫。後來《新湖南報》登出了一篇長文：〈一支插著美麗羽毛的毒箭〉，署名的作者有五位，依次為韓罕明、朱衣、李祜、扶學鑄和我。有一天扶學鑄還是李祜塞給我五塊錢，說是稿費，其實這篇稿子與我已經不大相干了。有趣的是，此後一見到我，朱衣副教授就親熱地叫我「戰友」。此文的作者到底是誰，我卻至今還不清楚。我猜想不是韓罕明就是李祜。

可在我內心裏卻一直把這事當成一個包袱，一想起就不舒服，有一種負疚感。我這個人一輩子沒有寫文章在報上公開批評過什麼人，這是唯一的一次。而且批的又是內心非常尊敬的一位長輩學者，此後我一見到林先生就低著頭快步走開，但卻沒有勇氣向他說明真相。

　　反右結束，「聯合發言」連署者中的四個，都被定為右派分子，開始了他們苦難的改造歷程。林先生雖是為首，卻「逃脫」了，既未成為右派，也沒被免去職務，他還是湖南師院的第一副院長！

　　後來聽人說，林先生和董爽秋先生兩位大教授之所以沒有被定為「右派」，「保護過關」一是因為他們的名氣大，都是二級教授；二是因為他們兩位都是從事自然科學研究的專家。國家正在大搞建設，亟需自然科學人才，戴上「右派」帽子用起來就不大方便了。因此對於自然科學家的戴帽問題，網開一面，要慎之又慎。能不戴的，堅決不戴，可戴可不戴的，也以不戴為宜。據說這樣做是有根據的，並非某個人的決定。

　　也有人說是由於右派定案時，上面派來了一位新的黨委書記。此人姓蘇名鏡，思想「右傾」。一看我院劃了那麼多「右派」，便說不能再劃了，於是尚未定案的，便都遠離了「右派」，沒被打入「另冊」。但那些已被定案的教授們卻還是統統成了「右派」。最慘的是歷史系的古代史教研室，九個教師之中，有八個成了「右派」，雷敢、李俊、魏執中、文元玨、田博文、史繼璆、賈天農、譚緒瓚，都沒有「漏網」。只有曹典禮一個人帶著學生在校外實習，才得以倖免！一個教研室九分之八的人被劃為「右派」，在我國也不多見！不知是否可以載入史冊？

　　林先生本來就沉默寡言，不善交際，現在經過「反右」，他的言語就更少了。他還是天天上班，進實驗室、講課，但他的精神卻日漸萎靡，一個年近花甲的老人，怎麼承受得起這一沉重的打擊？

　　一波未平，一波又起，反右剛剛結束，馬上就是「交心」。所謂交心就是把心裏所想的一切，統統說出來，毫無保留地交給黨。雖保證不打棍子，不戴帽子，但你必需要做到不怕醜，要有當眾敢於脫褲子割尾巴的思想準備，對自己的「反動思想和言行」展開無

情的批判。於是人人檢查，個個過關，輕鬆愉快的固然有，痛哭嚎啕、夜不成寐的，也有不少。後來轉入重點批判，不僅批思想，而且揭老底：政治上、歷史上的老底，還揭業務上的老底。目的是把知識份子徹底搞臭。據說只有搞臭了，才有改造好的希望。這場運動一深入，在全國有了統一的名稱，叫做「拔白旗」。

1959年開展的這個運動，在我們學院也開展得有聲有色，林先生和董爽秋先生一起成了我院兩面大白旗！

我沒有參加對林先生這面大白旗的批判大會，也沒聽到學院廣播裏對林先生的批判發言。我估計：林先生態度好，平易待人，沒什麼架子，氣焰不怎麼「囂張」，所以別人對他還比較寬容。但我們發現他顯得更加蒼老，變得更加沉默寡言了。有一次我和同學們一起去農場勞動，當時我們學校有一個規模很大的農場，單是水稻就有一百多畝，還有好幾口連著的魚塘、豬場，師生輪流去參加生產勞動。這時我發現林先生也默默地跟著我們去勞動。他一身工人打扮，同學們不知道他的身份，他也不同別人談話，只低著腦袋在鋤草。我當時覺得他很可憐，同時又覺得很可惜。為什麼讓一位老科學家來參加這樣簡單的體力勞動？為什麼不讓他多休息休息，或者讓他多一點時間去搞實驗呢？難道科學家的勞動就不是勞動？

我們一直說勞動有兩種：一曰體力勞動；一曰腦力勞動。兩種勞動都能創造財富，都是我們所必需的。但不知為什麼，從1958年起，似乎就不承認腦力勞動也是勞動了，腦力勞動者也就不是勞動人民了。我們開始把腦力勞動者看成是勞動人民的敵人，要用繁重的體力勞動去懲罰他們。於是勞動成了一種懲罰的手段：右派分子要下放勞動，右傾機會主義分子也要下去勞動。總之凡是「有問題的」教師、幹部，統統下放農村去勞動！勞動成了改造人們的法寶！老師要勞動，從農村來的學生也要勞動，到了「教育革命」的

時候，規定學生一年要有三個月以上的時間勞動，把寶貴的學習時間，耗費在繁重的、簡單的重複勞動上。

1959年廬山會上，「大老粗」受到批判，彭（德懷）、黃（克誠）、張（聞天）、周（小舟）變成了右傾機會主義的反黨集團。一場巨大的黨內鬥爭，很快就在全國範圍內如火如荼地展開。湖南成了重要的戰場，彭、黃、周都是湖南人，影響大，挖出的右傾機會主義分子多。我校新來不久的黨委書記蘇鏡被戴上了右傾機會主義分子的帽子，林先生所在的化學系總支書記王功德也成了批鬥對象。林先生早已成了驚弓之鳥，這場驚心動魄的鬥爭，究竟會怎樣發展……他感到惶恐，儘管有人告訴他：這是一場黨內的鬥爭，不要黨外民主人士參加！

林先生一生不問政治，是個單純的學者，但現實生活告訴他：政治這東西，你是超脫不了的，你不去找它，它偏要找上你的門來。不好與人交流的林先生，精神已經到了崩潰的邊緣，他受不起任何刺激和打擊了。他已偷偷地藏好毒藥，隨時準備結束自己的生命。

1960年5月28日的晚上，化學系的總支負責人，也是曾經他教過的學生，代表黨組織找他談話。談話的內容，我們不知道，但第二天人們發現這位毫無架子、寡言少語、德高望重的二級教授已經告別了人世！他是我來師範學院以後第二個自殺者。前一個是中文系的教師侯懷沙，他是1955年肅反開始時自殺的。

林先生的自殺，在學院引起了震動。一些民主黨派的成員受的震動最大。一位民主黨派的負責人告訴我，他當時驚慌失措，上面專門派來一位幹部，同他談了一整夜，思想才平靜下來。

當時流行的理念，認為自殺是對社會主義不滿，是對祖國的背叛，是自絕於人民，不准開追悼會，只能草草掩埋了事。家人也怕

人說嫌話，不敢說三道四，保持沉默，事後連應有的喪葬費也不敢去領，更不用說要求查明自殺的原因了。一個為我國的教育事業工作數十年，成績卓著的二級教授就這樣不明不白地死去了，他還不是一般的教授，而是湖南師範學院的第一副院長、中國科學院湖南省分院的副院長、民盟的中央委員、湖南省政協的常委、湖南省科聯副主席、湖南省化學化工學會的理事長，是我國有機化學的權威，他編有《高等有機化學》，譯有《普通有機化學》。

　　林先生是一位學識淵博的學者，曾經兩度留學英國倫敦，回國以後就在高等學校裏從事教學與科研工作。他曾經擔任過成都大學、北平大學、金陵大學、重慶大學、華西大學、四川大學和湖南大學的教授。解放以後，出任湖南大學化學系主任、副教務長、教務長，湖南師範學院成立以後，他就把全部精力獻給了這所學院。他是四川綿陽人，但在湖南工作的時間很長，對湖南的教育事業是很有貢獻的。

　　（本文被收在〈嶽麓山下名教授〉一文中刊登在2007年第五期《世紀》上。）

瀟灑教授李盛華

　　李盛華先生是湖南師範學院的元老教授之一，是該校最有名的三位二級教授中的一個。前兩位元是副院長兼化學系主任的林兆倧教授和生物系主任董爽秋教授。同林、董兩位相比較，李先生年紀小、學歷淺；林先生兩度留英，曾獲倫敦大學碩士學位，董先生更是留德的博士。李先生只在北京大學畢業後，進了西南聯大的數學研究所讀研究班，畢業後留校任教，直到1949年以後才晉升為教授，知名度遠不如林、董兩位大教授。

　　但李先生由於政治歷史清白，教學成績突出，很快就得到提升，1956年評為三級，1960年又提升為二級，並被喻為「中南地區的華羅庚」！於是同林、董平起平坐一起成為我院的三大（二級）教授之一！

　　在「史無前例」的文化大革命以前，李先生可以說是一帆風
順：先是在1956年的知識份子入黨高潮中入了黨，成了光榮的共產
黨的一員，找到了「光榮的歸宿」。儘管傳說他一再表示：「我這
個人自由主義慣了，過不慣嚴格的組織生活，還是留在黨外好」。
至於大字報說他是被拉進黨內的，當然有點失真！1958年「大躍
進」，湖南大學恢復重建，湖南師院的三位系主任即生物系主任董
爽秋、中文系主任韓罕明、數學系主任肖伊莘抽調至湖南大學，出
任該校上述三個系的主任。於是李盛華先生出任肖伊莘調走後的數
學系主任。

　　直到1966年文化大革命開始，李先生走的是一條令人稱羨的道
路：晉級──入黨──當系主任，1960年二級教授林兆倧先生自殺
身亡，他便成了湖南師範學院僅有的兩名二級教授之一！

　　李先生在高等學校教書，一帆風順，本是應有之義。他1938年
畢業於北京大學數學系，是我國著名數學家江澤涵的高足。傳說他
學習努力，成績卓越，同時修完兩個專業的學分，同時拿兩張畢業
文憑。1942年又考進西南聯大數學研究所當研究生，畢業後留在西
南聯大工作。到了國立師範學院以後，被人稱為湖南三個半數學家
之一。他在學術上的能力和成就，是人所公認的。

　　李先生並不熱衷政治，1949年以前，他與黨派無緣，也不好與
政治人物交往，因此，他的政治歷史，清清白白，毫無污點。雖然
家庭出身資本家，終究那是「身不由己」，算不得太大的罪過，所
以歷次政治運動，都與他擦肩而過：土改，他沒有當家，靠的是教
書糊口，夠不上地主分子；鎮反，他與反革命無緣；批胡適，他與
胡適沒有來往；反胡風，胡風是何方神聖，他一無所知；反右派，
他沒鳴沒放，帽子也不好戴到他的頭上，何況他那時已是剛入黨的
黨員，是學校黨員中少有的教授，好像是兩個中的一個！當然，

「他自由主義嚴重」又「不大過問政治」，雖身為黨員，卻不是很「左」，並未參加到積極整人的隊伍中去。附帶說一句，在他當系主任的數學系沒劃一個「右派」呢！

他樂於看書，對於「當官」，似乎興趣不濃。開會聽報告，他往往心不在焉，我就無意中發現他在聽大報告時不止一次地偷著看書。他當系主任也是只抓大事，具體事務全部交系秘書處理。他有句話傳聞頗廣：系主任像劉備，秘書是諸葛亮，一人之下，萬人之上，要忠心耿耿，事奉君王。當然，這話到了後來成了他的一條大罪狀。但在文革以前，他卻是這樣處理他和系秘書的關係的。

如果說文化大革命前李先生的生活是逍遙自在的話，那麼文革中他就在劫難逃了！

按照文化大革命十六條的規定，打擊的對象主要是兩種人：一是「黨內走資本主義道路的當權派」，二是「資產階級反動學術權威」。對號入座，這兩條他都沾得上邊。試試想一想，在我們學院，他二級教授不算學術權威，誰算？他身為黨員系主任，有職有權，不算當權派誰算？至於權威是否反動，當權是否走資本主義道路，那是運動後期的事。所以他在文革的炮聲一響就受到批鬥，誰也不感到意外。

他自己大概也是這麼看的，所以他對掛牌、抄家、戴高帽遊街、挨批挨鬥，都處之泰然，好像沒有發生過一樣。每次批鬥會後，他甚至總要仔細看看身上掛著的牌子，看上面給他冠上什麼樣的頭銜？看清以後往往情不自禁地露出一點微笑，然後摸摸自家的口袋，看看老伴給沒給他口袋裏塞進紙包糖。如果有（通常總是有的），免不了要掏出一顆來，放進嘴裏。這是多年養成的習慣，上課前，夫人總要給他口袋裏塞進幾顆，他有時在課堂上一不留心就會從口袋裏摸出糖粒子來，弄得同學們吃吃地笑。如

今到了這批鬥會上，習慣一時要改也改不了。「革命群眾」（多是他的學生）見到他如此「死不悔改」，往往禁不住笑著直搖頭，表示不可理解！

隨著文化大革命的迅猛發展，我院教職工的家屬中，也有人扯起了造反的大旗，要在教授的夫人之中大抓地富反壞右了。他們指名道姓要給李先生的夫人剃陰陽頭，戴高帽遊街。李夫人膽子小，聽後嚇得要死，甚至找來繩索，要上吊自殺。李先生馬上勸她：

「你可千萬死不得，你死了，我怎麼活呀？再說戴高帽遊街，也沒什麼好怕的。我不是戴著遊了好幾次嗎？不過，你千萬別戴他們給你做的高帽，我給你做一頂漂亮的！」

李先生和夫人結婚幾十年，朝夕相伴，相濡以沫，伉儷情深。李先生這一番幽默風趣的話，說得夫人破涕為笑，不再尋死覓活了！

在整個文革期間，李先生的這類「趣聞」不少，成為好事者津津樂道的「佳話」，稍加整理，是可以傳之久遠的。

正是這些「趣聞」，使我這個同李先生素昧平生的「小字輩」，產生了近距離接觸他的強烈願望。

余生也晚，比李先生少了十八九歲。我們從事的專業不同，地位懸殊，住處各異。在文革以前，我同他沒有來往，沒有接觸過。我知道他的名字，他卻不認識我。他在我的心目中，還是一尊「仰之彌高」的偶像。所以在我第一次同李先生交談時竟然脫口而出，叫了他一聲「李大教授！」他聽後微微一笑，馬上還我以顏色：「那我就叫你小李教授」。李先生的隨和與風趣，一下子就拉近了我們之間的距離，以後見面，差不多總要調侃幾句。不過，這都是發生在文革以後的事。

等到文化大革命的中期，我和李盛華先生一起被關進了「牛

「棚」，於是有了同「棚」之誼，成了「難友」。這才使我有了從近距離瞭解李先生的可能。

我們學校的「牛棚」，規模不算太大，裏面關著我院各系送來的148頭「牛」。「牛」們在裏面形態各異，表現也不盡相同。李先生的表現是鎮定自若，大有泰山崩於前而色不變的氣慨，「牛」的管理者竟也奈何他不得！

進駐我校的工宣隊長姓范，自稱是一名「工販子」，個子高，身子單，大家叫他范長子。此人油嘴滑舌，好講一番歪理，識字不多，肚子裏的壞水不少。說起話來，腦袋偏起，儼像一隻好鬥的公雞。人們見到他就會產生一種厭惡感，總覺得他是長沙典型的「二流子」、「水老倌」。

他卻特別喜歡捉弄知識份子，出他們的洋相。他曾經主持一次全院性的千人大會，專門鬥爭「不服改造」的歷史系教師陶懋炳和生物系的女老師劉穎。鬥完這兩位老師他還覺得不過癮，又馬上跑到「牛棚」裏面來找李先生要威風。他一進門，看到李先生正在翻看一本書，就很不客氣地問道：

「李盛華，你在幹什麼？」

「我在看書呀！」

「你的問題交代了沒有？為什麼不寫交代？」

李先生馬上乾淨俐落地回答：

「我沒有什麼好交代的。我的歷史早就交代完了，思想改造運動中就交代過了。」

「你都交代了，敢保證嗎？」

「當然敢哪！」

「你敢簽字畫押？」

「有什麼不敢的！」

　　范長子馬上撕下一張紙，交給李先生簽字畫押。李先生二話沒說，接過紙來，毫不猶豫地就沙沙沙地寫下這麼幾個大字：

　　「我的歷史早已交代清楚。李盛華。」

　　范長子一看煞眼了，氣得什麼也沒說就走了出去。

　　如果你以為范長子就此甘休了，那就太不瞭解范長子這類造反派的脾氣！他走出「牛棚」，馬上找來監管「牛棚」的負責人研究，他要狠狠地整一整李先生的「傲慢態度」，打掉李先生的「囂張氣焰！」

　　「牛棚」的負責人告訴他，李盛華在「牛棚」裏表現不好，思想一點也沒有受到觸動。他是大少爺出身，家裏人都叫他九爺，早年他家裏錢多得很，常德城裏一條街的店子，都是他家的。一輩子飯來張口，衣來伸手，就是去北京上大學，也是帶著老婆去的，沒在學生宿舍裏住過。他從來沒有洗過自己的衣服，到了「牛棚」裏換下的衣服，也是家裏來人拿回去洗的。范長子聽到此處，馬上插話：

　　「豈有此理！從明天起叫他自己洗，我就不信改不了他的大少爺作風！」

　　李先生的確從來沒有洗過自己的衣服，當「牛棚」的負責人勒令他不准把衣服帶回家去洗時，李先生只是微微一笑。心想：「這有何難！這區區小事難道也能把我難倒？」於是他把衣服放在水龍頭下面，然後打開龍頭用腳狠狠地踩幾下。這不就洗乾淨了嗎？

　　洗沒洗乾淨且不說，反正這事並未將李先生難住。他還是依然故我：還是在「牛棚」的走廊上，邁著四方步，怡然自得，好不自在，還是奈何他不得！

　　一計不成，又生一計。范長子聽說李先生最是痛愛他的小外孫，一天不見是過不得的。他馬上下令，不准家裏送外孫來給李先

生看。這一著的確狠毒，李先生三天見不到小外孫狗狗，難過得掉了眼淚。男兒有淚不輕彈，只因未到傷心處！多少次批鬥，多少次抄家、掛牌、遊街、罰跪、戴高帽，李先生都滿不在乎地挺過來了，沒有屈服，沒有垂頭喪氣，沒有喪失過自製力。但這能說明什麼呢？李先生的軟弱，還是范長子之流的毫無人性呢？不言自明，顯然不是前者，而是後者！

但范長子終究沒能把李先生改變過來，他還是那樣無所畏懼，還是我行我素，還是那樣昂著頭，悠然地邁著方步……

在「牛棚」裏關了半年多以後，我們又被送到平江時豐茶場旁邊的學農基地，接受勞動改造。李先生在那裏重農活幹不了，於是天天出去撿狗糞。平江當時狗多，會撿狗糞的人一天能撿一大擔，可李先生視力不佳，又缺乏經驗，一天撿到晚上，也撿不了幾斤。他好呆擔著，算作一擔。好事之徒開玩笑說：李盛華撿狗糞，不論多少，一擔九元錢。李先生是高教二級，按湖南的標準，每月工資二百七十元，每月以三十天計，平均每天恰好是九元。他聽後默不作聲，僅僅微微一笑！

「四人幫」倒臺以後，知識份子迎來了春天。李先生的黨籍得到了恢復，又當上了系主任。但他似乎還是那個老樣子。對政治似乎還是不大關心，當然系主任的工作還是推不掉，但對開會、聽報告之類的活動，凡是能推的就推，能不去的，絕不爭取。據說有幾次省裏開會，車子開到他的家門口，他說肚子痛，去不了，又讓車子開走了。好事者說：他哪是肚子痛？是怕開會呢？真假如何，難以分辨！

不幾年，聽說李盛華先生退休了。我聽後很是吃驚！不是有許多人到了退休年齡都不想退休嗎？有的還千方百計要求改年齡，爭取晚退呢！他是大教授、名教授，學校要借他這塊牌子怎麼會讓他退休呢？

學校的確沒要他退休，完全是他自己的主張。負責人一再勸他不要退，說系主任可以不當，不上課也可以，就是不要退。他卻一再堅持，甚至說出了這樣的氣話來：

「人人都有退休的權利，我怎麼就沒有呢？任何人的一生都要經歷三個階段的：學習——工作——退休，缺一不可！」

李先生當然還是退下來了，過起了他的第三階段的生活，直到2004年去世，李先生活了93歲。

寫到此處：讀者千萬不要誤以為先生不關心政治，恰恰相反，他對天下事不但關心，而且常常發表一些獨到的見解，令人深思。

我常常想：李先生長壽的秘訣在哪裡？有一次就此請教他的女婿老賀。得到的回答，使我大吃一驚。

「他長壽的秘訣，很難理解：他只吃肉，魚、蛋之類一律不吃，而且只吃肥肉。他眼神不好，很少走出戶外，只在家裏來回踱步，活動量很有限！對他的長壽，要作出合理的解釋，現代醫學還無能為力！」

是不是他的寵辱不驚、名利淡然也有點作用呢？

（本文於2007年9月發表在《世紀》的一篇長文〈嶽麓山下名教授〉中，標題為〈寵辱不驚的李盛華〉。）

一代名師皮名舉

　　1947年的冬天，設立在南嶽衡山的國立師範學院發生了一場不大不小的「風波」——去康留皮！（也有說「拒康留皮」的）湖南當時的大小報紙，幾乎天天都有報導。所謂「去康」指對康辛元教授出任該院院長不滿，要求他去職；所謂「留皮」是要求皮名舉教授出山，代理院長的職務。原任院長廖世承在抗日勝利後要求教育部允許國師搬遷南京未獲准而憤然出走上海，所以院長一職出現空缺。陳立夫任教育部長時曾經許諾過廖世承：一旦抗日勝利，國師即可搬至南京。但新任教育部長朱家驊卻取消了此議，要求國師留在湖南，並在廖世承離職去上海後，任命衡陽留美學人康辛元教授為院長，於是引發了這場「去康留皮」的學潮。

　　大中學校的學生，對上面任命的校長、院長說三道四，發表不同意見，甚至與上級主管部門對著幹，以至於釀成罷課罷教的現象，在解放以後，已不多見，但在解放以前，卻時有發生。就我所知，在我們湖南至少發生過兩次。除開這次「去康留皮」之外，1944至1945年間，在湖南大學也出現過一次。那一次叫「驅李護校」，要求趕走教育部任命的校長李毓堯，要求原任校長胡庶華回校，重任校長。鬥爭非常激烈，甚至弄得憲兵進校，抓去了不少反李毓堯的學生，解聘了幾個支持學生的老師。

　　說來有點不可思議，這兩次風潮，都以學生取得勝利而告結束：湖南大學的學生經過長達一年有餘的堅決鬥爭，贏得了各界的廣泛支持，被捕的終於獲得釋放，李毓堯被趕走，胡庶華回來重任校長，被解聘還鄉的教師，也被請了回來。國立師範學院的學生也成功地實現了「去康（糠）留皮」，皮名舉先生出任該院代理院長。

　　「去康留皮」期間，我剛從鄉下來長沙讀書，於是從報紙上知道了皮先生的大名，但見到皮先生，卻是在過了七八年之後。那是1955年夏，我奉命回湘，被安排到湖南師範學院工作，人們向我介紹學院的知名教授時，提到了皮名舉先生。

　　據歷史系的老師說，皮先生名氣大，他的經歷倒並不怎麼複雜。他是長沙人，1907年出生在銅官的一個名門望族裏，祖父皮錫瑞，是清代一位著名的經學大師。皮家家學淵源，人才輩出，皮家子弟有好幾位都是名燥一時的學界鉅子如皮宗石、皮名振都是。他們有的還當過湖南大學的校長。

　　皮名舉1927年去美國留學，專攻世界史，先進耶魯大學，後進哈佛大學，榮獲博士學位。1935年學成歸國。回國後被北京大學聘為副教授，不到一年即被升為教授，成為該校歷史系一位名牌教師。

　　1937年日寇陷我北平，爆發全面抗戰。北大、清華、南開三校奉命南遷，在長沙聯合成立長沙臨時大學，不久又西遷昆明，成立西南聯合大學，皮先生一直跟隨行動。在北大、聯大工作期間，皮先生先後講授過西洋通史、西洋近世史、西洋十九世紀史和西洋現代史。1942年皮先生離開昆明，回到湖南，出任國立師範學院教授、史地系主任、教務長、代理院長。代理院務期間皮先生對該院複雜的人事關係，覺得難予處理，遂於1948年8月應聘來到湖南

大學，執教世界通史、西洋史學史等課程。1949年9月長沙和平解放，皮先生仍舊留在湖南大學任教。

　　五十年代在向蘇聯一邊倒的政策指導下，我國的教育體制進行了一次大改革。1953年6月全國高校進行院系大調整，大量縮減綜合性大學的數量，增加大量的單科性學院。我省唯一的一所綜合性大學——湖南大學也被撤銷。代之而起的是按蘇聯模式成立的八所單科性學院：中南礦冶學院、中南土木建築工程學院、長沙鐵道學院、湖南醫學院、湖南農學院、湖南財貿學院、湖南師範學院等。許多資深教授，特別是幾位與湖南大學思想感情很深先後出任過湖大校長的老人，如黃士衡、楊卓新、黃佑昌、胡庶華等都極力反對，甚至把意見反映到了毛澤東那裏，也沒能保留下湖南大學。於今的湖南大學是在停辦五年之後，於1958年恢復起來的。皮先生在思想上也是反對撤銷湖大的，院系調整以後，他不願他往，遂留在新成立的湖南師範學院歷史系任教。

　　當時新成立的湖南師院歷史系師資力量雄厚，說它陣營強大，人才濟濟，一點也不為過。有大名鼎鼎的中國科學院學部委員楊樹達教授，曾經留學美國，出任過湖南省教育廳長，湖南大學校長的黃士衡教授、黃右昌教授、留法博士孫文明教授、雷敢教授、謝德風教授，還有新從美國留學歸來的孫秉瑩教授，再加上皮先生，不論從教授的數量還是質量上說，它在師範學院都是首屈一指的。皮先生在這裏執教的先是世界通史，以後是世界古代史和世界現代史。加上他以前在北大、西南聯大、國立師範學院開過的西洋通史、西洋近世史、西洋19世紀史和西洋現代史，說明皮先生是我國外國史學界無人可以企及的權威！1954年皮先生應邀參加首次全國高校歷史學科教學大綱討論會，他負責草擬的世界現代史教學大綱受到與會者的高度讚賞，以後就在全國推廣。

　　作為一代名師，皮先生不僅學識淵博，而且善於將知識傳授給學生。他講課內容豐富，語言生動，條理清晰，邏輯性很強，極具說服力。凡是聽過他的課的人幾十年後還在津津樂道，說聽皮先生的課是一種莫大的精神享受。年逾九旬的劉重德教授，當年雖是北大西語系的學生，卻從不放過聽皮先生的課的機會。對於當年聽課的盛況，劉先生至今還記得清清楚楚。他不止一次地告訴我：

　　「皮名舉先生是北大歷史系當年兩位最會講課的教師之一，另一位是後來定居臺灣成了一代國學大師的錢穆先生。他們每次講課，課堂裏面總是座無虛席，就是課堂外面的走廊上，也擠滿了慕名而來的旁聽者，其中有本校的，外校來的也不少。他們的課真是講得好，叫人百聽不厭，歷久難忘！」北大人戲稱的「錢皮」，指的就是他們兩位史學大師！

　　皮先生擅長講課，這是公論，北大、西南聯大、國師、湖大、湖南師大的人都一樣，他們眾口一詞，讚不絕口。鄒蕤賓教授就是對皮先生五體投地、讚不絕口的一個。他不是學歷史的，但在上世紀四十年代初聽過皮先生的一次講演，其中不少的詞句，他至今還記得起來，他告訴我：

　　「皮先生真是一位了不起的史學家，他不僅能讓你瞭解歷史的真相，而且能夠讓你透過現象，看清本質，從而預見到歷史的發展。比如他對德、日法西斯的興亡、俄國人為什麼陳兵百萬，遲遲不肯對日宣戰？它到底何日才肯出兵？我國會不會亡，能不能戰勝日本？何時能勝？怎樣才能取勝？他都作出了令人心服的分析與判斷，其準確度之高，令人吃驚！不，他不是一般的歷史教授，他是一位歷史預言家！」

　　皮先生善於講課，是公認的一代名師，一上講臺他就口似懸河，滔滔不絕，但卻惜墨如金，很少動筆。除用英文寫的博士論文

之外，他似乎沒有發表任何文章或著作，僅在1957年與幾位教授合作，編譯過一本《1760至1917年的美國》由三聯出版社出版。至於《皮鹿門先生年譜》，《湖南名人辭典》說是皮先生所作，經核查不實，那不是出自皮先生的筆下，而是他胞兄皮名振的作品。所以有人說皮先生學孔夫子的樣，「述而不作」。為什麼皮先生「述而不作」，卻至今沒人作出令人信服的答案。以皮先生學識之淵博，眼光之銳利、邏輯之嚴密，寫出幾篇文章，乃至幾本專著來，應非難事。

最近，以前曾與皮先生同在一個教研室工作，受過皮先生的教誨的李長林教授，在一篇回憶文章中提到：「皮先生生前寫有讀書筆記百餘萬字，經過十年動亂，已不知去向。他潛心研究德國史多年，所記應是這方面的心得。若天假以年，當有巨著問世。」這只是一種猜想，作為答案，似乎尚難令人信服！

皮先生雖「述而不作」，卻在大名鼎鼎的北大很快就成了教授，不僅沒有受到質疑，反而名燥一時，而且在史學界與錢穆、雷海宗等大師齊名，要是活在今天，莫說北大，就是在湖南師大這類的大學，要想評上教授，恐怕也難呢！按時下的規定，評教授不但要有正式發表的論文，而且不止一篇，或者正式出版社出版的專著若干本。即便評上了教授，如果年年拿不出像樣的文章或專著來，也可能高職低聘，當不成教授了。至於教授的文章或專著是怎麼弄出來的？抄的還是請人代寫的？那似乎都是次要的了。

皮先生生得其時，在這一點上是夠幸運的，當然，要是按學力，皮先生這個教授不僅完全夠格，而且綽綽有餘，與時下那些通過各種手段發表文章、出版專著的教授相比，完全不可同日而語！

說得遠了一點，還是回過頭來談皮先生的為人吧。皮先生感動學生的，遠不止於他的善於講課，給學生傳授了許多知識。他

感人至深之處，還在於他的淡於名利，對學生無微不至的關心和愛護。

我院歷史系的文元鈺先生，既是皮先生的同事，又是他在國師教過的學生。他一談起皮先生來，總是心情激動，不能自已。他不只一次地對我說過：

「皮先生是個大好人，知道我家人口多、工資低、生活艱難。每月發工資時，他總要來我家一趟，不聲不響地放點錢在桌上，然後匆匆離去……」說到此處，文先生的淚水止不住從眼眶中湧了出來，再也說不下去了。

皮先生平易近人，穿著非常樸素，不擺大教授的架子，你見到他怎麼也看不出他是一位喝過海水的洋博士，當過北大、聯大這樣極負盛名的大學教授。不論天晴還是下雨，他手裏似乎總是拿著或腋下夾著一把破舊的雨傘，顯露出一副來去匆匆的樣子。原來皮先生的家住在河東，在河西校區他只佔有一間休息用的小房子，不得不經常往來河東河西之間，顯得非常忙碌。

解放以前，皮先生是不大過問政治的，但解放以後皮先生政治熱情高漲，徹底改變了他無黨無派的自由主義知識份子的面貌。除教學以外，他還積極參加各項社會政治活動，多次下鄉、下廠作社會調查，參與農工民主黨省委的建立並擔任省政協的委員。在土改、知識份子思想改造、三反五反、抗美援朝等項政治運動中，他都有過較好的表現。除開擔任歷史系世界史教研室主任一職之外，他還兼任學報主編，工作相當繁重。

作為一代名師的皮先生，雖善於預測歷史的發展，卻沒能預見到自己災難的降臨。1957年春天，毛澤東號召「大鳴大放」，他真誠地起來回應，不僅自己「鳴」，還鼓勵別人「放」。不過他終究只是一名歷史學家，而不是政治家，沒有政治家敏銳的嗅覺和

頭腦，書生氣太足，沒能察覺出那是一場「引蛇出洞」的大「陽謀」，居然在省政協與林兆倧、雷敢、姜運開、解毓才等五位教授聯合發言，批評高校工作中的「以黨代政」現象，贊同成立校務委員會，實行黨委領導下的校長負責制。當然在私下皮先生還說過一些「反動」的話，比如「朝鮮戰爭不是美國發動的；」「民主黨派參政是請客作陪」，「資本主義有民主，社會主義沒有自由。」結果是：五位教授中的四位，被戴上了「右派」分子的帽子，只有林兆倧先生一人被「保護過關」倖免於難！而他們那篇聯合發言，則被判定為「右派」向黨射出的，「一支插著美麗羽毛的毒箭」，在《新湖南報》上，受到公開批判。說來非常痛心，在批判文章後面署名的五名作者中，鄙人忝列末座。時間已經過去四十七年，此事卻沒有從我的記憶中抹去。其實這篇大作究竟出自何人之手，我並不確切知道。現在五位作者中的四位已經作古，只剩下我一人在這裏「嘮叨」了。

皮先生劃為右派以後，工資由教授三級降為五級，相當於副教授了。

閒聊中，經常聽到有人為皮先生婉惜，說皮先生一生清白，沒有任何政治污點，要是不參加「聯合發言」，豈不可以躲過這一劫？

歷史無情，容不得假設！歷史系的教授，除皮先生外，有幾個倖免於難呢？古代史教研室九位老師，除曹典禮一人帶學生在外面實習沒被戴上「右派」帽子之外，其餘八人全部落網。皮先生能置身網外嗎？

皮先生本一介書生，身高體不健，而且染有肺結核，經過這一沉重的打擊，他就病倒了。「右派」帽子戴上不過一年，他竟抱憾而去。彌留之際，他要求會見院長劉壽祺。劉是瞭解皮先生的，我在一次偶然參加的會上，聽他對某青年教師談過他對皮先生的看法：

「皮先生在史學界是很有名氣的，特別在北大影響很大，他的思想觀點，可能我們覺得陳舊，但他掌握的資料比我們多，你們要好好向他學啊！」

1959年皮先生病故，彌留之際他要求見院長劉壽祺。劉院長走進病房，見皮先生淚流滿面，似有許多話要說，卻已說不出來。他便走近床前，俯下身子，不久他就宣佈：「皮先生對自己的錯誤，已經有所認識，我代表黨委宣佈：摘去右派帽子，皮先生回到人民隊伍裏來了。」劉院長的話還沒說完，皮先生就咽下了最後一口氣，一代名師溘然長逝，時年還不足五十二歲，按現在的標準，雖算不上夭折，卻是屬於英年早逝啊，悲乎！

先生去世之日，正是我國知識份子「發臭」之時，隆重的葬禮早已成為過去，就是簡單的悼念，也不再行時，只有草草下葬了事。直到改革開放，平反昭雪之後，才補行了一次追思會。但人們對皮先生的懷念，卻沒有隨著時光的流逝而消失。1987年雷敢先生率先發表〈憶皮名舉先生〉詩兩首：

（一）
青年馳譽海西頭，博學詞科並上游，
家學淵源今學派，服膺改革有源由。

（二）
相約講學聚名山，八度春風接笑顏。
史學中西聯席講，政壇休咎共時艱。

李俊副教授，從勞改農場釋放歸來，得知皮先生已經作古，悲慟不已，隨即寫下一首：〈吊皮名舉先生〉：

自從初識名山後，十年共事笑談親。

誰知一別成千古，談笑唯憑夢裏人！

步履蹣跚弱不勝，一隅默坐聽批評。

遽憐謝世君偏早，未沐春風雨露恩。

隨後鄒葂賓、莫任南、李長林諸教授都先後寫出了懷念皮先生的文章，稱頌皮先生的品德和業績。先生九泉有知，一定會感到一絲欣慰吧。

我與皮先生不同一個專業，幾乎沒有任何接觸。只是1956年秋，我伯父祖蔭先生同田漢、潘光旦等人來長沙，我去省交際處探望時，正好碰見皮先生同伯父在寒暄。我一旁侍立，卻沒有插嘴，他們談話的時間不長，談的內容也沒給我留下什麼印象。但皮先生那身樸素的衣著，脅下夾著的那把舊布傘和腳上穿的長統雨鞋，卻至今還不時閃現在我的腦海中。

（本文曾在2007年9月14日《湘聲報》上發表。）

「人患」論者黃士衡

黃士衡先生生於1889年，湖南郴州人，號楷體，字劍平。1913年由廣益中學大學預科班考取留美資格，赴美留學，1917年獲依阿華大學文學士學位。1918年獲哥倫比亞大學研究院歷史學碩士學位。1919年被紐約《民氣週報》聘為主筆，鼓吹民族氣節，反對巴黎和會和西方列強對我國的侵犯和掠奪。

1920年回國，任教於湖南商業專科學校，後任該校長。再以後去成都高等師範學院，任文史系主任。不久又回湖南工業專門學校任教授。湖南大學商學院聘任他為教授兼院長。

黃先生對湖南的教育事業，頗多貢獻，從1927年起曾先後兩任湖南教育廳廳長，湖南省政府委員。在任期間他想方設法，使蔣介石同意湖南大學由省立改為國立，批准以後他卻主動讓賢、極力推薦皮宗石擔任國立湖南大學的校長。抗日戰爭期間，他被推選為湖南省臨時參議員。

長沙淪陷以後，他舉家遷回老家郴州，在那裏管理幾所中學。日本人曾派人勸誘他出任維持會長，遭到他的拒絕，表現出了他強烈的愛國主義情操。

抗戰勝利以後，他立即返回湖南大學，講授世界史。1953年全國高等學校院系大調整，向蘇聯學習，撤銷和縮減綜合性大學，建立單科性

學院，於是，湖南僅有的一所綜合性大學——湖南大學被錯誤地撤銷，他不得不遺憾地轉到新成立的湖南師範學院，出任研究員。他對此非常不滿，遂於1956年憤然離開他執教多年的大學講堂，轉任湖南文史館員，1959年改任副館長，直至1978年去世為止。

黃先生出身書香門第，父為前清秀才，其兄曾畢業於湖南高等學堂，並積極參加過推翻滿清王朝的辛亥革命。

黃先生政治上要求進步，曾積極參與長沙的和平解放活動。解放前夕，他被推選為湖南大學應變委員會委員，領導全校師生迎接共產黨的到來。但解放以後，他的心情從喜悅轉向鬱悶。他對鎮反、思想改造等運動，都不大理解，不滿的情緒，常流露於神色與言語之中。1950年的知識份子思想改造運動中，他受到同學們的上門「幫助」，不得不放下架子，檢討過關。電機系教授曾昭權不肯批判他的先祖曾國藩，跳樓自殺身死，羅暟嵐教授不願批判自己的長篇小說《苦果》，用剃鬚刀割動脈管自殺未遂，都引起過他的同情。他最小的兒子黃天錫告訴我說：一位化學系的鄧姓教授自殺，在他的思想上引起的震動更大。因為他同這位教授是很要好的朋友，一起在美國留學的知己。

1953年湖南大學被撤銷，他思想上的抵觸非常大，會上會下都表達過他的強烈不滿。他對湖南大學的感情很深，為它的由省立改為國立，傾注過大量的心血。他把這所學校當成了自己的「孩子」。撤銷它，無異於給他心臟插上一把尖刀！

附帶說一句，幾乎所有的湘籍學者，都反對撤銷湖大，在北京工作的仇鰲、胡庶華等人還向毛澤東主席提過，毛說晚了，改不過來了，以後再說吧。不過到了1958年，還是不得不恢復湖大。拆散容易恢復難，一所成立多年的大學要恢復起來，談何容易！原來湖南大學人才濟濟，不少學科在全國處於前列，而且文、法、理、

工、商齊全，就是直到現在，一些學科也還沒有恢復到當年的水平，比如文學院和法學院就是例證。

黃先生不僅為人正直，為官清廉，而且在學術上，也卓有建樹，他著有《世界史大綱》、《中國移民美國史》等專著，是一位資深的世界史專家。據聽過他的課的李勛先生說，黃先生的講課內容豐富，而且全部用流利的英語講授。

黃先生在學術研究上的一個重大貢獻，是他在1918年提出的「人患論」。1918年第4期和1919年第1期的《留美學生季報》上他發表長文〈中國人患問題之解決〉，第一次提到中國的人口問題。1920年暑假，他回國探親，應湖南學生聯合會的邀請，又就我國的人口問題發表講演（報告的全文連載在民國九年8月三十日和9月一日的湖南《大公報》上）。

我國早就存在人口過剩的問題，但沒有引起人們的注意，總以為我國地大物博，不會出現人多為患的問題，所以一直鼓勵生育。中華人民共和國成立以後，人民的生活水準，有了一定的提高，對人口問題的認識更是出現了嚴重的偏差，只看到人是生產者的一面，而忽略了他是消費者的一面，於是片面地宣傳「人多好辦事」，「人多力量大、熱氣高」，「我們的人不是太多，而是太少」，甚至主張獎勵生育，像蘇聯一樣，評選「母親英雄」。更有甚者在一個相當長的時間裏，我們錯誤地批判主張控制人口生育的主張。著名的經濟學家馬寅初剛一提出節制生育的新人口論，馬上就被說成是中國的馬爾薩斯，是為資本主義、帝國主義對勞動人民進行剝削的辯護士，受到嚴厲的批判。其實對什麼是馬爾薩斯人口論人們並不清楚。

英國經濟學家馬爾薩斯（Phomas Robert Malthus，1766至1834）在1798年發表《人口原理》中提出：「在沒有任何限制的

條件下，人類社會的人口以幾何數列增長，而生活資料則以算術數列增長，因此人口必定會發生過剩現象，只有貧困和罪惡（包括戰爭和瘟疫等）、『道德的抑制』（包括禁慾、無力贍養子女者不得結婚等）這些抑制人口增長的力量，才能使生活資料和人口之間恢復平衡。」（參見《簡明社會科學詞典》上海辭書出版社1984年第2版74頁）

結果一下子多生出幾億人，由解放前的四萬萬同胞猛增到十二個億。造成嚴重的物資短缺，最終釀成空前的大災難。1959年至1961年的全國大饑荒，造成的原因固然很多，人口增長太快，不加控制，顯然是其中之一。直到上世紀七十年代，才決心控制人口，一對夫婦只准生一個孩子。這是一個不得不採取的矯枉過正的辦法，後遺症到底會有多大，現在還很難判斷。總之人口太多了不行，太少了也不行。現在一些經濟發達的國家人口出生率越來越低，也出現了「人患」的問題，但不是患人之多，而是患其少，人們的壽命越來越長，老人越來越多，青壯年勞動力越來越少！顯然人口問題必須有計劃的加以控制。

黃先生的「人患論」，主要是解決人多為患的問題，

他首先指出：人口問題已經成了一種系統的科學。

人是世界上最寶貴的東西，沒有人就不可能有社會，但是人既是生產者，又是消費者，所以人太多，可以為患。人太少，也可以為患，只有有計劃地、有效地控制人口的增長，提高人口的素質，社會才能和諧、安寧、幸福和發展。所以人口問題歸根到底就是一個解決人患問題。他認為「人滿為患」，人口增長過快，不加控制，必然帶來一系列的困難，解決起來很不容易。接著他就逐一列舉了它的困難所在。

他認為第一個困難是「人口增長過快」，食物的供給跟不上，

「不可能完全滿足人口增長的需要」，這就會造成饑荒，引起社會動盪。

其次，為了滿足人口增長過快的需要，便不得不想方設法向土地過度索取，「竭澤而漁」，包括毀林開荒，填海圍湖造田，結果必然造成生態失衡，土地生產率逐年減弱，自然災害頻發。

第三是人口增長過快，教育普及困難。對於多子女家庭來說，教育費用支出龐大，更是難以承受，結果人口越來越多，而勞動素質卻越來越低。

第四是人口越多，教育程度越低，勞動素質越差，就業就越來越困難。為瞭解決過多低素質人口的就業需要，不得不儘量多使用人的手工勞動，減少對先進生產機器設備的需求，勢必抑制先進科學技術的推廣和運用，壓制人們對創造革新發明的追求，阻礙科學的發展。

黃先生提出解決人患問題的辦法主要有以下幾點：

第一是移民。從人口密度過大的內地向地廣人稀的蒙古、西藏、新疆等地區移民。這當然是個辦法，我們過去和現在都在做這個工作，但問題不少，包括資金的短缺，民族矛盾的加劇和生態平衡的破壞等等。

其次是擴寬謀生的渠道，大力發展工商業。實踐證明，這是最好的辦法之一，這裏所說的工商業，只是應該加以擴大，包括現今所說的一、二、三產業。

第三是限制生育：即我們所說的有計劃的控制生育。這是解決人多為患的最主要的辦法，也是從根本上解決人口問題的方法。

為了限制人口過快的增長，黃先生提出了六項具體措施：

一、展開全民的宣傳教育，提倡節欲、提倡避孕。黃先生提出限制性交，有違人之常情，恐怕很難辦到。

二、反對、批判鼓勵生育的說法和作法。我國歷來有「多子多
　　福」、「不孝有三，無後為大」等等不利於控制人口的說
　　法，應該予以批判改正。

三、「提高結婚的條件，除非有一定的財產，具備一定的教育
　　文化水準，才允准結婚」，即使「生育，也應以兩個孩子
　　為適中」。一對夫婦只准生一個孩子，在我國已經實行多
　　年，但這種矯枉過正的辦法，恐怕難以持久的堅持下去。
　　至於過份提高結婚的財產，教育文化程度的標準，恐怕也
　　會招致非議和反對，因為我們不能剝奪任何人結婚的權
　　利。即便是殘疾人，也應該有結婚生育的權利。在這一點
　　上黃先生很可能是受到了馬爾薩斯的影響。

　　至於「廢除納妾制，已娶的，也應離婚」，無疑是正確的，這
不僅是控制人口增長的需要，也是尊重婦女平等權利的需要。

　　黃先生提出的「嚴訂法律、禁止早婚」，倡導「恢復周時婚
制：男子三十而娶，女子二十而嫁」，也值得我們注意。

　　以上所述就是黃先生「人患論」的主要內容。它是我國學術界
最早提出的控制人口的理論，它的出現比馬寅初先生1956年提出的
《新人口論》，足足早了三十六年。是的，他帶有馬爾薩斯人口論
的印記，比如不准殘疾人結婚、限制性交以及非有一定財產、一定
教育文化水準者才能結婚等等。但總體說來，它是結合我國實際
的，具有很強的針對性。不僅當時，就是現在，也沒有失去它的價
值。他提出的辦法，除個別的以外，幾乎都可參照執行。如果當年
採取了黃先生的辦法，節制生育，提倡優生優育，我國的人口問
題，決不會達到今天這樣嚴重的地步！這表明黃先生是一位具有遠
見卓識的學者，一位了不起的人口問題專家。

　　黃先生長壽，1978年才去世，享年八十九歲。因為長壽，他

沒能逃過文化大革命那場浩劫！儘管是湖南的重點保護對象，他還是在文化大革命中受盡了折磨和凌辱；家被抄了不止一次；挨批鬥、遊街的次數也不少；房屋被擠佔、沒收……這一切的一切，當然不堪回首，但他硬是挺過來了。去世時受到禮遇，喪禮相當隆重。湖南省人民政府、省政協和湖南大學為他召開了盛大的追悼會。《湖南日報》在顯著版面上作了詳細報導。黃先生地下有知，應該含笑了。

　　黃先生生前係民革成員，民革湖南省委第四、第五屆常委，湖南省政協第四、第五屆常委。

　　我沒有見過黃先生的面，只聽說過他的名字，我1955年調來湖南師範學院不久他就離開了。最近一個偶然機會，使我結識了黃先生的兒子黃天澤和黃天錫兄弟，從他們那裏才瞭解到黃先生的上述生平業績。因為黃先生在湖南大學和湖南師範學院工作過，又是一位著名的史學家，也應算做嶽麓山的文人學者，所以把他的情況寫在這裏，以饗讀者。

（本文年曾發表在2007年8月24日的《湘聲報》上，
標題為〈人患論者黃士衡〉。）

筆耕不止的翻譯家謝德風

　　一個身穿蘭布長衫，戴一幅高度近視眼鏡的矮胖老人，這就是謝德風先生。

　　謝先生，湖南新邵人，1906年生，1980年12月去世，在高等學校工作五十餘年。

　　謝先生早年畢業於復旦大學外文系，後轉入該校研究院，專攻史學，同時在東吳大學學習法律。畢業後就任復旦大學副教授。抗日戰爭爆發後，隨復旦西遷四川北陪。1940年後，奉父命回到老家，創辦大同中學，同時任教大麓中學、文藝中學。1946年出任湖南大學外文系副教授、教授。1953年全國高校院系調整，謝先生被安排到湖南師範大學歷史系任教授，直到1980年去世為止。

　　謝先生學貫中西、根底深厚，他講授的課程很多，不僅有中外近、古代史、還有文藝學和英文議論文。他編寫的六十萬字的《世界古代史講義》，曾作為全國交流教材，被許多高校採用，深受這些院校好評，認為是五十年代我國世界古代史的代表性教材。

　　謝先生講課認真，從不照本宣科，也不隨心所欲，信口開河。他非常注意思想性與科學性，同時注意史論結合。他講課語言簡練、生動風趣，頗受學生歡迎。只是一口地道的新化土話，初聽不大習慣。

　　謝先生是我國最早開出外國史學史這一課程的先驅者。

　　謝先生的教學效果好，經驗豐富，他總結出的經驗是一個勤字。他認為教師必須「四勤」：勤於學習理論；勤於搜集資料；勤於瞭解學生；勤於改進教學方法。

　　謝先生是一位多產的史學翻譯家。早在三十年代就開始翻譯。1933年上海書局出版了他與余楠秋等人合譯的沙比羅所著的《歐洲現代近代史》，民智書局出版了他譯的季尼的《英國史》和司各脫的《史學概論》，黎明書局出版了他譯的海斯的《歐洲近代史》。1935年他又譯出了費西的《美國史》。僅解放前他的譯著就超過兩百萬字。

　　解放後他又譯出了三百餘萬字的史學作品，其中有古希臘修昔底德的《伯羅奔尼薩斯戰爭史》，古羅馬阿庇安的《羅馬史》上、下卷，湯普生的《歷史著作史》上卷，另外與孫秉瑩教授合譯了捷克人赫羅茲尼的《西亞細亞、印度和克裏特上古史》，布萊斯的《神聖羅馬帝國》和湯普生的《歷史著作史》下卷。

　　謝先生還校譯過一些譯稿如邱吉爾的《第二次世界大戰回憶錄》第三卷，湯普生的《歐洲中世紀史導論》。審校別人的譯文，比自己譯花的時間和精力更多！難度更大。

　　作為史學著作的優秀譯者，謝先生的譯文具有很高的藝術價值；既忠實於原作，又不拘泥於與原文機械對等，達到了很高的翻譯境界，得到了翻譯界、出版界和史學界的廣泛讚揚，特別是他譯的《羅馬史》，被學者們視為翻譯的精品，傳世的譯作。著名翻譯家王以鑄就幾次當著我的面，讚揚過謝先生的譯文。

　　謝先生將翻譯和研究緊密結合，在研究的基礎上進行翻譯。他譯的每一部作品，都寫有一篇頗具見地的序文，對作者及其著作進行深入研究，指出其優缺點，說明它的意義與局限。

　　應當指出的是：謝先生的許多譯作是在極其困難的條件下完成的，是在戴著「右派」帽子的條件下完成的。他往往是白天參加勞動，晚上進行翻譯，到了文革時期，他被關進「牛棚」，才被迫放下譯筆。但一走出牛棚，他又沒日沒夜地進行翻譯，直到1980年12

月9日小女兒發現他坐在桌旁溘然長逝為止。他去世時,桌上還放著書和筆!

　　就是這樣一位幾十年筆耕不輟的史學家、翻譯家卻在1958年被劃為右派!而到七九年平反時竟然找不到他的劃右材料,也就是說他是一個沒有「罪行」的右派,一位百分之百的無辜者!

　　他生前每天都從我家門口經過,我一看見他就聯想起老黃牛來,他吃的是草,擠出來的卻是奶!

　　謝先生拙於言辭,甚至有點口吃,加上他的新化方言口音重,說話別人不容易聽懂,但是書面語的表達能力卻很強,加上他超人的努力,終於成了我國譯壇上一流的社會科學翻譯家。

　　謝先生為人正派,待人以誠,在有人遭到不公正對待時,敢於挺身而出,主持正義。劉重德先生系早年北大畢業生,根底扎實,而且教學科研成績突出。1947年,在河南大學就被升為副教授,但在改革開放以後,在他當了32年副教授以後仍然不能晉升為教授!目睹這一怪現象之後,謝先生與老教授羅暟嵐先生一道,挺身而出,為劉先生抱打不平!力主將劉先生的科研成果送交外校的著名專家客觀公正評審,還劉先生一公平。劉先生因此得以晉升為教授。此後更加兢兢業業,教學成績斐然,科研成果累累。成為我國英語教學與翻譯方面的權威!

　　謝先生還是一位著名的愛國人士。早在抗日初期就曾與愛國文化人士一起發表聲明,反對日本帝國主義對我國的侵略。抗美援朝時期,他與本院幾位英語老師打算聯合翻譯一本反法西斯小說:《我們是蘇維埃人》,將稿費全部捐出購買飛機、大炮,支援前線。因此書已有人譯出,他們的願望才沒有實現。但先生們愛國的思想已經表露無遺!

　　他為人忠厚、老成,能忍常人之所不能忍,受到別人粗暴的對

待，也能吞聲忍氣。文革初期紅衛兵上門抄家，要他交出存款，讓他們外出串連用。他二話沒說就老老實實把存摺拿出來，說：

「我的錢都在存摺上，你們要多少拿多少，但要去銀行才能取出。」

於是他被幾個紅衛兵押著去了銀行，對銀行的人說：

「這幾個紅衛兵要錢去串連，請你從我的存摺裏給他們取吧，他們要多少都行。」

當時銀行的工作人員工作很認真，一看這陣勢，馬上巧妙地表示：

「不行！你是「黑鬼」，你的存款已經凍結，不能取出！」

他還想求銀行通融一下，讓紅衛兵取點錢走，可銀行的工作人員還是不肯，這時他才向紅衛兵說：

「對不起！」

說完就跟著紅衛兵拖著肥胖的身軀，像鴨子一樣一搖一擺地回到學校，頸脖子上掛著「黑鬼」的鐵牌！

「左派」民主教授廖六如

　　廖六如先生我是1948年就見過的。那一天廖先生乘坐一輛裝有足踏鈴鐺的高級人力車來到韭菜園衡湘里。他大概是來看望一位在衡湘中學工作的朋友。因為他的座車高級：彈簧坐墊絲絨套，鋼絲輪轂，再加上清脆響亮的車鈴，實在引人注目。經人打聽，說車上坐著的那位矮胖的人，是廣益中學的英語教師廖六如先生。我來湖南師範工作時，他也在這裏，於是慢慢地熟悉起來。他當時給我的印象很好：他說話多，而且說得直率，毫無顧慮，說明他春風得意，躊躇滿志，不像其他的老教師那麼說話吞吞吐吐、顧慮重重、瞻前顧後。有人告訴我，說廖先生思想很進步，政治上靠近黨，是高級民主人士中的左派，民盟省委的負責人之一。朝鮮板門店談判，廖先生擔任我方的翻譯，是一位頗負盛名的英語專家。

　　但沒過多久，廖先生就調到石家莊解放軍外語學院去了。在那裏工作不久，他因不習慣北方的氣候，1958年又申請回來。當時學院正在發展、擴大，原來的外語組要擴大成為外語系。1957年開始籌備招本科生，1956年已經招收了三十名俄語專業三年制專科的學生，英語本科生又即將入校，象廖先生這樣高水準的教師，

自然歡迎。又因為原來擔任籌備委員會主任的羅暟嵐教授在1957年的「大鳴大放」中，寫下了一篇〈春風吹到嶽麓山〉的鳴放文章，向黨「射出了第一顆子彈」，理所當然地成了「右派」。他所擔任的職務，需要有人來接替，廖先生的歸來，正好可以取代羅先生。於是他一回來，便成了外語系的負責人。因為他不是教授，只有副教授的頭銜，按規定不能擔系主任，而只能出任副主任。廖先生對此十分理解，愉快地接受了任命。他工作熱情很高，天天按時上下班，雖顯緊張，心情卻十分愉快。

自從解放以來，他就是我省的黨外著名左派，省委宣傳部和統戰部曾經說過他是「黨外民主人士左派的旗幟」，紅得發紫。早在解放初期，他就以軍代表身份，去邵陽接管了一所著名的中學。雖不是軍人，卻戴上了軍代表的臂章。幾個子女又在抗美援朝中先後參加革命工作，使他成了送子參軍、參幹的先進人物，胸前戴過大紅花！1956年共產黨召開第八次代表大會，他是大會文件的翻譯者，足見共產黨對他的信任。

大躍進的號角一吹響，他鼓足幹勁緊跟，一點也不落後，他甚至一夜寫出一份教學法的教學大綱，雖然顯得粗糙、草率，那高漲的工作熱情，還是得到了黨內外人士的稱讚。

大躍進的失敗，全國性的大饑荒，使他的思想發生了巨大的變化。他開始有所不滿，到了比較寬鬆的61年，他在民主黨派召集的神仙會上，經常發表一些接近實際的言論，引起某些領導人對這面「左派旗幟」的懷疑。有的人甚至大呼廖先生這面紅旗，已經褪色，快要變成白旗了。這對廖先生來說，可不是什麼好消息。

1964年我校來了百餘人的省委工作隊搞四清。「四清」是什麼內容，弄沒弄清楚，並不重要，只要知道它是一個政治運動就是了。運動是什麼？說白了，很簡單，就是整人！以前的運動，

土改、思想改造、三反五反、鎮反、肅反、反胡風、批《紅樓夢》、批《武訓傳》、反右、交心、拔白旗、學術批判、反右傾……等等，廖先生沒有一次不是輕鬆過來的。不僅沒有挨整，而且在運動中受到鍛煉，階級覺悟不斷提高，成為積極分子！但四清運動就不同了，他成了批判的對象，不過他還算幸運，沒有成為鬥爭的對象。

　　指導「四清」工作的二十三條規定，「四清」的重點是「整黨內那些走資本主義道路的當權派」。廖先生不是黨員，雖然曾經有過「黨外民主人士左派的旗幟」的美譽，終究離黨內走資派，還有不小的距離。但我們系沒有黨內的當權派，所以廖主任還是逃脫不了挨批的命運。其實，憑心而論，廖主任手頭的權力非常有限，教師也好，職工也好，完全聽他的人很少。說得客氣一點，他是領導；說得難聽一點，他只是一個小小的擺設而已！

　　真正的左派就不同了，儘管他們的心裏不見得尊重廖的領導，但他們的口裏卻硬說外語系的領導權被資產階級奪過去了，而奪了共產黨的權的，正是以廖六如為首的資產階級，壓得他們那些革命分子抬不起頭來。於是起來揭發、控訴，聲淚俱下，義憤填膺。廖六如被迫「下樓」，「洗手洗澡」，當眾「脫褲子，割尾巴」作檢討！

　　外語系的「四清」工作組組長，叫張揚，是省委統戰部的一位處長。他對廖六如先生的歷史和解放以後的表現，都是非常瞭解的。她對廖先生還算客氣。在廖先生作完檢討的大會上當即表態，雖然也指出廖先生問題的嚴重，卻沒有將他一棍子打死。她說：

　　「廖主任多年來聽黨的話，跟黨走，做了不少有益的工作。雖有錯誤，但能接受批評，提高認識，加以改正。他年紀已經這麼大了，還能帶頭自覺革命，認識、批判自己的錯誤，很不容易呀，同

志們！我們工作組不能做群眾的尾巴，不能把所有的人都打成反革命嘛！」

看來她還在頂著壓力，保護廖六如先生呢！我覺得她還像個幹部，沒有「左」到喪失人性和理智的地步！

有了張揚這樣的人在保護，廖先生總算安然過了「四清」這一關！儘管受了不少的驚嚇！四清以後，廖先生的系主任職務沒有丟，但工作的勁頭已經有所減弱，他不再那麼張揚，而是處處小心翼翼了！

小心翼翼就能保證平安了麼？不見得！四清以後不到一年，「史無前例」的無產階級文化大革命就來了。它來勢的兇猛，出乎所有人的想像！

「四清」工作隊還沒走，現在馬上增加人員，並從零陵調來一位叫趙啟賢的副專員，出任文革工作隊的隊長。一場轟轟烈烈的大革命，就要爆發了。廖先生成為工作隊進校以後的第一批鬥爭對象。他被揪鬥以後，便被隔離起來了，他的家裏住進了好幾名學生，監視他的一舉一動，據說是為了保護他的安全，所以又叫監護小組！

他到底犯了什麼罪呢？

其實沒有什麼新的材料，無非還是四清中大字報上寫的那些東西。當然要說一點新東西也沒有，那也不符合事實。不是要說鬥爭走資派麼？他算不算？他連黨員都不是，這頂帽子對他來說，並不合適。那麼算他是反動學術權威吧！其實這頂帽子他戴也相當勉強。學術權威嘛，總得要有本把專著吧！沒有專著，篇把文章總該要有吧！廖先生也沒有！怎麼辦？查他的講稿，看他的教案！廖先生講的不是理論課，沒有講稿。他教學經驗豐富，教的內容不深，他連教案也沒有。有的人說有，但都是寫在煙盒上，或者廢紙片上，多是上課一完就扔掉了。怎麼辦？找他教過的學生來對聽課筆

記。這很容易，他教過的學生留在系裏當老師的不少。經過精心策劃，把他上課時舉的例句集中起來，採用各種辦法，加以編排，於是一部《麓山黑話》便赫然出現在外語樓的樓梯口牆壁上。這批大字報一出來，馬上聚起了不少的觀眾！

有了這一部《麓山黑話》，廖六如便有口難辯，只能自認是三家村的村主了。

自從鄧拓、吳晗、廖沫沙這個三家村見報以來，全國各地不知出了多少三家村，外語系就有這麼一個。

他被揪出以後，不知為什麼鬥爭突然停了下來，大家成天坐著給被貼了大字報的人「梳辮子」，劃分類別排隊。幹部和教師分為四類：一類是好幹部；二類是有錯誤但並不嚴重的幹部；三類是錯誤嚴重，推一推就是敵我矛盾，拉一拉也可以成為內部矛盾；第四類就是階級敵人。「辮子」還沒梳完，傳來了一個驚人的消息：工作隊要撤走了！1966年8月3日正式傳達周恩來、劉少奇、朱德的講話。劉少奇承認工作組是他派的，錯誤由他來負。文化大革命是以前從未搞過的革命，誰也沒有經驗。我們也不知道怎麼搞。「老革命碰到了新問題」，只好邊幹邊學，從游泳中學習游泳了！

兩天以後，宣佈成立了系的革委會。工作隊於夜裏偷偷地溜走了。這一走不要緊，我們系，我們學院馬上就像砸了鍋，嶽麓山下出現了前所未有的大混亂！括起了紅色恐怖的風暴！已經挨了鬥的廖六如先生被他的學生拉出去遊街示眾去了！他沒有反抗，嚇懵了！

8月八日下午他被革委會叫到系裏，由革委會副主任肖國飛給他戴上一塊三寸長、兩寸寬的鐵牌子，上面寫著《黑鬼》二字。掛牌以後開始抄家，然後帶上被子去學生宿舍，他被關起來了。同他

一起被關的有九人，分別關在三間房裏。我也同時被關，而且和廖先生同住一室。

第一夜廖先生住得最好，不到十點就酣然入夢。我們其他三人表現同他不同，都睡不著，其中的一個還在流淚呢！廖先生最難過的時候大概已經過去，不怎麼害怕了？

從這一天起，我才近距離地同他開始接觸。我們共住一個囚室，長達四個多月，對廖先生的瞭解比以前深刻多了。

廖先生是三十年代中期北京大學西語系的畢業生。那時系主任是梁實秋。梁實秋被魯迅斥為資產階級的乏走狗之後，人們都把梁實秋看成是反動文人。他談起這個「反動」文人來，多少還帶一點自豪感。當然他感到最為自豪的是他，一個湖南人進了北大的西語系。因為湖南人方言口音重，學英語沒人要，北大西語系一直不從湖南人中挑選學生，但他，廖六如卻進了西語系，而且學習成績不錯，還受到過梁實秋主任的讚賞！

據說他口語好，反應快，所以看不起那些口語較差的外語人才。他挑選的教師，依賴的教師，多是口語好的，比較起來，他不大欣賞那些筆語好、有科研能力的人。這當然是一種偏頗。重視口語能力強的人是對的，但忽視那些筆桿子硬的人，造成的後果，也是不可想像的。

廖先生是我的長輩，他的小兒子廖道維，比我只少一歲，但他對我卻不擺長輩的架子，到了「牛棚」裏，他對我幾乎言聽計從，叫他幹什麼就幹什麼。比如我喜歡打聽各種消息，他就想方設法去打聽。他兒子是新華社駐長記者站的記者，從他那里弄來不少上層鬥爭的消息。他的一個女婿是長沙市委副書記，儘管也進了「牛棚」，但他們對省市情況的瞭解，還是比我們多。在打聽消息方面，他夫人做的工作最多。他夫人雖沒正式參加工作，但政治方面

的理解能力，顯然不在廖先生之下！她經常來「牛棚」探望，一來總會帶來許多消息，夠我們分析回味討論好久的。他們夫婦感情很深，每次來不是送穿的，就是送吃的，夫人還不忘我們這些「難友」，送的吃食，多半也有我們一份。我們都從內心裏感激廖夫人，在廖先生去世以後，我去過她家不少次。

廖先生年過花甲，重的勞動當然幹不動，外語大樓廁所的打掃，就全交給他了。他幹得很認真，瓷磚上的污垢水沖不掉，他就用手指摳，硬是把廁所搞得乾乾淨淨！

紅衛兵大串連時，外地來的紅衛兵很多。他們看到我們胸前掛著「黑鬼」牌子，就對我們破口大罵。有一次我們正排著隊去勞動，一塊石頭飛來，正好砸在廖先生的頭上，痛得他老淚縱橫！

廖先生是益陽人，家庭情況如何，沒聽他說過，只知道他的堂叔，是共產黨的高級幹部，參加革命後改名換姓叫高文華。解放前當過中共北方局的書記，解放後是水產部的黨組書記，實際上的部長，因為部長許德珩是民主人士，年紀又大，是只掛名不幹事的。

廖先生平易近人，對地位比他低的人很隨和，也很關心。學院裏開小車的司機陳師傅，一談起廖先生來，就有說不完的話。他說給廖先生開車最好，他總會記得你，請你吃喝，給別的領導開車就不同了，你得準備著挨餓！廖先生關心人，我也有體會。過苦日子時，他享有高級民主人士的優待，糧食、油、煙等必需品，他都不缺，比如高級煙票，他都送給了別人，因為他不抽煙。糧油票，他吃不完，也常常送人。他幾次很關心問我要不要糧油煙酒票，我不要，他又給我塞點錢，我說我不缺錢，你送給別的人吧！好象他不止對我一人如此！別的人也得過他的好處！

廖先生待人隨和，對於系內的幾位骨幹老師如胡子安、郭昆等教授都相當尊重，經常聽取他們的意見。羅暟嵐先生被劃為右派以

後，也沒有對他「另眼相看」，有時還給他「通風報信」呢！對於後輩青年更是提攜不遺餘力，他甚至為某一教師的調動，不惜與領導當面頂撞，愛才惜才之心令人感動！

　　但廖先生不是完人，他也有缺點，甚至也有錯誤。在複雜的階級鬥爭中，在幾乎每年一個的運動中，他也傷害過人。比如在反右傾運動中，他就揭發黨委書記蘇鏡！蘇鏡是我院最好的黨委書記，有水平，關心人，聯繫群眾好，在師院做了不少好事，至今還有不少幹部教師懷念他。但在反右傾的運動中，她被誣陷為彭、黃、張、周的黑爪牙！廖先生同她關係本來很好，廖夫人同她還是早年周南女中的同學，現在又是對門對戶的近鄰，不知道是迫於外界的壓力，還是為了邀功請賞，他們夫婦竟然檢舉揭發了蘇鏡書記！蘇書記倒是很大度，她說「廖主任是民主人士，聽黨的話，他出來揭發批評我，我不怪他。我被劃為右傾機會主義分子，不取決於他的揭發，而是另有原因！」

　　由於兩派鬥爭越來越激烈，由文鬥走上了武鬥的道路，紅衛兵已經對我們這些「黑鬼」失去了興趣。到1966年年底，「牛棚」宣佈撤銷，我們於是戀戀不捨地回到各自的家中。

　　從1966年底到1967年7月27日止，湖南的武鬥步步升級，先是湘江風雷和長保軍鬥，後來長保軍被《紅旗》雜誌點名批判，土崩瓦解，隨後是湘江風雷被取締。代之而起的是「高司」和「工聯」鬥，雙方的武鬥組織《紅色怒火》和《青年近衛軍》一見面就打，先是用棍棒，後來發展到用槍用炮。我們這些「黑鬼」都是文弱書生，手無縛雞之力，那敢亂說亂動？於是躲在家裏逍遙。這樣逍遙了半來年，終於等來中央表態，以華國鋒為首的省革委會（籌）宣告成立。

　　「天有不側風雲，人有旦夕禍福」，廖先生不久就病倒了，經檢查他得的是不治之症：胃癌的晚期。我冒著危險去醫院看他的時

候，他已昏迷不醒，正在作最後的掙扎，他兒子廖道維怕我看了難過，催我快走。我走後的當晚，廖六如先生就告別了人世。

　　廖先生的追悼會，是在1979年平反以後召開的。會後我去看廖師母，她很有感觸地說：

　　「到底是難友，你還老遠來看我！別的人來的就少了！廖主任走了，哪個還記得我這個老婆子呢！咳，世態炎涼，人情薄如紙啊！」

　　不過，後來廖師母又告訴我，外語系還是有人去過她的家，可見好人還是不會完全被人遺忘的。他提到的名字有倪培齡、羅逸清、文慧……

　　　　　　　　　　（本文曾於2010年3月19日《湘聲》報轉載。）

「臭嘴」教授陶懋炳

　　陶先生是我校爭議最多的人物。去世以後直到現在，老人們一談起他來，還是眾說紛紜，很難取得一致。

　　陶先生之所以在全校出名，原因有兩個：一是他的外形與眾不同，他的背駝得不能再駝，走起路來，手裏柱一根拐棍，腦袋離地面不到一公尺；另一個原因是他的嗓門大，說話聲音高，嘴尖舌利，罵人相當厲害，語言尖酸、刻薄，常常不分場合，叫人實在難以忍受！

　　他家庭出身不錯，父親是個鐵路上的小職員，既非官僚地主，也不是資本家，而是屬於真正的工人隊級，為一般的知識份子所嫉羨，他自己當然也以此而自豪！

　　他從小就學習認真、刻苦，成績相當不錯。抗日戰爭中期，他隨父南下，以優異成績考進國立師範學院歷史系。沒畢業就被聘為該校附中教員。

　　他是北京人，說的一口相當標準的普通話。他很有口才，講起課來，生動風趣，頗受學生歡迎。湖南解放前夕，他積極投身地下共產黨領導的學生運動，成了紅極一時的

風雲人物。地下黨人欣賞他，國民黨的特務將他列入要抓捕的黑名單，而且把他列為第一號對象。他不得不東躲西藏。在地下黨的精心掩護之下，才沒被特務們抓走。

由於他有了這麼一段光榮的革命經歷，解放以後，他受到人民政府的信任，先後被任命為地區一級的督學、中學教導主任、校長。他到處作報告，宣講共產黨的政策。1956年他作為優秀中學教師，被我校調來出任歷史系的講師，而且馬上被送去北京師範大學進修深造。

1957年大鳴大放的時候，他正在北京進修，沒有參加鳴放，所以躲過了一劫。他回到我校，歷史系的領導就發覺他立場不穩，為系裏的「右派」鳴不平，於是急忙將他的材料上報，要劃他為右派。歷史系本來「右派」就劃了不少，再多他一個，也沒有什麼不妥。但他又是一員「福將」，碰上了學院新來的一位好領導，說歷史系「右派」劃得太多了，他所在的古代史教研組原有九個老師，劃了八個「右派」，不能再劃了。所以系裏報上去的材料，院裏壓住不批，於是陶先生得以置身「右派」之外，而「左」派積極分子們則理所當然地說他是「漏網」右派。

但打這以後，陶先生就再也沒能「漏網」，次次運動都有他挨批挨鬥的份，因為「革命」的人們已經對他撒下天羅地網，他怎麼也衝不出去了。

「史無前例」的文化大革命還沒正式開始，他就在批判吳晗等人的時候，受到「圍剿」，等到「五一六」通知一下來，他就被當成了歷史系批鬥的「重點對象」之一，僅次於在報上點名批判的林增平！

陶先生只是一般的歷史教師，既不是「走資本主義道路的當權派」，也夠不上「資產階級的反動學術權威」。但是他的「嘴臭」，處處不饒人。平時挨過他罵的人不少。所以領導且不說，就

是一般的教師，對他都不「感冒」。工作隊一來，他就被揪了出來。鬥他的時候，「革命群眾」氣憤填膺，連總支書記都「忘記」了黨的政策，脫下鞋子，打他的「臭嘴」。「革命群眾」一見領導尚且如此，於是也對他動起手腳來：用手打他的耳光，用腳踢他的屁股。他挨打的次數之多，大概在我校的「黑鬼」當中，是名列前茅的，不是第一，就是第二。他每次從鬥爭會上回來，都是被打得鼻青臉腫的。有時還「披紅掛彩」！有的人甚至揚言，要把他的駝背「錘直」！

其實，他並不是生來就是「羅鍋」，據他的同學馬積高說，當年在國師學習時，他風流倜儻，風度翩翩，相當瀟灑！開文藝晚會時，他還經常上臺清唱幾段京劇呢！只是到了解放以後，他的背才開始駝了起來，而且越駝越厲害。這原因是什麼，他自己說不清，別人就更說不明白了。

人的本性是很不容易改變的，本性難移嘛！陶先生生來就是不安分的，到了「黑鬼造反」的時候，他當然不甘寂寞，也跟著造起「反」來了。照「革命群眾」的說法是「陶駝子跳起來了」，豈止跳起來，而且跳得很高哩！

「黑鬼」造反組織革教站掛牌籌備的第一天，他就不請自來，而且一來就不聲不響幹起活來。有個黨員「黑鬼」，發現他馬上對我說：

「你怎麼把他叫來呢？他在群眾中的影響太壞了！」

「我沒有叫啊，是他自己來的。我總不能把他趕走呀！」

我心想：大家都是「黑鬼」，何必再分高下，他又不是戴了帽子的五類分子！

於是陶先生還是留在了革教站的辦公室裏打雜；刻鋼板，印油印，抄寫大字報……。

　　不過我對他還是有所警惕，生怕他的臭嘴惹是非，捅出「漏子」。

　　在革教站存在的五十天裏，他倒是「老實」多了，並沒有捅「漏子」，革教站挨批判、遭鎮壓時，他也跟著頭頭們一起挨批挨鬥，左派們說他是革教站的骨幹呢！

　　陶先生被關進「牛棚」以後，受到工宣隊的特殊照顧。隊長范長子專門為他和生物系劉穎老師，召開了一次上千人的「辯論會」。范長子讓他大段大段地背語錄，背中有錯就奚落他、嘲諷他，讓他駝著背在臺上轉來轉去，把他當猴子耍。這次所謂的辯論會，給我留下了極為惡劣的印象。我覺得那是一場戲弄知識份子的鬧劇，導演的手法極其拙劣，但真正丟臉的不是陶懋炳和劉穎，而是那位工宣隊的隊長。

　　像陶先生他那樣的殘疾人，照規定，是不應該下放到平江學農基地裏去勞動的。但上面的規定算規定，可以放在一邊不管，陶先生還是同大家一樣，從「牛棚」出來不久去了平江農場。

　　他在農場裏似乎過得還算愉快。放假休息的時候，他還同大家一起去長樂鎮喝甜酒、買農副產品。1970年春節前，領導大發慈悲，允許我們回長沙過節。

　　我們中國人，對於春節看得非常重，懷有一種特別的感情。不論身處何種境地，只要可能，總是要回家團聚的，即便是千里迢迢，翻山越嶺，也要回家，同家人在一起團圓、過節。

　　領導的這一決定，通情達理，只是一再囑咐大家，不要大吃大喝，要過一個「革命化的春節」！

　　聽說可以回嶽麓山過春節，大家都高興得笑顏逐開，馬上收拾行李，買點年貨就上路，恨不得身上長出翅膀，很快就飛回嶽麓山！

　　但從時豐公社回長沙，沒有直達車可搭，必須步行幾十裏走到汨羅，才能搭上去長沙的火車。由於回家心切，我們大家，不論是年老的，還是體弱的，全都背起簡單的行囊，提著才從長樂鎮或附近農家買來的年貨，不顧天寒地凍、泥濕路滑，徑直朝汨羅走去。那一支隊伍的狼狽相，誰見了都會掩飾不住發笑。用不著文學家去形容，只要據實走筆，讀者也會捧腹的。特別是陶先生那副尊容，一般的作家，恐怕難以描繪。只見他駝著背，兩眼直盯著地面，一手拄著拐杖，一手提著一個包，兩隻才買到的老母雞，用草繩子繫著，吊在頸脖子上，左右一邊一隻。陶先生每走一步，老母雞就咕咕地叫一聲，好像是在給陶先生跳舞伴奏。那情狀恐怕天上少見，地上全無！真巧，陶先生的這副橫樣，讓中文系的魏兢江老師瞧見了。他禁不住噗嗤一笑，說無論如何也要寫一篇小說，來紀念陶先生的這次旅行！他是搞現代文學的，喜歡小說與戲劇，寫篇把小說不難。他說篇名已經想好，就叫〈風雪汨羅江〉吧！

　　正在他們說笑間，繫雞的繩子脫落了，兩隻母雞便振起翅膀，往田地裏飛跑，急得陶先生雙腳直跺，他哀求說：

　　「老魏，你行行好吧，快來幫我捉住那兩隻雞呀！」

　　魏老師年紀五十掛零，不算怎麼老，可他已經發福。走起來慢慢騰騰的，要他跑去抓雞，實在是有點強人所難，他心有餘而力不足啊！

　　他也急得直跺腳。兩個人四隻眼睛硬是望著兩隻母雞鑽進了道旁的草叢裏。

　　丟下母雞吧，於心不甘，陶先生是決不願意的；丟下陶先生不管，魏先生覺得，於情於理都說不過去。於是兩個人一直等到天黑才從草叢裏把兩隻母雞抓了出來。

　　但這時天色已晚，而且兩個人都已渾身濕透，不能再往前走

了，不得不就近找個店子住下來。第二天一清早趕到汨羅，好歹擠上火車，才回到嶽麓山下他們自己的家裏。

陶先生同我雖是近鄰，但平時接觸不多，因此瞭解不算很深。

不過，別人對他的議論，我還是聽到不少。於是在我的腦袋裏便形成了一個印象：陶先生群眾關係不好，缺點非常明顯。他相當自負，看人論事，往往偏激。所以他成了我院議論最多的人物之一。讚揚他的人屈指可數，而批評他的人則多而又多，特別是領導幹部和接近領導的人，對他簡直恨之入骨，把他視為眼中釘、肉中刺，必欲除之而後快。學院的一位黨委書記說他是我院最壞的三個人中的一個。他說話的確過頭，叫人聽了不能不氣。比如他把歷史系的青年教師統統說成是「黃埔系」，「中央軍」，而他呢，則是備受排擠的「雜牌軍」。這一棍子橫掃過去，把所有的青年教師都掃進去了，痛快倒是痛快，卻把自己孤立起來了。又比如他說某某教師連蔣介石的文告都看不懂，怎麼能當教授？這說明他確實攻其一點不及其餘，只圖一時痛快，不顧後果。

但你說他一點也不虛心，那也不是事實。比如文元珏先生沒被評上教授，他就四處為其鳴不平，甚至聲淚俱下，說：

「文公沒有評上教授，而我卻評上了，實在不公平，使我無地自容啊！」

在職稱評定中，有這樣的胸襟和表現的，倒是少見！

其實文元珏先生沒評上教授，並不能證明陶先生的教授不夠格。單憑他的一部《五代史》，論者說是填補了我國古代史研究中的一個空白就足以證明：陶先生在教授們中並不是濫竽充數者。至於他自己說他的《五代史》可以活一百年是否正確，我就不得而知了，因為我不是古代史專家，沒資格發言。

說陶先生好話的人也有。比如吳容甫先生在自己的回憶錄《劫海惡波》中就有這麼一段：

> 1976年4月，我取掉了右派分子的帽子，調回師院，在中文系資料室裏當資料員……我的那些老同學和老同事……沒有一個表示過對我的關心和慰問，沒有一個人問過一句我那苦難的十九年是怎麼過的……但其中有一個人卻是例外，他就是我在國師的老同學，歷史系的陶懋炳。他請我和袁大中（也是右派）在他家吃了一餐飯，菜是豬腳燉蘿蔔。這算是義重如山了。

1992年元月，陶先生因病去世，追悼會的參加者不少，送挽聯的也頗不乏人。他在國立師範學院的同學唐孔文、鄒蓌賓讚揚他：
「治史嚴謹，貶王道、斥霸道，自成一說；
為人正直，昌古風、歌新風，業在千秋！」
吳容甫的輓辭是：
「剛正不阿，直言無忌，
鋒芒畢露，疾惡如仇！」
評價都不謂不高！湖南某史學家甚至哽咽著說，陶公一去，是我省史學界一大損失云云！足見陶先生並非毫無是處。他在學術上的成就和在學術界的影響，恐怕更不是某個大人物可以隨意抹煞得了的。

還有一點必須指出的是：他的學術成績是在非常困難的條件下取得的。他家的經濟情況並不怎麼好。除了親生兒子外，還得撫養一個侄女。妻子在一家工廠當會計，五七年被劃為右派，工資自然不多。他本人雖是講師，收入也相當菲薄。一家人基本上全靠他撫

養，生活相當拮据。除此之外，他的駝背使他伏案十分困難。他為了寫下他的幾本書，付出的努力和辛勞，是我們一般人難以想像的。我們不能不佩服他的執著和頑強！

（本文原載2010年4月7日《湘聲報》上）

「人際往來失酌裁」
——記勞改二十二年的「極右分子」熊克立

　　1979年初，我接到一位老同學的來信，說他的一位老師會來找我，請我務必幫忙，為他的冤案平反出力。他說這位老師過去思想進步……

　　幾天過後，一位年近八旬的老人，來到我的家裏，問我收到信沒有。我便問了他的情況。就這樣我認識了熊克立先生。

　　熊先生的名字，我是解放前就知道的。那時他好像是一所較為有名的中學校長，招生廣告上登載過。不過從沒見過面。

　　熊先生是湖南桃江人，1901年生。來我校要求平反的時候，已經接近八十歲。他在1924年武昌國立高等師範學堂（系武漢大學的前身）畢業以後，便一直在湖南的中學裏工作，先後工作過的學校有嶽雲、長郡、周南、衡湘、兌澤、一師等。差不多都是長沙等地著名的學校。他在這些學校裏不但教書，還擔任過教務主任、校長等職務。特別是嶽雲中學，他在那裏工作竟長達二十一年之久。毫無疑問，他是湖南教育界的一位資深人士。

　　熊先生早年思想傾向進步，曾因反對蔣介石的獨裁而被捕入獄。經人營救出來之後，繼續反蔣。在湖南和平解放前夕，他曾經掩護、營救過一些進步學生，其中包括幾位地下共產黨員。我的那位寫信來的朋友，就是熊先生掩護和救助過的學生之一。熊先生的獨生子，在熊先生的教育和影響下，也成了學生運動的積極參與者。

　　長沙和平解放後，熊先生成了大忙人。上面委派他籌備組織湖南省教育工會，並出任該會的秘書長。

　　1949年12月，熊先生被選為湖南省政協委員、長沙市的第一屆人民代表。同時出任長沙市二中（即原來的長郡中學）的校長。1952年熊先生又被調到新成立的長沙教師進修學院，並出任該院的副院長，在長沙教育界的影響越來越大，名望越來越高。1954年長沙師範專科學校成立，熊先生被任命為該校的副校長。此前的1953年，他還以湖南教育界代表的身份，參加中國人民第三屆赴朝慰問團，慰問在朝鮮浴血奮戰的中國人民志願軍。

　　1957年春，中國共產黨開門整風，號召非黨人士「大鳴大放」。這位自歎「隨機應變恨無才，人際往來失酌裁」的老先生上了「陽謀」的當，放出了不少的「毒草」，結果被劃成了「右派」，加上他態度不好，「頑抗抵賴，拒不認罪」，於是罪上加罪，被劃成「極右」分子，撤銷一切職務，並立即被押解回原籍，監督勞動改造，僅保留公職，月給生活費20元。他是長沙師範專科學校受罰最重的「右派」之一。

　　熊先生在老家農村監督勞動改造，一待就是二十一年。他在農村這二十一年是怎麼熬過來的，他沒有細說，其實不說也罷，說了又會怎樣呢？

　　不過他說了在文化大革命開始不久的時候，即1968年11月，無意之中在與一個農民的閒談中說了一句：「我看林彪是個小人，成不了大氣候！」不料被一個黨員幹部偷聽到了，彙報上去，公安局馬上來人將他捉去，定為現行反革命分子，判處十年徒刑，回鄉執行，開除公職！林彪折戟沉沙，摔死在溫都爾汗後好久，他才被釋放出獄，但仍回老家農村監督勞動。

　　熊先生並沒有從中得到教訓，仍舊管不住自己的嘴巴，總想表現自己。他在一個什麼場合又公開為劉少奇辯護，說他把劉少奇的《論共產黨員的修養》反覆讀了好幾遍，覺得它並不「黑」，於是

又被定為「黑幫分子」。這頂帽子一直戴到1979年右派甄別平反才自行脫落。

我在瞭解了他的這些情況之後，便去找了一次黨委書記。書記說他已瞭解了熊先生的歷史，覺得他的歷史很複雜，不少問題一時難於查清，平反的結論，便不好作出。

我知道熊先生是教英語的，與英美傳教士有過來往，與西方教會關係很深，也不難理解。但現在不是審查他的歷史，而是看他是不是錯劃為右派的問題。如果確實錯劃，就應該給他平反，不要一拖再拖。一個八十來歲的老人，怎麼經得起呢？

書記對我的話，未置可否，但從他臉上露出的神態看，似乎對我不太滿意。

書記原來對我的印象還是不錯的。他在沒當書記之前，曾帶領我們在沅陵長界公社學大寨，同我認識。他同他的住戶關係有點緊張，他在那裏不但吃不好住不好，而且有時還根本吃不上飯。他來我處檢查工作時，發現我的住戶對我卻非常好。於是他就發感慨，說：「老李你真會做群眾工作，有水平有能力！……」甚至對我「封官許願」，說他要是今後當上地委書記一定要我去給他做秘書。

粉碎四人幫以後，他真的當上了書記，不過不是地委書記而是我們學院的書記，級別雖然相同，但權力當然沒有前者大。他以為我會去找他要「官」，沒想到卻是求他給熊先生的「右」派冤案平反，而且口氣又是那麼堅決，不容反駁！於是我原來給他留下的一點點好印象，一下子就化為烏有了！顯然他開始懷疑我的立場有問題了。

幸好那時的黨中央總書記胡耀邦對右派平反的態度堅決，工作抓得緊，沒過多久，熊先生的平反結論還是出來了。

其實熊先生的要求很低，既沒要求房子，也沒要求安排子女，只求有個結論，恢復公職，然後將戶口遷到河南鄭州，同兒子住在一起。舍此而外，別無所求！

一天傍晚他們兩夫婦走到我的家裏，說他們要走了，一切手續都已辦好，特來告辭，隨即就說了幾句感謝的話。

熊先生走後，我順便問了幾位認識熊先生的老教師。使我吃驚的是：他們幾乎眾口一辭地說他為人正直，樂於助人，是個很好的人。他來院裏等待平反期間，不少人去見過他，其中有他的老朋友劉已明教授、劉家傳、李象乾、鄒聲揚等。特別是青義學在他還在農村改造時專程從長沙去看過他。青先生當時頭上的「右派」帽子才摘掉呢！「右派」看「右派」在當時是要冒很大的風險的啊！青先生的這一行動著實令人感動！說明他們之間的友誼很深。當然也有個別人，本來是他的下屬，受過他的恩惠，在他受難時，見著他卻視而不見，不睬不理，讓他不勝感慨。

縱觀熊先生一生，完全可以說他是一位關心國家命運，以天下為已任的知識份子。好發表自己的看法，不關心自身的安危，雖兩度入獄，勞改二十一年而不悔，實屬難能可貴！

熊先生為人豁達，淡於名利，終於高壽，1992年去世，享年九十又二！

1998年熊先生的兒子將他寫下的詩詞彙集成《熊克立詩詞集》自費出版，分贈諸親友。從中多少可以看出他的為人的厚道，為學的專注。

他的右派帽子，是1978年摘掉的，同年12月，法院又將他的現行反革命案定為錯案，撤銷原判，予以釋放。1979年2月29日，他才獲得徹底平反，恢復公職和工資（15級）。平反後他本想工作，考慮到他年事已高，學校決定他退休。

掩護過許多「左派」的右派分子曾作忠

　　曾作忠教授的名字，記得起來的人已經越來越少了，它正在漸漸地被人們遺忘。其實，曾先生是不應該被人遺忘的。在湖南師範學院成立之初，他是這個學院具有全國性知名度的少數教授之一。上個世紀三十年代初期（1929至1932），他留學美國一所著名的大學，得到華盛頓大學哲學博士學位，是我國早期有影響的心理學家之一。曾任民國大學、暨南大學、大夏大學、雲南大學、西南聯大教授，在1924至1936年間在商務印書館、上海圖書公司等出版社出版譯述12種。

　　曾教授是全國解放後的1951年來到嶽麓山下的。此前他在廣西的大學裏任教，先後擔任過廣西大學的教授兼文教學院院長，桂林師範學院院長，是廣西學界聲譽卓著的人物，為廣西的教育事業出力不少，受到廣泛的讚揚。

　　他早年思想傾向進步，早在北京學習時就參加過五四運動，是北京學生會的幹事，與許多著名的進步人士交往密切。他出任院長期間，把桂林師範學院變成了左派進步人士的庇護所，一時左派文人學者雲集：歐陽予倩、楊榮國、譚丕模、穆木天、彭慧、宋雲彬、舒蕪、王西彥、梁漱溟、林礪儒都先後湧進了他所

主持的學院。他對他們不僅待之以禮，而且想方設法保護他們。在他們中的一些人因反蔣活動暴露遭到逮捕以後，他又運用他的影響，營救他們出獄。楊榮國、張畢來就是他營救出來的。1950年楊榮國出任湖南大學文教學院院長以後，馬上邀請正在北師大與蘇聯專家交流學術的曾先生來湖南大學任教授，算是一種報答。據說譚丕模覺得僅讓曾先生擔任教授，沒能委以重任（此前他是廣西大學的教授兼該校文教學院的院長），是委屈了曾先生，內心感到很不安。

譚先生的不安是有道理的，且不說曾先生曾經搭救過楊榮國、張畢來，給譚丕模等人提供過庇護和幫助。單是憑他的才學和資歷，到湖南大學來當個什麼院長、系主任，是完全夠格的。為什麼曾先生就不能當呢？而且楊榮國、譚丕模都愛莫能助呢？似有進一步調查研究的必要。

有一種說法似乎不無道理。原來曾先生與民盟早期的活動分子梁漱溟關係密切，私交很深。他們早在二十年代初（1921年）就認識，而且又都是廣西人，梁先生第二次結婚，媒人和主婚人，都是曾先生。於是人們把曾先生看成是梁漱溟政治、思想上的盟友。梁在民盟中失勢，梁在民盟中的對立面很自然地遷怒於曾先生。他們到處散佈謠言，說曾先生的壞話，湖南省委的領導人聽了，自然不敢對曾先生委以重任了。

另一個影響重用曾先生的重要因素是他的夫人羅志英。她是國民黨員，桂系在教育界的活躍分子，曾經被選為立法委員。1948年選總統時，她不但自己投了李宗仁的票，還幫他拉過票，解放後，雖隨曾先生留在大陸，但她對曾先生在政治上的影響，當然不可低估。

有了以上這兩個致命的因素，曾先生政治上的前途，已經不難

預料，譚丕模先生的內疚也就大可不必了。有人準確無誤地告訴我，曾先生一來到嶽麓山下，上面就向下面打了招呼：「他（指曾先生）已內定為敵對分子。」

基於上述原因，儘管曾先生在「大鳴大放」期間，既沒鳴，也沒放，還是被戴上了「右派」的帽子。

「帽子」既已內定，於是趕緊搜集材料。曾先生好說笑話，課上課下，都有不少，收集起來，加以引申，很快就下了結論：思想反動，經常利用講課的機會發牢騷、講怪話，諷刺、詆毀領導，反對共產黨，反對社會主義。

因為曾先生是教授，雖然被戴上了「帽子」，卻還是受到優待。他沒有被送到農村或農場去勞改，也沒有去幹體力活，而是被養了起來，在家閉門思過，按期向保衛部門彙報。不過，他和其他右派教授一樣，講課、做科研的權利被剝奪了。他成了沒有教課任務的空頭教授！

而曾先生又是很愛講課也很會講課的教授，他說話幽默風趣，口似懸河，滔滔不絕，很受學生的歡迎。一旦他被剝奪上講臺的機會，曾先生內心的痛苦，不難想見！

曾先生又是勤於著述，勇於探索與實驗的心理學家。他是我國最早接受蘇俄心理學家巴甫洛夫條件反射學說的心理學家。又是他第一個把這一學說介紹過來，並在我們學院建立我國的第一個條件反射實驗室。據先後給他當過助教的唐道能等先生說，這個實驗室從設計、建材的選用，儀器的採購，都有曾先生付出的辛勞和心血，說他嘔心瀝血，似乎不算誇張。

曾先生對實驗十分重視。他說沒有實驗資料作依據的論文，是空頭的論文，經不起科學的檢驗。他反覆告誡他的助教：做科研，必須老老實實，必須事事經過實驗，千萬不要寫那種空頭文章，走

所謂的「捷徑。」科學就是科學，來不得半點的虛假，也沒有什麼捷徑可走。

他本人就是青年心理學家學習的榜樣。他是勤於研究，勤於實驗的，解放前他就出版了好幾種著作。他的名片上曾印有他的著作目錄。但解放後他卻沒再發表文章，出版專著。他還在積累資料，收集分析實驗的結果和資料。他日以繼夜地蹲在他親手建立起來的實驗室裏「觀察、觀察、再觀察」，「實驗、實驗、又實驗」！

戴上「右派」帽子之後，他的研究權利沒有了，他再也進不了實驗室了。他心灰意冷，沒過幾年就退出了「歷史舞臺」，申請退休了。

他辦完退休手續，便帶著他的「反革命」夫人，搬到了遠離校區的紅泥山。「躲進小樓成一統，管他春夏與秋冬」呢！

退休以後，曾先生這伉儷情深的一對，生活過得倒也愜意。早晨和黃昏時候，人們不時可以看到，這對老年夫妻漫步在溁灣鎮的街頭，無憂無慮、悠哉遊哉，好不令人羨慕。他兩個女兒都不在身邊，多次請調，均未獲准。老夫妻倆只得相依為命，雖顯寂寞，倒也安然！如果不來文化大革命那樣的浩劫，他們或許就會安然地度過他們的餘年，走完他們並不完美的人生旅途。

文化大革命一開始，他們那相對平靜的生活就被破壞了。學院裏的革命「小將」去沒去他們家，我不清楚。街道上的革命群眾沒有讓他們「逍遙自在」，卻是一點不假，抄家、掛牌、戴高帽遊街……他們次次都有份，無一倖免！有一天我因事去溁灣鎮，正好碰上一對老年夫婦在戴著高帽遊街，後面跟著一大幫衣著不整的男男女女。我走近一看，那兩個挨鬥的老者，正是曾先生夫婦！他們倆都是老鍾龍態，全然沒有了當年風度翩翩的豐彩。我扭頭拔腿就走，不忍多看他們落魄的狼狽相！

此後沒過多久，聽說他們倆都相繼去世了。死的準確時間，得的什麼病，問誰都說不清楚。據我的推測，應該是在1976年粉碎四人幫以前。

我同曾先生不是一個系，沒有任何來往。他給我留下印象的，是他在1956年7月我院第一屆學術討論會上的表現。記得他沒有提供論文，只在大會上就別人的文章發過言，但發言的內容，卻早已淡忘。不過，他抱著一大堆外文書上臺的神態和他談笑風生的學者模樣，還歷歷在目。

最近幾次我同教育系的廖德愛先生聊天。他次次都要提及曾先生，說曾先生課講得好，生動活潑，語言幽默，很受學生歡迎。對自己的助教和其他的青年教師更是言傳身教、關懷備至。廖先生也是深受其惠的一個。談到曾先生晚景的悲涼與淒慘，廖先生則不勝唏噓。他說曾先生被劃為右派的時候，他正在華東師大進修，是別人寫信告訴他的，至於曾先生到底是怎麼獲罪的，他也說不清楚。

廖先生還告訴我，在八十年代中期，他接待一位從廣西教育學院來的老師，那人聽說曾作忠先生在1958年被劃為右派時，大驚失色，說：

「這怎麼可能呢?!他思想那麼進步，在廣西做過很多好事，人緣也很好，要是留在廣西，他是決不可能成為「右派」的！」

曾先生的罪過大概不算嚴重，1959年就摘了帽，但平反卻是在他去世以後。他年紀大，生於1895年，摘帽不久，他就退了休，退出了「歷史舞臺」。

最近有人發現教育系給曾先生作過一個這樣的鑒定，說曾先生：「教育系的各種業務課他都懂得，心理學、教育學、教育統計學他都有相當的研究，懂英、法、俄三種文字，都能閱讀。思想改造運動中表現不好，但在學術上大家都推崇他……。」

（本文於2007年6月15日在《湘聲報》上發表，標題為
〈心理學家──曾作忠〉）

「大法官」劉克僑教授後半生

　　1955年我來湖南師範學院工作，第一次上圖書館借書，給我拿書的是一位白髮蒼蒼的老人。有人告訴我，那是圖書館長劉克僑先生。

　　稍後一瞭解，劉先生還不是一般的教授，而是當過國民政府立法院大法官的大人物，1948年以後，全國僅有十大法官，劉先生是其中之一呢！

　　劉先生是江西安福人，生於1893年，死於1974。我從別人的口中打聽到他是德國留學生，於1921至1926年在柏林大學、慕尼克大學學習法律，獲慕尼克大學法學博士。回國後在中山大學、中央大學法學院擔任教授，曾多次以團長身份，率領中國法學家代表團出訪歐洲，深受國民政府上層人士包括蔣介石和孫科的器重。劉先生母親生日，蔣介石曾致電祝賀。蔣介石逃離南京時，也沒有忘記劉先生，曾派人將機票送到劉先生家裏，要求他去臺灣。結果僅去了劉先生的大兒子，他自己卻留在了大陸，並回到了他父親在湖南長沙的家裏，後由雷敢介紹到民國大學任教，等候共產黨的到來。隨後民大合併到湖南大學，他隨著到了湖大。1953年湖南大學宣佈撤銷，他被安排在新組建的湖南師範學院當圖書館副館長，直到七十年代中期（1974年6月）去世為止。他活了八十一歲！

　　他思想改造得不錯，這至少表現在以下幾個方面：一是他政治上要求進步，很聽黨的話，誠心誠意服從黨的領導，重大事情都向黨的支部請示彙報；二是歷次政治運動，他都積極參加，自己的歷史問題，也作了徹底交代，因此他次次運動，都能順利過關，既未被劃為歷史反革命，也沒被戴上右派帽子；三是他工作很負責任。身為館長，每天上班比別人早，下班比別人遲。雖年逾花甲，卻不分天晴下雨，颱風下雪，天天準時上班不誤。他真的起到了帶頭表率作用。

　　一般人總以為，幹圖書館的工作，低人一等，是「屈才」、「大材小用」，但劉先生卻不擺大教授的架子，收起「大法官」的牌子，老老實實地幹著。沒聽見他發過牢騷，有過抱怨。硬是數十年如一日，直至最後一息，真可謂「鞠躬盡瘁，死而後已」！

　　我與劉先生沒有共過事，不在一個單位工作。不知道他在歷次政治運動中表現如何，是否受到過粗暴對待，也不清楚。但在文化大革命中，我們同時進「牛棚」，受批鬥。別的「牛」受到什麼待遇，他也受什麼待遇。別人挨打他挨打，別人罰跪，他也沒站著。總之，他和我們受的是一樣的待遇，沒有「特殊」過。就是下平江農村，勞動改造，他雖是七十有餘的老人，屬於老弱病殘者，理應不去，卻也沒有受到什麼特別的照顧，該看牛就看牛，該檢狗糞，還是要檢狗糞！

　　他的身體似乎特別的好，大概與他天天上班爬山，上樓下樓有關。我校的圖書館，座落在一個山坡上，上去要爬幾十級臺階。他天天上班都得爬。又因為圖書館是一座多層樓房，他每天樓上樓下，又不知要爬多少次！

　　他單獨挨批鬥的次數不算多，因為他態度特別好；但也不算少，因為他終究當過國民政府的大法官，何況他又是富甲瀏陽的大

戶，單是瀏陽縣城，就有好幾個鋪面。有說佔有一條街的，所以他還被五花大綁，送回瀏陽鬥爭過。不過瀏陽老鄉似乎對他不錯，不但沒人打他、罵他，反倒有人說他的好話，替他向紅衛兵造反派求情。當然那些人「覺悟不高」，被他的「小恩小惠收買了」。因為鬥不下去，沒過多久，他又被繩捆索綁，押回了長沙。

其實他對批鬥，倒也不怎麼害怕。你說他反動，他承認；你說他為蔣家王朝賣命，他也不否認。他的確參與過國民政府許多法律的制訂。他是法制委員，十大法官之一嘛！但有一點他總是不願意承認，那就是不承認反對共產黨。他總是說：

「我沒有反對共產黨，我相信共產黨比國民黨好，所以國民黨給我買好了飛機票，而且送上了門，我還是沒有跟著他們去臺灣！」

是呀，要是不相信共產黨，他怎麼會不去臺灣呢？飛機票都送到家了啊！

劉先生辦事認真，言語卻不多。在「牛棚」裏，在平江農場裏勞動，不論是看牛，還是撿狗糞，他都不苟言笑，總是悶著腦袋，決不隨便同人閒聊、偷懶。有人問起他在德國留學讀博士的情況，他也是三言兩語，顧左右而言他，從不津津樂道！只有談起張國燾，他的話才多了起來。他說「張國燾啊，認識！我們同住過一間房，他懶得很，早上不起床、睡懶覺。輪到他打掃房間，他總是不幹。同這種人住在一起，真倒楣！」

劉先生是當過大官的，又是留德的博士、資深教授，月薪別的一般教授四百，他拿過八百元，照理是應該有架子的，但他卻沒有。我問過圖書館的許多老人，他們都是異口同聲，說他一點架子也沒有，是個平易近人的大好人。

我同他住在同一個村子裏十幾年，相距咫尺。卻從未見過他同

什麼人吵過嘴，唯一的一次聽到他大聲說話，那還是1956年去武漢大學參觀的汽車上。快到武大校門口時，司機突然來了個猛剎車，把坐在車上的我們，嚇了一大跳。當時車上的人都生了氣，劉先生也聲色俱厲地說了司機幾句：

「好險哪！傷了我們，你這個司機是要坐牢的！我們是你們李達校長請來參觀的客人呢！」

當時我校二十餘位教師奉命去武漢參觀長江大橋，順便去武大參觀學習。

我同劉先生來往不多，儘管我愛人也在圖書館工作，是他的下屬。而且我們又是近鄰，他來回上下班，都從我窗前經過，這是唯一一次聽見他大聲說話，見到他生氣。我一直認為他很有自知之明，從不亂說亂動，是思想改造得很不錯的一位老先生。

他身體雖然很好，終究已是高齡，七十年代中期，發現他患上了膀胱癌，不久就去世了。那年他恰好八十歲，沒有活到「四人幫」垮臺。

他認識的人很多，而且多是政界的大人物如孫科、胡漢民、段錫朋、覃振……法學界的人物更多，如黃右昌、仇鰲、燕樹棠、馬寅初、周鯁生、譚惕吾等。

他是刑法教授，但慎於著述，終其一生，只在慕尼克出版過他的一篇用德文寫的博士論文。

（本文曾於2007年5月25日《湘聲報》上發表，標題為
〈劉克儁教授的後半生〉）

我心目中最好的教務長金先傑教授

　　金先傑先生給我留下的印象很深。在我的記憶裏他是一位最受老師們稱讚和尊敬的好教務長。他去世已經四十多年，嶽麓山下的老教師們一談起他來仍然讚不絕口。

　　金先生是何省人氏，好長時間我都沒弄清楚，因為他說的是一口標準普通話，沒有夾雜方言和土語。說他是湖南人吧，似乎也是有根據的。有一次參加教育部召開的一個什麼會議，他回來傳達會議精神，提到東北師範大學校長成仿吾在會上的發言。說成先生一口湖南湘鄉話，誰也聽不懂，他不得不主動出來「客串」一回翻譯。所以說他是湖南人，應該不錯。但也有人不同意，說金先生是廣西人，因為他夫人是廣西人，而他本人從北京大學畢業出來以後，就在廣東廣西諸大學工作。1950年他從廣西大學調來湖南大學物理系當教授。1953年轉入我校的教務長，直到他1966年去世。最近我才確切的打聽到他是湖南長沙人，1915年生。

　　金先生讀書早，成績好。1933年就考進了北京大學物理系，1937年畢業後跟著北大回到長沙。西南聯大在昆明成立以後金先生才轉到廣東、廣西的幾所大學裏工作，在桂林師範學院工作的時間比較長。這是一所左派知識份子比較集中的學校。其中有不少人還是中共的地下黨員、民盟盟員。金先生在他們的影響下，也傾向進步，傾向共產黨。廣西解放後，他應聘來到湖南大學當教授。1953年全國高校院系大調整，他轉到新組建起來的湖南師範學院，出任教授兼教務長，直到1966年8月去世。他在教務長這個崗位上，忠心耿耿、勤勤懇懇的工作了整整十三年！

　　我1955年來師範學院工作的時候，金先生還不到四十歲，生得一表人才，不高也不矮，不胖也不瘦。戴一副金絲眼鏡，身強力壯，容光煥發，英姿颯爽。說話面帶著微笑，給人以無比親切感。總之他給我留下的印象很深。我覺得他是一位典型的文質彬彬的學者。

　　當時的師範學院，教職工的人數少，開會活動經常在一起，見面的機會很多。我沒發現什麼人在背後說金先生的閒話、壞話、笑話，這使我感到非常吃驚。我從此以後便開始關注金先生，發現他在老師們中的威望特別高。論學歷，他不算高，只是北大的本科生；論資歷，他在大學裏教書的時間也不太長，但是他的威望為什麼那麼高呢？

　　老師們說法不一。他們比較一致的看法是：

　　金先生的課教得好。他本是北大的高才生。我院物理系教師中有三位是北大畢業的，除他以外，另外兩位是周漢林和黃時知先生。他們都是不錯的老師：周先生出身教師世家，父親就是有名的教師，他本人曾是益陽信義中學的物理教師，還當過該校的校長，1956年，我院從省內各中學挑選教師，他名列其中，來後就出任物理系的副系主任；黃先生名聲也很大，來師院以前，是長沙著名的明德中學的名牌教師。他們三個在北大是同班同學，現在又同在一個系裏工作，這真是一個巧遇，一時傳為佳話。作為教師，金先生的優點非常突出，他講課語言精練，內容豐富，難點、重點講得深透，說明他的水平高，方法得當。學生對金先生的課，非常歡喜。金先生對於講課也很喜歡，不論教務長的工作多忙，他都要抽出時間來給學生講課。

　　金先生很隨和，平易近人、和藹可親，老師同學們都很愛和他親近。他度量寬宏，虛懷若谷，不論什麼人的意見，他都願意聽取，不擺架子，不居高臨下。

他經常深入課堂聽課，肯定老師們的成績，認真幫助他們總結經驗，交流推廣。有的老師課講得好，他甚至一次連聽兩三節。對中文系的魏兢江老師，就接連聽過多節，聽後每次都能提出意見，肯定你的成績並指出你的努力方向。魏先生提及此事，就心情激動，說金教務長是最能深入課堂的好教務長！

老師們對金先生讚揚最多的，是他的道德品質高尚。他處處與人為善，從不整人、害人。他對青年老師的悉心培養與愛護，更是為人稱道。他對物理系的青年教師的關心尤其突出：生活上關心體貼，政治上、思想上、業務上要求很嚴，發現你的缺點就緊緊抓住不放，直到認為你改了為止；你有進步他就肯定表揚，要求你不驕不躁，百尺竿頭再進一步。物理系的王學維老師臨終前不久，還十分動情的對我提起金先生對他的教育和幫助。他認為金先生是物理系幾十年來最好的老師：業務好、人品高、正直善良。他說，青年老師生活上有困難，只要他知道，總要給予幫助的。在五六十年代，老師們的工資普遍不高，不少人向他借過錢。你還也好，不還也好，他決不會向你討要。據說他去世前把記載別人欠錢的借條，一把火通通燒掉，免得他家裏的人去追討！他的這一行為，感動了不少借過他的錢的教師，有的至今提起來，還很感動！

金先生不僅關心本系的教師，對其他系的老師也很關心，只要你有了一點成績，他知道了就會對你有所鼓勵！1956年我在湖南人民出版社翻譯出版了一本小說，他知道了，見著我老遠就說：

「搞得不錯嘛！好，好！向你祝賀！」

我把他的真誠祝賀，幾十年來都藏在心裏，作為他對我的鞭策和鼓勵！

金先生歷史清白、思想進步，是我院最早響應黨的號召參加共產黨的高級知識份子之一。他的入黨在廣大教師中起了很好的

作用。不少人也跟著他加入了共產黨的行列，找到了「光榮的歸宿」！金先生入黨以後仍然保持著誠懇待人的態度。他似乎階級鬥爭觀念不強，沒聽說他在哪一次的政治運動中有過粗暴待人的表現。所以老師們還是把他當作良師益友來對待。

「四清」時金先生病了，但他還是天天堅持上班。有一天我在路上遇到他，發現他面容憔悴，精神萎靡，問他得的什麼病，他說：

「沒查出什麼病來，只是感到渾身疼痛、四肢無力，日益消瘦……」

「史無前例」的文化大革命開始的時候，金先生已經一病不起。家人送他到醫院，醫院拒絕給他住院治療，說他是「反動學術權威」。只讓他在門診看了看，隨便給了點藥，就打發他回家了。他這時已無法行走，是劉力他們幾個青年教師將他抬回家去的。幾天以後，他就離開了我們，那年他剛剛五十一歲。

那正是文革的烈火激烈燃燒的時代，一片紅色恐怖。「走資派」、「反動學術權威」揪出一大片。他在這個時候離開人世，幸乎不幸，實在不好判斷。

金先生是三級教授、省物理學會理事，省科協的理事、學院的教務長，他得的是骨癌，死後草草火化了事，沒開什麼追悼會、遺體告別會……

好長時間裏，我都以為他是病死的，不知道他是怎麼得的病。前些年碰到羅士球，談起金先生。他突然冒出一句：

「金先傑是個大好人，是『四清』時被逼病的。工作組硬逼他承認在師範學院推行蘇聯修正主義教育路線，搞凱洛夫智育第一的那一套，是湖南師範學院的凱洛夫！」

凱洛夫是蘇聯的一位教育家，他寫了一本教育學，被譯成了漢語出版以後，對我國的教育產生過很大的影響。

　　我國解放以前的教育是學歐美的，解放以後，「走俄國人的路」，「一邊倒」。於是請來大量蘇聯顧問，把整個教育體制全部依照蘇聯模式進行改造：減少綜合性大學；創建大量單科性學院；改百分制為五分制；推行勞衛制；成立教研室；統一教學大綱、教材，強化集體備課……

　　隨著時間的推移，蘇式教育的缺點暴露得越來越明顯。1960年中蘇兩黨矛盾公開化，教育系統開始了一場清除蘇聯影響的學術批判運動。高等學校，特別是高等師範院校，成了這一運動的重點。我校的許多教師都受到了批判，批判是分級進行的。在全院範圍內受到批判的有王石波、鄭其龍兩位先生。王石波先生是中文系外國文學教研室的主任，鄭其龍先生是教育學研究室主任。王石波先生挨批以後氣得要死，要求調走，而且怎麼也不願意再教蘇俄文學了。據說他有一手做菜的絕活，長沙當時最著名的飯菜館沙利文答應他去當大師傅，工資比他在學院的要多得多。當然學校沒有讓他走。我知道還有不少人在系裏受到公開點名或不點名的批判，沒想到金先傑先生竟在『四清』中被說成是我院的凱洛夫，受到嚴厲批判，以致於被逼成病！

　　對羅士球的說法，我是相信的。他是科研處副處長，和金先生同一個支部，關係也不錯，所以他很瞭解金先生，對金先生很同情。談起當年那些殘酷鬥爭金先生的人來，他氣得幾乎罵出了髒話！

　　就在這場學術批判正在轟轟烈烈進行之時，全國性的大饑荒已經到來。領導的精力不得不從抓運動轉到抓生活方面去了。於是，學術批判運動不宣而終止。作為全校教務工作領導的金先生本來是要作為重點批判對象的，現在因禍得福，逃脫了挨批的命運。

　　俗話說得好，躲得過初一躲不過十五。三年苦日子還沒過完，毛澤東就在廬山吹響了階級鬥爭的號角，要展開一場更為殘酷的鬥

爭。1964年元旦剛過，一支人數眾多的省委工作隊浩浩蕩蕩開進湖南唯一的一所高等文科學院搞「四清」來了。

應該說金先傑先生並不是「運動員」，在以前的政治運動中他都沒有成為「對象」，最多只是跟著受點教育而已。這當然得益於他過去的歷史清白，思想進步；也得益於他為人低調，人緣關係好。

但到了「四清」，他的日子就不太好過了。他成了積極推行修正主義教育路線的「黑幹將」、湖南師範學院的凱洛夫！不過批判是在內部進行的，一般的教師並不知道。可羅士球不是一般的教師，而是函授處的副處長，和金先生同屬一個總支。對金先生的挨批是知道的，對那些殘酷批鬥金先生的人是極度反感的，在氣憤之餘，所以差點罵出了髒話！

金先生的過早去世當然是一大憾事，但若是晚死一點，他是肯定會被關進「牛棚」的。受的侮辱、批鬥肯定會更多，下場會更悲慘！作為一位文弱書生，他受得了嗎？君不見，就在金先生去世沒幾天後，嶽麓山下，自殺身死的就有好幾位。同金先生同一個系的劉海雲先生也是個政治上小心翼翼、從不招人惹事的正派學者，不是也懸樑自盡了嗎？

辭賦名家馬積高

　　馬積高先生是衡陽人，1925年生，2002年去世，活了77歲。

　　他家庭並不富裕，父親過世後只靠幾畝田出租，生活相當困難，十三四歲的時候，曾跟著人家到貴州販賣過牛馬。他很早就嘗到了生活的艱辛。這段經歷促成了他的早熟，影響到他性格的形成，對他的一生，都產生了深刻的影響。

　　他學習異常刻苦，人又極其聰明，經同宗的馬宗霍先生的指點，考進了國立師範學院中文系。他在班上年紀最小，學習成績卻並不亞於任何人，同學們稱讚他，甚至誇他是湘南才子。老師們也喜歡他，駱鴻凱教授還將他招為乘龍快婿。

　　解放前不久，他從國立師院剛畢業就被地下共產黨人相中，盡力幫他當上了衡陽縣的教育科長。說明他不僅思想傾向進步，而且獲得了共產黨的信任和認可！

　　正因為他思想進步，工作能力又強，衡陽一解放，他就被任命為衡陽著名的船山中學的校長，年紀還不到三十！

　　五十年代初，長沙師範專科學校成立，他被調去擔任中文科的主任。他根底不錯，課講得好，很受學生的歡迎，他的名字很快就傳出了學校，在湖南的教育界嶄露頭角了。

　　1958年大躍進，長沙師範專科學校合併到湖南師範學院，他很快又成了中文系古典文學教研室的「台柱」，成了這個教研室的主任。

　　他善於鑽研，又很刻苦，在科研上也做出了成績。先是一篇為金聖歎翻案文章，發表後驚動了中宣部。他們派人來瞭解作者的背景，發現作者只是一個三十出頭的小青年，便放了他一馬。馬先生知道以後，嚇出了一身冷汗。此後他寫文章就收斂得多了，沒再那麼冒失了。沒想到此事，反倒給他增添了不小的名聲！以後他又寫出了一本談關漢卿的小冊子，雖然少了一些稜角和銳氣，卻受到讀者的好評，馬先生已經譽滿三湘了。

　　隨著名氣和影響的增大，馬先生在中文系的地位，也得到了提升。六十年代初，知識份子「脫帽加冕」，他便成了中文系的副系主任！直到1964年，馬先生走的都是一條順風的路，沒有遇到太大的挫折。像他這樣一帆風順的知識份子，似乎不算很多。土改、鎮反、三反五反、批紅樓夢、反胡風、反右、拔白旗……他都輕鬆過來了，不僅輕鬆過關，還在批判、鬥爭別人的時候，多多少少都有過積極的表現。

　　到了1964年，情況就發生變化了。

　　那年的元月，元旦剛剛過完，省委就派來我校一個龐大的工作隊，聲稱要在我校開展「四清」。什麼叫「四清」，現在已經記不太清楚了，好像是清政治、清經濟、清組織、清思想，先從

農村清起，再發展到城市。後來的正式名稱是城鄉的社會主義教育運動。

我們學校是我省唯一的一所高等文科學院，每次運動，都是省委的點。先取得經驗，然後全面推廣，這叫以點帶面。歷次運動，湖南都走在全國的前面，也「左」得夠嗆！全國反右，抓出右派五十多萬，湖南占四萬多。反右傾，湖南抓出的右傾機會主義分子，比任何一省都多。這次高等學校搞四清，在全國又會位列三甲的。工作隊來勢洶洶，人數之多，為以前所未見！

他們一來就神秘得很，不像以前搞運動那麼大張旗鼓，而是像進了國民黨統治的白區。經過好長一段時間的紮根串聯，找出身好、階級覺悟高，對黨的感情深的積極分子個別談話，然後組織他們學毛著、查敵情，建立積極分子隊伍，再以後就是幹部下樓，「洗手洗澡」，團結對敵。像歷次政治運動一樣，成績十分可觀，揪出了不少「階級敵人」。全校到底揪出多少，我們不清楚。就我所在的外語系而論，在一百零三個教職員中，開除的「壞分子」一個，另一個寬大處理，不戴帽子，原有的一名「右派」還是戴著帽子，有三個早已摘帽的「右派」，雖未再戴帽，但提出警告，不許「亂說亂動」。還有幾個人「歷史問題」嚴重對外不戴帽子，但性質還是敵我矛盾，「內部控制」，也就是所謂的內專，即對其實行內部專政。還有好幾個「推一推就是敵我矛盾，拉一拉又是內部矛盾」。這幾種人加起來，總數早已超出總人數的百分之十。馬先生所在的中文系一個在舊社會當過長工的教師，也成了「內專」。

關於馬先生的情況，是一位工作隊員在我們教研室學毛著、擺敵情的會上，無意之間透露出來的。他說中文系挖出了一個「反革命集團」，為頭的就是馬積高和羊春秋。

我聽了大吃一驚，轉而一想：「這有什麼好吃驚的。我組織

教研室裏幾個非黨教師學毛著，不也是被內部確定為反革命集團嗎？」

我暗自慶幸的是：我與馬先生還不認識，只知其名，卻沒有任何來往。羊春秋我在華中師範學院進修時雖已認識，但他來我院之後，我們卻毫無聯繫。他們的問題與我無關，用不著緊張。

但後來的結果，倒是讓我吃了一驚：馬積高、羊春秋並沒有被定為反革命集團的頭頭，他們擔任的職務還是原封未動：馬積高還是副系主任，羊春秋還是古典文學教研室的主任。到了文化大革命，我曾問過他們兩個人到底是怎麼回事，他們竟然一無所知。中文系保密工作真是做得不錯！

不過，紙總包不住火！不到幾個月，文化大革命的號角一吹響，原來的四清工作隊一變而為文革工作隊，不幾天就把馬積高推了出來，定為馬羊黑幫的為首者。繼林增平之後，他們兩人的大名，也上了我省的黨報《新湖南報》！這一馬一羊便成了我省文革祭旗的祭品！馬先生也就成了三湘四水婦孺皆知的人物。

但我認識馬先生還在這以後。1967年的7月底，中央對湖南對立的兩派表態，成立湖南省革命委員會籌備小組，簡稱省革籌。就在這個時候，以羊春秋為首的「黑鬼」們竟然不顧一切地起來「造反」，籌備成立「湖南師範學院受資產階級反動路線迫害的革命教職工造反聯絡站」（籌）簡稱革教站，實際上是被工作隊揪出來的「黑鬼」組織。他們的所謂造反，就是要求平反，爭取獲得與一般教工一樣的權利。這個組織一經成立，「黑鬼」們便紛紛加入。辦公的第一天有三個人不請自來，其中的一個就是馬積高。這時我作為革教站的負責人之一才開始同他接觸。他言語不多，年紀四十多一點，精力充沛，工作積極，而且你叫他幹什麼他就幹什麼，沒有架子，沒有怨言。

我有什麼叫他幹呢？無非是草擬個什麼宣言、聲明、通知之類。這對他來說，當然不難，往往一揮而就。讓我吃驚的，倒不是他的速度，而是他考慮問題的細緻、慎密和周到。

馬先生非常沉著冷靜，從不衝動，大有泰山崩於前而色不變的氣慨。我沒有聽到他發過脾氣，即便他兒子馬小駒突然被抓進「牛棚」，他也沒有說出什麼難聽的話來。

那是一天夜裏，高音喇叭突然響了起來。我還沒來得及聽清廣播員說的內容，「牛棚」的鐵門就咣噹一聲響了，隨著就是「牛棚」的監管罵罵咧咧的聲音；

「滾進去，『黑鬼』崽子，快去找你們的『黑鬼』老子！」

我從門口探出頭去，發現進來的儘是十幾歲的孩子。馬先生趕緊拉住他的愛子馬小駒，一聲不響地讓他爬到他住的上鋪，父子倆一夜都沒再說一句話。

我同馬先生在一個囚室裏，生活半年多。他象兄長一樣對待我，減少了我不少的煩惱。他獨立生活能力強，幹體力活的能力也不差，他是我們那一組「黑鬼」中的精神領袖，連年紀最大的方嗣樑先生都佩服他。挨了紅衛兵的皮鞭，找他傾訴。他常常安慰我們，叫我們放心，相信群眾相信黨！有一次我同他談心，問他：「我們這些人的問題，究竟有多大？」

他笑著回答：

「說大可大，說小就小，提起來千斤，放下去四兩！」

這話說得真好，充滿智慧和哲理，我一直記在心裏。我甚至此後就認定他很有頭腦，很像個思想家。他晚年研究莊子，有人不以為然，我倒覺得一點也不奇怪。

馬先生對財物看得不重，能喝酒，抽煙也很凶，大概一直抽到臨終前不久，很有點名士派頭。晚年不大願意拋頭露面，遊山玩水

的時候也不多。

　　他家務活很能幹，夫人視力不佳，三餐茶飯多是他做出來的。可以說他裏裏外外都是一把手，這在知識份子中間，不算常見。

　　他愛讀書，愛買書，工資發下來，除吃飯、喝酒等基本需要之外，餘錢多半用於買書。他對穿著不大在意，沒見他穿過什麼像樣的衣服！

　　他在湖南的語文界，弟子眾多，聲望很高。他晚年的一部巨著《賦史》牢牢地樹立了他在學術界的地位，贏得了同行們的尊重。

　　他在中文系擔任領導人的時間長、貢獻大，許多老師出自他的門下，受過他的教誨和恩惠。他在他們的心目中形象高大，提起馬先生來，他們莫不肅然。口碑之好，令人稱羨！

　　馬先生對健身之道，卻不大在行，生病多年，也不認真治療，對自己的抗病能力，過於自信。他總說他患有糖尿病，卻始終沒有到正規醫院去確診。我是個多年的老糖尿病患者，深知糖尿病的厲害。他沒有認真聽從我的勸告，錯過了診治的時間，等到迸發症一來，便釀成了大禍，悲乎！

　　我和馬先生雖不同一個系科，從事的專業不同，但因為有了半年多的同「棚」之誼，言談都是推心置腹的。我們性格不同，但對不少問題卻有相同或相似的看法，他的去世，使我失去了一個好兄長，一個共過患難的好朋友！

（本文曾在《湘聲報》2007年12月14日刊載，

標題是〈名士馬積高〉）

經學大師馬宗霍

　　馬宗霍先生與許多教授不同，他沒有顯赫的學歷，既未留過洋，喝過海水，甚至也沒有進過大學。我查過他的履歷表，沒有發現他讀過那所大學。只說他是衡陽三師（又稱南路師範）的畢業生。這是不錯的，我伯父李祖蔭是他的同班同學。伯父告訴我，馬先生是他們班同學中年齡最小，人最聰明的一個。

　　雖沒正式上過大學，但他卻受過名師的指點，據說他是章太炎先生的關門弟子。唯其如此，馬先生才成了一代經學大師。從上世紀的二十年代開始，他就在高等學校執教，先後執教過的大學有暨南大學、金陵女子大學、國立中央大學、國立師範學院，擔任過這些學校的中國文學系的教授、系主任，湖南大學文學院院長。1953年由湖南大學轉到湖南師範學院中文系當教授。

　　不知什麼原因，他在師範學院過得並不開心，學校對他很不重視，流言蜚語也不少，工資級別壓得很低，直到1956年工資改革他

才改為三級。他上課好像也不怎麼討學生喜歡。他一上講臺，開口就是文言，很少使用白話，有的學生水平低，聽不懂。馬老先生不住在學校裏，經常往來於河東河西之間，又沒有車子接送，生活很不方便。

五七年「大鳴大放」，周秉鈞先生在全院的「鳴放」會上為馬老先生鳴不平，說許多中青年教師的住房都解決了，唯獨馬老的住房卻沒有解決，實在叫人難以理解。後來雖然在靜一齋給了馬老一間房休息，但為馬老鳴不平的周先生卻被劃成了「右派」。當然理由是不難找不到的，欲加之罪，何患無辭呢！

不過馬老卻沒鳴沒放，是他早已識破了「陽謀」，還是出於別的原因，反正他躲過了這一劫，他沒有成為右派。

但好景不常，不到兩年，在拔白旗的運動中他就被樹為學院的一面大白旗！中文系召開大會對他進行批判。那個時期，對「白旗」還算客氣，雖然可以口誅筆伐，卻還不搞「武鬥」，那場面比之以後的文化大革命，簡直不值一提。文明多了！馬老當然對之異常不滿，但卻忍受下來了，沒有叫喊，也沒有發火，他躺在一張躺椅上呼呼地睡著了。主持會議的系主任韓罕明教授走過去，動了動他的衣袖，他才睜開眼來，至於聽沒聽師生們的批判，那就只有天知道了！傳說學生中的代表曾經請求他上課改用白話，少用文言，免得一些同學聽不懂。他當時的回答是：

「中文系的學生居然聽不懂文言講課，還來提意見，真是天下奇聞！」

學生代表被罵得不知所措。

現在開大會批他，叫他端正態度，虛心檢查，他雖不作檢討，卻沒有破口大罵了！誰也沒有想到他在會後竟然敞開房門，不辭而別。後經打聽，才知道他應聘到北京中華書局當古籍編審去了。中

文系的「白旗」，就這樣沒拔幾下就走了，倒了，是該慶賀呢，還是該反省呢？

我曾在無意之中聽院長劉壽祺說過，放走馬先生是個錯誤。

「你們怎麼讓他走呢？給學生上課不行，可以讓他給老師們講嘛！他的觀點不行，資料他掌握得還是比我們多啊！」說罷似有無限惋惜之意！

馬先生去中華書局不久，我在書店看到科學出版社接連出版他的兩本專著，心想他在那裏過的比在嶽麓山下要好，心情肯定會舒暢得多。但到了文化大革命中，他的日子就不怎麼好過了，不過具體情況也不太清楚。後來從馬積高和羊春秋口中聽到有關馬老的一些傳聞，真實程度如何，難說！不過馬積高既是他的同族，又是受過他的提攜的學生，羊春秋也是他的學生，應該不會胡說馬老的壞話。

羊春秋說1969年周世釗和楊東蓴兩人一起去看馬老，敲了好久的門，只聽見屋裏面有響聲，卻不見有人來開門。後來進去一看，只見馬老兩夫婦躺在床上呻吟。他們沒談幾句話就起身告辭。楊東蓴出來對周說：

「非病也，貧也！你去見毛公時，可否反映一下！」

「唉，昨天才見過毛主席，不好再打擾了，以後再找機會吧！」周說完兩人唏噓而去。

原來馬老先生所在的單位中華書局，全體人員下放河南農村，馬老夫婦年老多病，無法成行，便給周恩來總理寫信求助，請求調往文史館，不下農村。周恩來批示：「同意調往文史館，工資照發。」等到領工資的時候，馬老發現少了三分之二。原來月工資兩百多，現在只有70元了。他問為什麼少了這麼多。得到的回答是：

「這是特別照顧，我們館長章士釗每月70元，你同他一樣多，還少嗎？」

「周總理不是批了『工資照發』嗎？」

「是呀，工資照發是照我們單位的標準發呀！」

馬老聽後沒敢多嘴，只好省著對付了。過了好幾個月他才領到原來的工資。

前面已經談到，馬老與我三伯祖蔭先生是衡陽三師即南路師範的同學，他們往來甚密，友好關係，一直持續到我伯父1963年去世為止。

我讀過馬老給我祖母八十壽辰寫的祝辭，但我見到馬老卻只有兩次，一次是在1948年秋，另一次是在1956年5、6月間。

1948年的秋天，我在長沙讀中學，有一天因事去找伯父。在嶽麓書院的御書樓伯父的辦公室裏見到一位身穿長袍、個子不高的長者。我進去以後，伯父馬上對我說：

「來，快過來見過馬伯伯！」

馬伯伯見我進來便匆匆告辭而去，沒給我留下太深的印象。

此後不久我祖母八十大壽，馬老送來一篇祝壽辭，後來印在我們家的族譜上。

1956年6、7月間，伯父與田漢、潘光旦等幾位人大代表一起來長沙視察，住在省交際處，我去見伯父時，正好碰到馬老先生在同伯父聊天。我便站在一旁傾聽。伯父要馬老談談文字改革的情況，因為馬老是全國文字改革委員會的委員。馬老說了很多，我現在記得的大意是：

全國的文字改革，已經開了好幾次會，通過了兩批簡化字。好些字簡化得毫無道理，你反對也會通過，因為委員會裏工農代表多，語文專家少，一舉手，他們同意的都會通過。有的老人看到「兒」字簡

化為「儿」時，哭著說：「你看「兒子」的腦袋沒有了啊！」說完，兩位老人情不自禁地笑了起來，我侍立在旁，也忍不住笑了。

接下來他們還談笑了一些別的事。但為時不久，馬老就走了。以後我就沒再見到馬老。

馬老先生畢生從事文字學、音韻學研究，著有《中國經學史》、《〈說文解字〉引經考》、《音韻學通論》、《文字學發凡》。曾主持二十四史的校點工作。

前幾年我同馬積高先生聊天，說嶽麓山下的學者許多都快被人遺忘了，他馬上反駁：

「馬宗霍先生可還沒有被人遺忘，他的著作還在重印，要忘也忘不了啊！」

是啊，像馬宗霍這樣的語言大師怎麼忘得了呢？前不久與樊籬教授聊天，無意之中提到馬老，樊說：「馬先生教學很認真，聽他的課你是馬虎不得的，特別是他的《文字學發凡》！」樊是馬先生的學生，此言當屬真實可信。

馬老於1975年去世，沒有活到殘酷迫害知識份子的「四人幫」垮臺。

（此文曾發表在2007年9月號的《世紀》上，
標題為〈一代經學大師──馬宗霍〉）。

一個耐得住寂寞的學人
——記孫文明教授

　　嶽麓山下，長壽的人多，孫文明教授是其中之一。他活了97歲，在嶽麓山下整整過了56個寒暑！他親眼目睹了這裏56年所發生的一切；他親身參加了湖南大學師生反蔣介石的不少活動，包括在程潛、陳明仁將軍和平起義的宣言上簽名，也親身經歷了解放以後數以十計的大小政治運動——土改、知識份子思想改造、批胡適、抗美援朝、肅反、反右、反右傾、交心、拔白旗、四清、文革……

　　因為長壽，孫先生是在嶽麓山下生活、工作時間最長的外省人士之一！

　　孫先生原藉山西，出身書香世家，父親是一位前清的拔貢，長兄是一位著名的農學家，曾任中國農業大學教授。他家境富裕，從小就受到良好的教育。受五四運動的影響很深，在大革命失敗以後，走出國門，留學法國巴黎，攻讀國際法並榮獲博士學位。

　　留學期間，正值日本帝國主義侵佔我國東北之時。世界各國留學歐州的學生聯合召開大會，支持我國人民反抗日本侵略。孫先生當時義憤填膺，慷慨激昂在大會上發言，控訴日本侵略者的罪行，被大會推選為主席。孫先生於是一舉成名，成為歐洲各大報刊的新聞人物，引起各國政要的注意。當年暑假，義大利的墨索里尼邀請孫先生去義大利度假，任其參觀遊覽佛羅倫斯等地的名勝古跡，並在皇宮接見了他。

　　當時墨索里尼尚未與德國法西斯和日本軍國主義結盟，對我國保持友好。孫先生大概是墨索里尼接見過的極少數的中國留學生之一。

此事他很少向人提起，是否向組織作過交代，我就不清楚了。上世紀八十年代平反冤假錯案之後，他倒是多次在閒談中提起過此事，而且一說起來臉上總露出掩飾不住的微笑，足見他對此事的重視。

留學歸來之後，孫先生在胡適倡議創辦的國立編譯館工作。編譯出版過什麼著作，他沒有詳談，只是籠統說編譯過不少東西，還發表過有關國際法方面的文章。不到一年他又被一些大學的法律系聘為教授，經常乘飛機穿梭於上海、南京、武漢諸大城市之間，巡迴講學，成了名躁一時的國際法專家。

中日戰爭全面爆發以後，孫先生被國防部聘為少將專員，給我國駐外使領館的武官講授國際法。後被派往陸軍大學將官班學習，當時蔣經國也在將官班學習，於是他們成了同學，而且同坐一條板凳。此事好像他也沒有對人談過，上世紀八十年代不少人在報上談論蔣經國時，他才同我談及這段鮮為人知的往事。並說那一期將官班的班主任是國民黨後來的海軍司令桂永清。

1948年孫先生來到湖南大學法學院任教。此前他在東北大學當教授並兼任教務長。他為什麼來湖南大學任教呢？他對我說是他的好朋友伍薏農教授請他來的。伍先生同孫先生在東北大學共過事，關係不錯。伍先生出任湖南大學法學院政治系主任之後，知道法學院急需一位教國際法的教師，便向院長李祖蔭先生大力推薦孫先生。李院長同意，並由他和伍先生聯名打電報，懇請孫先生來校任教。事隔多年，孫先生對此事還記憶猶新，津津樂道。

「我是湖大法學院院長李祖蔭和政治系主任伍薏農兩人聯名連發三次電報聘請來的呢！」

他還說他來後受到禮遇，工資超過院長！

孫先生來到嶽麓山下時候，國共兩黨的鬥爭已經激烈到了頂點，勝利的天秤已經倒向共產黨，但國民黨還在進行最後的掙扎。

　　湖南大學是湖南的最高學府，前身是湖南高等學堂，成立於1903年，1926年正式命名為湖南大學，經過許多有識之士多年的努力，於1938年由省立改為國立。到1948年孫先生來時，湖南大學已經發展成理、工、文、法、商五大學院，師生近兩千人的一所大學了！

　　湖大是一所有著革命傳統的學校，師生的革命反抗性很強。等到孫先生來校時，湖大已經成了「解放區」。

　　既是「解放區」，裏面的人過的就是解放區的生活：他們讀解放區的書，如毛澤東的《新民主主義論》、胡繩的《思想方法論》、艾思奇的《大眾哲學》以及大量的揭露和批判蔣介石和國民黨的書，唱解放區的歌如《解放區的天，明朗的天》等；演解放區的戲：如《王貴與李香香》等等；跳解放區的舞——秧歌舞。

　　既是解放區，就有共產黨、民主同盟、新民主主義青年團的成員，而且人數越來越多。共產黨員人數雖不多，而且尚未正式公開，卻起著領導核心的作用。公開露面的多為進步人士、民主教授如伍薏農等。

　　既是解放區，國民黨、三青團就成了過街老鼠，一露面就人人喊打，不得不晝伏夜出，提心吊膽……負責學校安全保衛工作的校警隊完全控制在共產黨員手中，外面特務來抓人，被抓對象，早已得到消息，安全轉移了！長沙進步學生領袖人物中雖有高繼青被殺、龍漢河、鍾振龍（後改名振農）被抓，但都不是發生在湖南大學的校園裏。

　　所有這一切都證明，湖南大學已成了名副其實的解放區！

　　孫先生來到湖大以後，馬上感受到了：他真的進了解放區！他政治上的傾向明朗起來了。具體的表現，前面已經提到他參加了多次反蔣、反國民黨的遊行、罷課……同大家一起喊出「要民主、要

和平、要飯吃、反獨裁、反內戰、反饑餓……」的口號。甚至簽名
支援程潛、陳明仁兩將軍起義……他帶在身邊的一個侄兒和一個侄
女，也跟著他積極參加反蔣活動。長沙解放後不久，他們都投身革
命去了：侄兒參加人民解放軍第十二兵團軍政幹部學校，成了革命
軍人，侄女參加西南工作團，隨軍解放大西南去了。

　　當然孫先生的政治影響力，遠不如他的老同事伍蕙農！在國民
黨列入黑名單的教授中還沒有孫先生，但也不好否認孫先生是屬於
進步教授中的一份子。所以解放以後，孫先生還過了一段好日子，
湖大師生下鄉搞土改時，他還當過副大隊長呢！

　　但好景不常，到了知識份子思想改造運動開始時，他的好運就
中止了。有關他的流言蜚語不少，甚至有人懷疑他是冒牌留學生、
博士文憑是花錢買的……。

　　1953年全國高校院系大調整，湖南大學慘遭解體。原來陣營比
較整齊，學生人數最多的法學院，自然也沒有了。該院教師中的大
部分調整到武漢大學去了。孫先生受到冷遇，被「遺棄」在新籌建
起來的湖南師範學院歷史系資料室。名為教授，幹的已是資料員的
工作了。1955年肅反，他受到隔離審查，被劃進到了百分之幾的行
列中。1956年工資改革，他的工資級別已經降到教授的最低級，
「我的工資比院長高」成了他美好的回憶！

　　孫先生生性好靜，不擅交流，於是他淡出人們的視野，幾乎被
人遺忘了他的存在。

　　塞翁失馬，焉知非福？

　　孫先生本來就沉默寡言，經過知識份子思想運動和肅反，他變
得更加謹言慎行，幾乎與外界隔絕了。隨後的一些運動，他幾乎次
次安全過關，雖然他受到一些教育，卻沒有成為「重點」，更沒有
成為「主角」。像轟轟烈烈的「反右」，他居然倖免於難，簡直堪

稱「奇跡」。而他所在的歷史系，教職員不到三十，卻抓出十幾個「右派」，僅古代史教研室九名老師，就戴了八頂帽子，孫先生卻與右派失之交臂！這原因大概有這麼幾點：

一是孫先生的歷史問題，已經查清，雖然疑點尚多，但查無實據；二是孫先生的現行問題不多，挨批之後，雖「認罪」態度不好，但新的「反動言行」不多，「跳得不高」，夠得上「惡毒」的言論，更是一句也沒有；三是他所在的單位，右派太多，左派太少，無暇顧及孫先生了；四是上面派來一位新的黨委書記。此人思想嚴重「右傾」，聽說歷史系抓出了那麼多「右派」，嚇住了，命令立即「煞車」，於是包括孫先生在內的幾位老師就「漏網」了。

應該說直到文革為止，孫先生並沒有受到太多的衝擊。每次運動，都是有驚無險，他還是在資料室裏成天同書報打交道！

但是「史無前例」的文革開始以後，孫先生的「寧靜」日子就不多了。起初，「烈火」還沒有燒到孫先生的身上，因為按文革十六條的規定，他不是「走資派」，也稱不上「學術權威」，只是一個小小的「資料員」，成不了批鬥的「重點」，儘管不斷受到警告：不得亂說亂動！

到了「橫掃一切牛鬼蛇神」的時候，孫先生就在劫難逃了。他的家被抄了，人被掛上了「黑鬼」牌子，關進「牛棚」裏去了。同他同時被關的多達兩百餘人，占全校教職員工總數的五分之一！他置身其中，並不感到意外！但他並不是「重點」，沒有唱上「主角」！享受的還是一般的「牛鬼」待遇：罰跪、掛牌、挨鬥、坐「噴氣式」飛機、抄家……

到了1968年的8月8日，工人階級響應偉大領袖的號召，登上「上層建築」，進駐高等學校，徹底結束「資產階級知識份子對學校的統治」！當天就把我校148名「黑鬼」集中關押起來，扣發全

部工資，每人每月只發18元生活費……這就是開始所謂的「清理階級隊伍」！

第二天長沙市在東風廣場，召開十萬人大會，慶祝工人階級進入上層建築領域的偉大勝利！會後拉出一萬名「黑鬼」遊街示眾！我校拉去9名「黑鬼」，分別代表走資派、反動學術權威、壞頭頭和地、富、反、壞、右、國民黨殘渣餘孽。孫先生名列其中，掛的頭街是：國民黨少將，歷史反革命！這九個代表，像裝豬、裝牛似的被裝在一輛解放牌的大卡車上，遊街示眾！在上萬名示眾的對象中，孫先生這次當上了「主角」，出盡了風頭！車子所到之處，都引來了不少圍觀的「革命群眾」！

他們用手指著孫先生頸脖子上掛著的牌子，紛紛議論：「啊呀，國民黨的少將呢！」「師範學院真複雜，國民黨的將軍還混在裏面！這不就是埋下的定時炸彈嗎？」……議論越來越多，越來越荒誕、離奇！

車子開到中山路百貨公司門口，被圍觀的人群圍得水泄不通，於是車子開不動了，乾脆停了下來，讓人們看個夠！奉令押解的紅衛兵頭目，乘機對圍觀的人群，發表了一篇很長的演說，特別批判孫先生：

「你們看見了吧？這個傢夥原來是一個國民黨的將軍，曾經帶兵攻打過蘇區，殺害過我們不少的階級兄弟，雙手沾滿了革命人民的鮮血！……」

在這個紅衛兵小頭目的煽動下，圍觀的群眾被激怒起來了：有的向孫先生扔果皮，小石子……有的喊「打死這個老東西！」嚇得孫先生趕緊低下頭，彎著腰，緊緊地靠在卡車的鐵欄杆上，躲避著投來的碎石，果皮……默默地承受漫罵、凌辱……

幸好，不久被堵塞的道路已經疏通，卡車徐徐開動，憤怒的

人群被拋在後面了，但吶喊聲、叫罵聲，好久還在孫先生的耳朵裏轟響！

　　回到學校的當天夜裏，孫先生被叫到「牛棚」的審訊室，接受工人階級的審問：

　　「你叫什麼名字？」

　　「孫文明！」

　　「什麼文明？你是嚮往西方資本主義文明吧，洋奴才！」

　　孫先生嚇得一時語塞……

　　「孫文明，你這個帝國主義的奴才，給我放老實點，我們工人階級對階級敵人是決不手軟的……我們的政策是坦白從寬，抗拒從嚴，頑抗到底，死路一條！你聽清楚了沒有？」

　　「是！」

　　「你要老實交待你的反動歷史！現在我來問你：你帶過多少兵？」

　　「一個也沒有！」

　　「打過多少仗？」

　　「沒打過！」

　　「殺過多少人？」問話的提高了嗓音。

　　「一個也沒殺？」

　　「你一個人沒殺，一次仗也沒打，怎麼當的將軍？」

　　這時站在一旁的一名紅衛兵小將，頓時怒火中燒，揚起手中的鋼鞭，劈頭蓋腦地朝孫先生身上打去，痛得孫先生倒在地上打滾，嗷嗷直叫！

　　第一次對孫先生的審訊就這麼草草收場……

　　其實他說的是實話。國民黨時代軍隊裏有不少像孫先生這樣一不會放槍放炮，二不會帶兵打仗的將軍，說白了都是一批拿將軍工

資，掛將軍銜的文化人。這樣的「將軍」，據我所知，在嶽麓山下的高等學府裏，除孫先生以外，至少還有兩位；一個是湖南大學的王學業教授，他懂俄語，學工程機械的。抗戰時期，蘇聯派遣一個軍事使團，帶領一批航空兵援助我們抗日，給團長崔可夫將軍當翻譯的，就是王學業先生。在崔可夫同蔣介石、宋美齡交談時當翻譯的當然也是他。當時他掛的軍銜，也是少將。崔可夫來華時是蘇軍的中將，回國後參加攻克柏林的戰鬥，戰功卓著，被晉升為蘇軍元帥；另一位是我校的劉啟松先生。他是學體育的，擅長擒拿，被中美合作所的特務學校聘為專職教授，掛少將軍銜。工宣隊員、紅軍兵小將，出於無知，將他們視為雙手沾滿鮮血的殺人兇手，情有可原，但對孫先生揚起鞭子毒打，實在可悲可歎！不過，這種事發生在「史無前例的無產階級文化革命」中並不奇怪，比這更殘忍、更野蠻的暴行並非絕無僅有！

「清理階級隊伍」結束後，孫先生被定為「歷史反革命」，被送到我們學院辦的學農基地「勞動改造」。這個基地座落在平江縣境內汨羅江畔的一個山區。解放前這裏森林茂密，人口稀少，是土匪出沒的地方。解放後消滅了土匪，改作一所勞改農場，開闢出了幾十畝茶園和耕地。1964年號召學生學工、學農、學軍，1966年學校將它買下來，作為學農基地，說這裏靠近貧下中農，又是老革命根據地，正是改造知識份子的好地方！

孫先生下基地勞改的第二天，就挨了一次批鬥！這次批鬥會，很特別，讓孫先生跪在一個糞堆旁，頸脖上掛著一塊大黑板，上面寫著「國民黨少將」五個大字，身旁放著兩隻畚箕，每個畚箕裏放有兩砣狗糞。

周圍的農民愛看熱鬧，聽說要鬥一個國民黨的將軍，全都趕來圍觀……

　　基地專管階級敵人的負責人原來是一個造反的頭頭。他用一把四齒耙指著孫先生的腦袋大聲說：

　　「貧下中農同志們呀！你們看，這老傢夥原來是國民黨的少將，罪惡累累！我們給他出路，讓他來這裏撿狗糞，改造思想，他卻磨洋工，整整一天才撿了這麼四砣！你看這不是抗拒改造，是什麼？」

　　孫先生馬上說了一句：

　　「實在撿不到呀，不是我不願意撿！……」

　　「撿不到？你反共反人民那麼厲害，要你撿狗糞就不行了！你裝死！你不老實交代，我就叫你跪在這裏，從白天跪到黑夜，從黑夜跪到天明，看你厲害還是我厲害！」

　　孫先生再也說不出話來了。他突然身子一歪，倒在糞堆裏。主持批鬥會的那位造反派頭頭只得叫人將他抬回基地醫務室搶救。事後他笑著對人說：

　　「孫文明這個反面教員還是要留著，狗屎堆不是也可以肥田嗎？」

　　這是孫先生正式勞改第二天的「收穫」，是給他的一頓「殺威棒」！

　　此後孫先生就成天撿糞，先撿狗糞，後來撿牛糞……

　　三年以後，基地開出了幾十畝水田，買來了兩頭水牛，交孫先生來放牧。

　　孫先生長在北方，從來沒跟牛打過交道，現在讓他看牛，不能不鬧出許多笑話，叫人聽了，禁不住發笑，轉念一想，又叫人淚下！他為養牛不但鬧出了許多笑話，挨過多次批鬥，不僅受盡了嘲笑，凌辱和折磨，渾身上下還留下許多處傷疤，有一次甚至險些丟掉了老命！但他又愛牛如子，終於在危難中又得到了回報：牛救回了他的一條老命！

那簡直是一個奇跡！

1975年的春天，一場大雨過後，孫先生牽著一頭小牛在江邊放牧。他視力不佳，不幸失足，跌入水中。他拼命抓住岸邊的一株灌木，大聲呼救。但此時江邊無人。正在危難之際，那頭水牛卻忽然靈性大發，把頭伸向落水的孫先生，讓孫先生抓住它的角慢慢地爬上岸來。

水牛救主的故事傳開以後，人們紛紛說孫先生為人善良，愛牛如子，好人終有好報！

1979年冤案平反時，孫先生已經七十二歲，垂垂老矣！但他精神還好，逢人就說他要研究中越關係和南海群島歸屬問題。他非常認真，多次去圖書館，要求採編部的負責人給他買詳細的地圖和提供有關的資料！

歷史系的幾位老教授卻勸他，說這個問題很敏感，不好研究，即使寫成文章，也很難發表……他起初不聽，後來碰了幾次壁，才黯然停筆……

孫先生的夫人出身名門，也陪同他去過法國。兩人感情很好，回國以後，夫人一直沒有外出工作，專一在家侍候孫先生。但她沒有生育過。孫先生不得不將侄子孫覺生收為義子，一直帶在身邊。孫覺生參軍以後，為了個人前途，同他劃清界線，不久就宣佈同孫先生斷絕父子關係和一切來往。孫覺生後來終因出身不好，不幾年就從部隊轉業到山東臨沂山區……

孫先生的冤案平反以後很久，孫覺生才在離休多年之後帶著他的夫人來長沙看望孫先生。此時孫夫人已去世多年！

孫覺生同志我是認識的，我們同時在長沙參軍，同在一所軍校改造思想，後來又同時調往海軍學習。40年後他來到孫先生身邊時找到了我，訴說他同孫先生的這段父子情。感慨良多，說到傷心

處，不禁掉下淚來……孫覺生也老了，身體狀況不佳，住了半個來月回山東去了。

此後孫先生同我的距離，拉近了很多。每次見面總要談上幾句，有時還讓我去他家坐一坐，談談他以前的經歷和他後來收養的一個兒子的情況，訴說他們並不和諧的關係……

1993年工資調整，孫先生的工資有了較大幅度的提高。情緒和心境大為好轉。

孫先生的身體很好，直到2004年去世前，他幾乎沒有病過，天天背著一個掛包，親自上菜場買菜，只是視力不佳，你不叫他，他是認不出你來的。

去世以後，孫先生慢慢地被人遺忘了，不過幾個同他一起在平江時豐勞改過的「難友」，卻還在懷念他，說他的好話……

老院長劉壽祺的幾則往事

　　劉先生是湖南教育界的老人。1901年生，1990年去世，洞口縣人。解放前就在教育部門工作，曾任教育部專員、督學，與教育界的人士，有著廣泛的聯繫和接觸。他早在三十年代就參加了共產黨，介紹他入黨的是後來擔任地下黨湖南省委書記周禮（後改「禮」為「里」）的夫人，而且在很長一段時間裏，他是周禮的聯絡員。解放以後他成了湖南教育界的重要人物，先是當省的文教廳副廳長，後來調來我們學院當籌備委員會的主任委員，院長。

　　據說當時比較強調學歷，沒有留過學或者沒有得過碩士、博士頭銜的，不得出任學院院長或學校校長。因為劉先生一沒留過學，二沒有碩士、博士頭銜，所以他只能當籌委會主任。湖南當時的幾所學院如湖南醫學院、湖南農學院、中南土木建築工程學院、中南礦冶學院、湖南中醫學院、湖南財貿學院、湖南鐵道學院等都有院長，唯獨師範學院沒有，原因就在這裏。直到1957年國務院才批准劉先生出任我院院長。

　　其實他來我院是在1955年的五六月間，當時以反胡風為開端的肅反運動，正在緊張激烈地進行。他一來就出任五人小組的組長，親自抓這項關係重大的工作。據說他來以後，制止了一些極端粗暴的作法，縮小了打擊面。不過，他還得執行上面的政策，給一些人戴上了歷史反革命的帽子如姜運開、李石靜等等。

　　從他以後在師院的工作來看，他對知識份子，特別是對那些名望高、學有所長的老教授的態度，還是相當尊重和愛護的。比如對林兆倧先生、對董爽秋先生等等，態度都不錯，總是林老、董老

地叫，口氣相當尊重。對馬宗霍先生的拂袖而去，不辭而別，我就親自聽到過他對中文系一負責人的批評：

「你們怎麼讓他走了呢？他上課用文言，學生有意見，可以讓他給老師們上課嘛，他的功底深厚，掌握的資料，比我們多，走了太可惜了！唉！」

他顯然感到非常惋惜。在「左」風盛行的1959年，又正在大「拔白旗」的時候，他居然說出這番話來，給我留下了很深的印象！

作為院長，他對教師隊伍的建設，是下了大力氣的。說他求賢若渴，似乎也不為過。他想方設法從全省各地把優秀的中學教師，調來了近兩百人。這批人中的不少人成了教學第一線的骨幹，起了很好的作用。現在還在工作的，已經沒有，但健在的還有不少。他們談起劉院長來，正面肯定的多，否定的少。當然有這樣那樣意見的，還是有的。哪個人沒有錯誤與缺點？在那個以階級鬥爭為綱的年代，每次運動都要找出百分之幾的敵人來，作為負責人他能不傷害人嗎？設身處地地一想，覺得實在太難，除非他自己願意成為那百分之幾中的一員！

1959年頭上還戴著右派帽子的皮名舉先生在臨終前，要求見劉院長，他去了。見到皮先生那慘相，他趕緊把身子湊過去聽皮先生有什麼話要說。等到皮先生一張口，他馬上就宣佈：

「皮先生對自己的錯誤已經有了認識，他的「右派」帽子馬上摘去！皮先生，你安心地走吧！」

他的話剛說完，皮先生就閉上眼睛，離開了人間。皮先生到底說了什麼話，誰也沒聽清楚。劉院長是否真的聽清楚了，我們也不得而知。

說到此處，我又記起了一件與皮先生有關的事來。那是1958年的秋天，劉院長召集幾個系的青年教師開會，座談如何正確對待老

教師的問題。歷史系的一個青年教師在彙報他去北大等校的歷史系參觀的情況，說皮名舉在這些學校的老教師中影響很大，認識皮先生的人很多，而且都對他抱讚賞和尊敬的態度。

他聽後微微一笑，說：

「皮先生課教得好，根底扎實，在北大是很有名的，你們要努力把他的那一套學過來嘛！」

劉先生對師範學院的師資隊伍建設，可以說是嘔心瀝血、費盡了心機的。不少人說他不講原則，什麼人都要。到了批判他的時候，更是說他到處搜羅「牛鬼蛇神」，成了他們的保護傘。比如方嗣櫺先生在北師大被批得體無完膚，他卻派人去把方先生請來，待為上賓，讓他擔任物理系的主任。方先生是留美的博士，我省用省裏的公費送去美國的第一個博士，回國後出任我省科學館的第一任館長。

劉先生對學生很關心，他經常出現在學生的寢室、食堂或教室裏，找學生談話，聽取他們的意見，改進學校的工作。他的工作作風與許多其他的領導人不同。他把全部心血、精力和時間，都花在學校的工作上。他把教育當成一種事業，而不是一種產業、一個市場、一場生意。不像現在的某些領導人經常出入賓館、洗桑拿、洗腳……和別人搞交易，對學生的生活，甚至對師生的死活都不怎麼關心。有人自殺也好，跳樓也好，他們照樣當他的官。至於樓房失火、學生伙食不好，教工生活不便，住房年久失修等等，更是小事一樁，不屑一顧！這樣的領導人，同劉壽祺先生一比較，就顯出了劉先生的高大，儘管他個子清瘦，並不魁偉，而且是個年逾花甲的老人！

劉壽祺對青年學生的愛護和寬容，瞭解的人，無不表示贊許。有個學生學習成績出色，曾被選為學生會的主席。「大鳴大放」時

期，他異常活躍，反右時不少人要將他劃為「右派」，劉先生卻出來力保，說他學習成績好，工作能力強，很有發展的潛力。結果這個學生不但被保了下來，沒有被劃成「右派」，而且留在學校裏當助教。不過劉先生卻看錯了人，好心沒有得到好報。正是他力保的這個人不僅沒在文化大革命中出來為他說話，反而為了說明他不是劉的「黑爪牙」竟親自上門去抄劉的家，還狠心打了劉先生重重的一記耳光！改革開放以後，此人升教授、出國訪問，劉先生都沒去加以阻撓，有人實在看不下去，說：

「他連個口頭的道歉都沒有，你怎麼不去找有關的負責人說一說？」

「我說是可以的，我是教育廳的顧問，我去一說，他肯定提不成教授，也出不了國。算了，只要他以後不再幹這種忘恩負義、傷天害理的事，也就算了！」

「你的心腸實在太好了！」 在他身邊工作多年的一位秘書這麼歎息著說道。

劉先生好講話，正式場合的講話、報告，都是政教系的老師和秘書們用很大個的毛筆字寫在講稿上的，他隨意發揮的不多，所以都是有根有據，符合中央精神。問題往往出在他脫離講稿、隨意說出的話上。其實倒是這些話，才是他的真實思想。文革中大字報批判的又恰恰是這些話。比如他率省裏的一個代表團去越南訪問，回來後在一次報告中說我們援助越南，是「肉包子打狗，有去無回」。其實這話符合事實，但說出來就犯錯誤了，起碼是說早了。又比如說凡是什麼事的成功，都說是毛澤東思想的勝利，乒乓球比賽贏了就是毛澤東思想的勝利，那輸了不就是毛澤東思想的失敗嗎？他認為這是把毛澤東思想庸俗化了等等。大字報說他反毛的思想，指的就是這些話。

他開會講話多而長，生怕別人聽不懂他的意思。所以凡是有他講話的會議，決不會按時結束。那個時候人少，院裏開會，教研室主任以上的人員，都可以參加，加起來也不超過一百人，所以我也參加了一些他所主持的會議。59年以後，學院的黨委書記同他相反，一般不在這類會議上講話，硬要他講，他就說：

「就照劉院長剛才講的辦。這是天大天大的大事，馬虎不得……」

乾脆俐落，我覺得這位書記很懂心理學，也很懂得為官之道！而劉院長卻是太認真、太婆婆媽媽了。

不過這當然只是小小的缺點，不值得大驚小怪。我在內心裏還是對他保持著尊敬。

我對他最大的一點不滿，是他到了1960年還擴大招生。像我們俄語專業，58年招100人，59年只招80人，可到了1960年卻增加到了240人！其實這時俄語畢業生已經「人滿為患」，分不出去了，即便分了出去，也多半改了行。我向他反映，他聽不進去。我覺得他可能有點老糊塗了。結果證明他的決策是錯誤的，不到五年，不得不被迫停止招生，讓大批俄語教師改行，最後只留下10名「種子」。

我同劉先生沒有過多的單獨接觸，想得起來的，大概有兩次：一次是我伯父祖蔭先生56年來師院，看望了他的一些老朋友和老師如黃佑昌、楊卓新等。他和劉壽祺先生也見了面。他們曾經在教育廳共過事。伯父走後，劉壽祺先生找我說了幾句無關痛癢的話，我一直沒放在心上。另一次就是1960年招生的事，他給省交際處的熊處長寫了一封信，要我送去，說是要與交際處合作，辦一期翻譯訓練班，招四十名學生。我雖不同意這一作法，更不同意招那麼多人，但還是去了。這是他交給我的唯一一次任

務。我把信送到交際處，親手交給了年齡跟劉院長差不多的熊處長，沒說什麼就回來了。

到了文化大革命，劉先生由院長一變而成了我院的頭號走資派。他的罪狀多得無法統計，其中最大最重的一條是「反共老手」、「假黨員」。他挨了批鬥，被關進了「牛棚」。

他是我院牛棚裏的第一號大「黑鬼」，關的時間最長，挨的批鬥次數最多。他在牛棚裏幾乎天天挨打，每天早晨做早操，牛棚的管理人員總要他背語錄，背中有錯馬上給以耳光或皮鞭。他年紀大，記憶力差，背語錄特別吃力，幾乎次次出錯，於是天天挨打罰跪。他是我校牛棚裏最後一條走出的「牛」。直到上個世紀八十年代中期，才得到平反回到人的隊伍中。

在他當院長的時候，找他有事的人和沒事找他套近乎的人多的是，於今他成了「牛鬼蛇神」，人們自然對他敬而遠之，避之唯恐不遠了。他成了不可接觸的賤民！

1967年的8月，我出來「造反」，而且被選為「黑鬼」造反組織革教站的頭頭。有一天在大馬路上無意之間碰見了他。我主動上前同他打招呼：

「劉院長，你還好吧？」

「我身體不好，眼睛看不見了，我得請假去外地看眼病。」

「眼睛有病，當然要治，你就去吧。」

說完我就問他：

「大字報說你是叛徒、假黨員、反共老手，到底是怎麼回事？」

「我沒有叛過黨，要是查出來我出賣過同志，你可以槍斃我！」

「既然如此，你就相信黨、相信群眾吧，事情總會查得清楚的！」

　　沒想到我的這幾句套話，讓他記到死。八十年代後期他平反以後，多次捎話來，說他非常感激我，在他極端困難，誰也不理他的時候，我卻對他那麼好。問我有什麼困難如子女安排、升學等等，他一定設法幫忙……

　　我這個人是從不求人的，更不願攀附，他現在已經平反，又出任省教育廳顧問，我就不想見他了，當然更沒向他提出任何要求。

　　但他對教育事業的忠誠，為人的樸實和平易近人的作風，卻一直留在我的心裏……

音樂家劉已明先生的笑話

　　劉已明曾任湖南師範大學藝術系主任，湖南耒陽人，1905年生，1996年去世，與著名音樂家賀綠汀是很要好的同學，朝夕相處的好朋友。他們先在長沙嶽雲藝專（1923至1925）後在（1930至1932）上海國立音專同學。他們都是搞音樂的，作曲的，於是又成了同行，但他們兩人對待政治的態度完全不同：賀先生是黨員、革命作曲家，劉先生則遠離政治，無黨無派。劉先生的名氣，比起賀先生來，當然略遜一籌，但在湖南的音樂界，還是排在前列的。所以湖南師範學院藝術系一成立，他理所當然地就被任命為該系的系主任。

　　藝術系屬於南院校區，與院本部的北院相距較遠，我住在北院，所以只知道劉先生的名字，卻沒見過面。文革初期他作為反動權威被揪鬥，我也沒見到他，直到文革的後期，我們許多教師被送往平江學農基地勞動，我才在那裏見到劉先生。

　　照最高指示，像劉先生那樣年近七十的老者，屬於老弱病殘，是不應該下去勞動的，但不知為什麼劉已明

先生卻去了，同藝術系的其他老師一起。

　　初到學農基地，大家都有一種新鮮感，覺得農村的田園風光特別美，空氣清新，呼吸起來，特別暢快，比長沙好多了。加上「左派」來的少，一般的教師覺得「自由」多了！

　　早晨起來集體做早操，吃完早飯就分頭勞動：鋤草、開田、耕地、種菜、餵豬、放牛、撿狗糞、擔磚、砌房子……

　　我幹得最多的是擔磚，給砌匠師傅運送磚塊。一擔一百多斤，我挑起來不大費勁，到底年輕嘛！那時我才三十出頭，最多算是中年。經常同我一起挑磚的是藝術系的副主任儲聲虹。他是抗戰初期參加周恩來領導的演劇六隊的老革命，解放後紅過一陣，不知為什麼他不久就從省話劇團的領導崗位上退了下來，轉到了我院的藝術系當副主任，仕途不順了。文革一開始他被揪了出來，說他是黨的叛徒、「走資派」，69年來到平江學農基地，同我一起勞動。我們以前並不認識，現在與他一起勞動，感覺還蠻不錯。他說他本來是學唱歌唱男低音的，但老師要他改唱男高音，結果他把嗓子唱壞了，不得不改學話劇了。我們勞動時他教我學「樣版」戲《智取威虎山》，學了好幾段，元旦還登臺唱過一段呢！

　　但不久左派就把階級鬥爭這根弦繃起來了，一張「征途上處處有鬥爭」的大字報，吹響了鬥爭的號角，於是積極分子到處查「敵情」，開展鬥爭。

　　有一天大清早，我從藝術系老師們的住地經過，看到一大群人正在圍著一個老人批鬥。一個瘦高個子的男子正在聲嘶力竭地叫喊，喊的內容不太清楚，只聽到一聲叫罵：

　　「王八蛋！」

　　我向身旁的一位藝術系老師打聽：

「那個發言的瘦高個是誰？」

「×××書記！」

「那個挨鬥的老頭呢？」

「劉已明！」

啊，他就是劉已明啊！這名字我是早知道的，但見到他的身影卻還是第一次呢！

勞動開始的時候，我就問儲聲虹：

「劉已明是你們的系主任吧！」

「是的！」

「他的思想很反動吧！」

「也不能說反動，不過他人老了，思想跟不上時代，一開口還是過去的那一套，一點都不突出政治……」

「你們把他揪出來，左鬥右鬥，他的態度怎麼樣？」

「他無所謂，你批你的，他搞他的，也不檢討，所以×××書記氣得要死……」

「你們把他帶到基地來幹什麼？」

「×××書記說要天天鬥，直鬥到他老實為止！」

「今天鬥他為什麼？」

「書記說他不老實，腐蝕拉攏革命領導幹部，具體情況，我也不清楚。」

幾天以後我碰到體育系的金子剛，問他劉已明是怎麼腐蝕革命領導幹部的。

金子剛是體育系的老師，但和藝術系的老師住在一起，所以他對劉已明的情況比較清楚。他人年輕，是一個有名的造反派，現在雖已失勢，但造反派的「脾氣」沒有改，還是那麼「氣焰囂張」，說話沒遮沒攔。

「他媽的，×××不是東西！前幾天發工資他向劉已明借錢，劉已明不借，他就鬥劉已明，說劉已明吝嗇鬼，對革命幹部沒有階級感情，仇視，看著他有困難，也無動於衷。有時候他們幾個強拉著劉已明「請客」，吃完了又批鬥劉已明，說他施放糖衣炮彈，拉革命幹部下水⋯⋯」

他越說越氣，聲音越說越高，最後用一句「國罵」──「他媽的」結尾！

我離開平江學農基地之後，據羊春秋說，劉已明還挨過一次大會批判。參加大會的人很多，大會組織者讓劉先生站在一張飯桌上，全身披掛著他送給別人的牙刷、牙膏、毛巾、手帕、雲南白藥⋯⋯還有他借給別人的錢，說是他腐蝕革命領導和革命群從的「罪證」，是階級敵人倡狂進攻的表現！會上群情激憤，打倒劉已明的口號聲，此起波伏，不絕於耳！⋯⋯

但也有人背後議論，說劉已明善良、可憐、富於同情心，樂於助人，而批判他的人則可悲、可鄙，喪失人性！

1970年開展「一打三反」之後，我和一大批「有問題」的教師幹部被派往株洲麻紡廠燒水泥。

為什麼要燒水泥呢？因為「美帝，蘇修亡我之心不死！新的世界大戰隨時可能打起來，所以我們要深挖洞、廣積糧、不稱霸！為此我們需要大量的水泥修防空洞！」麻紡廠人手緊，生產任務重，但有設備、有技術。我們呢？學校停課，人員多得沒事幹。於是雙方一拍即合，決定合夥辦個水泥廠，麻紡廠出設備，出技術，我們學校出人，燒出的水泥，二一添作五，平分。

不知出於什麼考慮，藝術系把年近七十的劉已明也派來燒水泥！燒水泥是個力氣活，道道工序都又髒又累，一般的人都不能幹得了。劉已明怎麼能幹呢？簡直令人匪夷所思！難道是他自願申請

來的？

我們第一批去株洲燒水泥的，總共有40餘人，其中年齡最大的是劉已明先生。

我們這支隊伍，多是各個系科的教師，老、中、青都有，教授、講師、助教齊備。年齡不同，個子高矮不一。我們一整隊上班，立刻引起人們的注意，他們紛紛交頭接耳，竊竊私語：

「這都是些什麼人？運動員？有的個子倒蠻高，可有的又那麼矮，而且還有老頭，不像運動隊！勞改隊？服裝倒還整齊，可又沒有看管的公安人員，也不像！……」

燒水泥這活不好幹，體力消耗大，又髒又累，一班下來，眼睛、鼻孔、頭髮、耳朵裏，全是水泥，怎麼洗也洗不去……

髒也好，累也罷，離開了學院，大家的心情反倒好了不少，下班以後，談天說地，上茶館喝甜酒的也有了。體育系的金子剛有一天硬拉著劉已明上館子，要劉已明請客。

劉先生從不亂花錢，更不隨便請客。藝術、體育兩個系的老師不論當面或背後，都叫他吝嗇鬼。金子剛個子小，鬼點子多，有一天硬是拉著劉已明請了一次客。

原來劉先生不喜歡兒子，因為兒子一來信總是要錢，所以，兒子來信往往不看，一撕了之。女兒來信就不同了，他視為珍寶，總是讀了又讀，愛不釋手。金子剛對此很不以為然，決心找機會整整劉老頭的偏心。

有一天劉先生的兒子來信，正巧落在金子剛手裏。他把信舉起來一揚，大聲招呼劉已明：

「劉老頭，你寶貝女兒來信了，要不要呀？不要我可撕了。」

劉先生聽說女兒來信，高興得不得了，他苦苦哀求金子剛：

「快把信給我！」

金子剛說：

「要看信不難，先請我們大家上賀家土吃甜酒，每人一碗！」

賀家土離麻紡廠不遠，那裏有一家百貨公司和一家飲食店。晚餐過後我們常去那裏走走，買點牙刷、牙膏之類的小商品，偶爾也去飲食店喝碗甜酒沖蛋，每碗一毛五分錢。

聽說劉已明答應請客，大家都嚷著去，結果竟然去了十幾個。

劉先生從不亂花錢，一年到頭，難得請一次客。據說在家裏連餿飯都捨不得倒掉，非設法吃掉不可。這一次為了早點看到女兒的信，他才橫下心來，請大家喝一次甜酒。

沒等大家把甜酒喝完，劉先生就嚷著要信看。金子剛硬不理，直到喝完甜酒才把信扔了過去，說：

「拿去好好看看吧！」

劉先生一看信封上的筆跡，就知道上當受騙了。他一把抓過那封信，馬上將它撕得粉碎。一邊撕，他一邊流淚。那是受騙上當而流下的傷心淚啊！事後有人批評金子剛，說他玩笑開過了頭，不該去傷害一個可憐老人的心。可金子剛卻不接受，說：

「他活該！為什麼他那麼偏心？」

還有些人拿劉先生的小氣、吝嗇開過玩笑。有一次發工資，給劉先生的全是一分兩分的，他160多元的工資，手拿放大鏡數了大半天也沒數完！不知道為什麼一些人的心態那麼陰暗，那麼無聊、狹隘！

改革開放的時候劉先生已是八十開外的老人，他也想過出去工作。他告訴我，外省有個單位，想請他去教和聲，但不知為什麼，他又沒去，是老了，還是別的原因，我就不知道了。

劉先生活了九十多歲。去世前幾年，他左胸前總是掛著一個圓形小牌。他指著告訴我，他已經加入了佛教協會，成了它的一員。

我想他大概已經參透人生，大徹大悟，無欲無求了。沒過多久，他就去世了。

　　　　　　　　　　（本文曾發表在2007年7月20日的《湘聲報》上，
　　　　　　　　　　　　標題為〈音樂教授──劉己明〉）

葛德淦沒被接受的忠誠

　　葛德淦1914年正月26日生於安徽巢湖邊上的葛大郢老大門。他的祖父曾經簽名參加「公車上書」，是個要求變法的舉人。

　　葛德淦的童年，受到母親的溺愛，無拘無束，無憂無慮，飽食暖衣，是他一生中最好的時光。他自小聰敏過人，理解力強，記憶力很好。遇到問題，總會尋根問底，非搞出個究竟不可！

　　1925年，年幼的德淦，失去了母親後，他不得不跟著父親，離開故土奔走他鄉。先在安慶安家，後又到了南京、揚州。家鄉文化落後，沒有學校。到了城市以後，他才進了學堂。他酷愛學習，成績在班上一直名列前茅。他特別喜歡學英語，見到外國傳教士，總要湊上前去，同他們聊上幾句。平時則天天朗讀英文，數十年如一日，一直堅持到咽下最後一口氣為止。所以他從中學時代起，就能說一口流利的英語，夢想著有朝一日飄洋過海，去國外留學……

　　1931至1937年他是在濟南度過的。他在山東生活多年，對山東感情很深：「願把山東作故鄉」。

　　葛的父親教子很嚴，給他定下的家規是：不參加國民黨，不當貪官，自食其力。父親為官清廉，身後沒有留下什麼積蓄。1935年他父親突然中風，半身不遂，因此不能上班，經濟來源斷絕，生活陷於困境。葛德淦不得不一邊打工一邊讀書，終於讀完了高中。

　　1937年高中畢業以後，葛德淦本想報考北大數學系，但日本人打進來了，使他的夢想化成了泡影。他帶著家人到處流浪，最後迫於生計，不得不攜家帶口，回到自己的老家。

　　他長年在外，隨父漂流異鄉。但他一直在讀書，渴望進北大，學數學，然後出國留學。回到鄉下他能做什麼呢？他種不了田，也無田可種。日本人已經接近合肥，大軍壓境，咄咄逼人。不願當亡國奴的他，只有走出去，才有出路。但他的妻子身懷六甲，怎能離開？好不容易走出去了兩天，又跑了回來。但他的妻子深明大義，拿出自己的貼己錢，硬是將他送走。這一走就是九年！

　　在這九年之中，葛德淦吃盡了千辛萬苦：挨過日本飛機的轟炸，受過土匪流氓的敲詐，一路上經常風餐露宿，以步當車。1938年6月在漢口戰幹三團當看護兵。其間曾經集體參加三青團，但沒擔任過任何職務。

　　1939年葛德淦考上國立湖南大學。他本來是想考數學系的，但考前沒有時間復習，也沒有可供復習的資料，於是決定改報政治系，居然名列榜首，錄為公費生。從此他就踏上了政治之路。1943年7月葛德淦以第一名身份畢業，留校任助教，開始了他幾十年的從教生涯。工作以後，他念念不忘參加留學考試，出國深造。1946年他終於到漢口參加了公費留學考試，而且考取了英國的一所名校，不是牛津就是劍橋，但因缺少國內的費用而未能成行，他引為終身憾事。

　　直到1948年年底，葛的一家離別十年，才在嶽麓山下團聚！

　　葛先生雖然讀書癡迷，卻非常關心家外事。家庭教育，他個人的遭遇和經歷，使他將個人的命運和國家的前途緊緊連在一起。他思想激進，對國民黨的腐敗，深惡痛絕。他積極參加學生運動，經受戰鬥的洗禮，於1949年參加地下共產黨，成為它忠實的一員，從此就把自己的一切都交給了它。但他又太天真、太執著、太忠誠，以至於「被自己的同志當作了墊腳石，被他們踐踏了數十年……」

1949年4月起到8月長沙解放，他一直擔任著中共湖大地下支部委員。長沙解放以後，他出任湖大接收委員會委員、校務管理委員。1949年11月至1950年10月兼任湖大黨組成員、人事科長、校務管理委員、校務委員，是湖大實際上的主要領導幹部之一。

他的內心又不願當官，一心一意想在學術上有所成就。他主動申請，經李達校長同意，1950年10月他去北京人民大學讀研究班，1952年畢業。他是人大的第一屆研究生。

1953年8月全國高校院系大調整，貫徹向蘇聯一邊倒的方針，徹底按照蘇聯模式，改變原有的教育體制，減少綜合性大學，每省最多只留一所；考試計分改100分制為五分制，普遍設立教研室，推行勞衛制，分散建立單科性學院。湖南僅有的一所綜合性大學——湖南大學，也慘遭解體。代之而起的是分別建立中南土木建築工程學院，中南礦冶學院，長沙鐵道學院、湖南財經學院、湖南醫學院、湖南中醫學院、湖南師範學院、湖南農學院等八所單科學院，給湖南的大學教育以很大的打擊，造成大量人才流失，降低教學質量。

葛先生一直受到李達校長的器重，本可以跟隨李達去武大的，也可以去廣州的研究所，但他卻老老實實服從組織分配，留在了條件較差、剛剛組建起來的湖南師範學院工作。

應該說組織上對他還是重視的。1948年他被提升為講師，解放以後先後擔任過多種黨和行政的職務：湖大和湖南師院的黨支部組織委員、支部書記、總支委員，湖南師院政治理論學習委員會辦公室主任，馬列主義教研室副主任，人事科長等重要職務。其中馬列主義教研室副主任一職他擔任的時間最久，從1952年一直幹到1960年6月被撤職為止。

1960年以後，葛德淦的情況，發生了重大的變化：他「失寵」了，馬列主義教研室副主任的頭銜也沒有了……學院新提升的十個副

教授中，也沒有了他的名字。論資歷、學歷、黨齡、外語水平、教學效果、校內外的知名度，他似乎是屬於應該提撥的那一群的，但他卻名落孫山了。這原因是什麼？馬列主義教研室以外的人並不清楚！但人們發現葛先生的外貌，發生了巨大的變化。他變得叫人認不得了：骨瘦如柴、哮喘嚴重，行動極其困難，從家裏走到教研室，不過1至2里路，他卻要走1至2小時，說話也相當困難，上氣不接下氣了。

湖南師院的馬列主義教研室主任（含副主任），實在不好當，他們的下場，都不大美妙。副主任張子傑是李達請來的，與李達一起編寫過社會發展史作為講義出版，由於歷史問題（懷疑他是漢奸），他在肅反以後即失去了信任，被免去了副主任的職務，從教研室調到圖書館去了。此人曾經是我的近鄰，同我住在稻香村一棟平房裏。他當時結婚不久，一個小女孩還未周歲。有一天他捧著一部蘇聯1954年出版的小百科辭典，問我要不要？他說他用不著了。為什麼用不著了，我竟沒問。他說我是教俄語的，應該用得著。這話不錯，我高高興興按原價買下了他的這部四大卷的辭典，至今還擺在我的書架上。

張子傑調到圖書館後不久，愛人同他離了婚，帶著女兒離開他，下放到她老家祁陽去了。張子傑失去了妻女之後非常傷感，但還是活了下來，沒有走上絕路，只是很少同人說話，成天埋頭編寫新書目錄，打卡片，送新書上架……掩藏起了自己的痛苦，把自己的全部精力和時間都投入到了工作中。到了文化大革命的中期開始清理階級隊伍的時候他自殺了，離開了人世，離開了他朝思暮想卻無法見到的女兒……他是我院文革中幾個自殺者中的一個，最最孤獨的一個！使我感到驚訝和不解的是平反冤假錯案的時候，居然發現他並被未定為什麼分子，沒戴任何帽子……但幾十年裏他的政治權利卻完全沒有了！

　　馬列主義教室另一個副主任，叫解毓才，副教授，解放前到處給青年朋友作報告，宣傳馬列主義，是長沙有很高知名度的進步學者，但在1958年被劃成右派，教研室副主任被撤，調離馬列主義教研室，後來在歷史系教現代史。文革前夕，妻子作為四類分子被遣送回鄉，子女全部下放海南島勞動。他孤零零地一個人生活，死的時候，身邊沒有任何親人，等到鄰居發現時，屍體已經……

　　張子傑，解毓才兩位馬列主義室副主任，都不是共產黨員，儘管他們都很進步，遭遇如此似乎還不難理解。而葛德淦的遭遇也是如此，實在叫人很難理解了。他既沒有歷史問題，又是中共的地下黨員，長沙解放前夕曾經提著腦袋幹革命，幾次不顧個人安危，出入國民黨駐長部隊做工作，爭取他們起義……

　　葛德淦失去信任到底是什麼原因呢？以前我們沒大注意，最近他的子女寫了回憶文章，我們才知道個大概。

　　首先是他對黨的知識份子政策，有不同的看法。對左得出奇的做法，他內心裏無法接受。解放初期，教師中具有這樣那樣歷史問題的，家庭出身不好的，社會關係複雜的，為數不少。這些人中又不乏學有專長、熱愛祖國、擁護共產黨的人在。對於這些人，只要他們老實教書，搞科研，就應該團結他們，發揮他們的一技之長，讓他們為社會服務，而不應將他們當成敵人。否則就是將他們往國民黨方面推！而周圍的情況，正是如此。這使他感到非常不解，甚至痛心疾首！

　　馬列主義教研室內，有這樣那樣問題的教師不少，如前面已經提到的張子傑，解毓才副主任，便都是應該教育團結的人，但他們卻被打成了日本特務、右派分子，搞得他們家破人亡。曹新寰是又一個例子。他是湖大法律系的高材生，老講師，基礎知識扎實、教學態度好，卻因所謂歷史問題而被調往農村，文革中自殺身死。李長華

是東北師大解放後培養出來的研究生，在科研上正在出成績，卻以歷史問題被下放到農村。他心情鬱悶，無法自解，不幾年就抑鬱而死。李觀扶剛剛分來被打成右派，下放農村！李金奎、彭國璋、王振漢等人不是下放、就是調走。胡銀亮還被開除出教師隊伍……葛德淦目睹這些極「左」的做法，痛心疾首。他不止一次地向黨的領導，發表自己的看法。但在極左氾濫的時代，他的正確意見，不僅得不到尊重，反倒成了他反黨的罪證。這是葛德淦的悲哀！

葛德淦的另一個罪名，是他嚴重的個人主義。說他的個人主義，已經發展到極其嚴重的地步：「敵我不分，喪失立場，向反革命分子、右派分子、壞分子投降，討好，同他們親如一家」。但具體事實，我們並不清楚。

葛德淦是一個在學術上有抱負、有追求的知識份子，他有過出國留學深造，創造條件，升上教授的夢想。為了實現這夢想，他刻苦鑽研。他基本功扎實，學識淵博，博古通今，有研究生學歷。還懂幾種外語，英語口語尤佳。在古代哲學史的研究方面，發表過多篇頗有見地的論文。教學又兢兢業業，誨人不倦，學生反應良好……他希望晉升為教授，本屬人之常情，又有什麼罪？不想當將軍的士兵，不是一個好士兵。不想當教授的教師，難道就是好教師嗎？難道想當教授就是極端個人主義，就有罪嗎？

葛德淦並不是一個利欲心重，跟人爭名奪利的人。剛解放時上面準備任命他為馬列主義研室主任，他認為不妥：他只是講師，不應該當主任。他建議王學膺當主任，因為王是教授，他甘願當副主任。從這一事件中，我們可以清楚地看出葛德淦並不是一個一心往上爬，名利心很強的人！

有個副教授，解放後改聘為研究員，工資打三折，不如一個新助教，他認為不妥，應該增加工資。這完全是正確的，卻被說成是

他「為了達到個人向上爬的目的。在黨內黨外進行拉攏、打擊，挑撥離間，破壞黨的團結，反對黨的領導……」

葛德淦不隨便給學院院刊寫稿，又被人說成是他「狂妄自大」，看不起領導……

1955年肅反，因為他跟得不緊，左得不夠，於是他政治立場的堅定性，受到懷疑。1956年支部改選，他的支委被改掉了，1957年冬天他又被列為整黨重點，指定他在全院「交心」。在1959~1960年的反右傾整風運動中，他成了重點對象，受到殘酷鬥爭、無情打擊。從1959年1月1日至23日這23天當中，先後給他開了9次鬥爭會。他的身體本來就弱，經過這麼一鬥，身心受到嚴重摧殘。他病倒了，不能起床，但鬥爭會還是照常開，直開到他病榻前，殘忍已經到了何等地步！鬥爭會後，給他一個「撤去馬列主義教研室副主任的職務，留黨察看兩年」的處分。

處分是在他不在場的情況下作出的，他不服，要求申辯，答復是「處分的輕重取決於你的態度！」這實際上是不容申辯的威脅！

但是他相信黨中央、相信毛主席會給他平反昭雪的，於是他給黨中央、毛主席寫信，一封又一封地寫……

就在他等待平反的時候，他被調出了馬列主義教研室。他一會兒被塞到中文系，一會兒又被送到外語系，像算盤子一樣，被人撥來撥去……

1961年中央決定甄別平反冤假錯案。於是一張菲薄的平反書，又把他帶回到了馬列主義教研究室！不，是政治系了！

這場長達數年的殘酷無情的鬥爭，嚴重摧毀了他本來就不太健康的身體，四十才出頭，已成幡然老翁，瘦骨嶙峋，與實際年齡，大相逕庭了。

　　三年苦日子剛剛過去，人們才從饑餓中緩過一口氣來。1966年6月，一場史無前例的大風暴又刮起來了！誰也沒想到，這竟是一場空前的大災難，一場浩劫！

　　無產階級文化大革命的號角一吹響，葛德淦的日子就難過起來了。大字報鋪天蓋地，從系裏貼到了家門口。他一張張地讀，還拖著沉重的步伐，走到系裏去看，動員孩子們給他去抄。這時的葛德淦已是「老運動員」了，飽經風霜，無所畏懼了。他對一切都處之泰然，但他的身體卻讓人非常擔憂。他坐骨神經痛，行動非常困難，加上嚴重的哮喘和肺氣腫，走一步，喘半天。別人十分鐘的路，他兩個小時還走不到。到系裏去，他不得不帶上一條板凳，走一步，坐一會，每走一步都痛得他有如萬箭穿心，痛得他上氣不接下氣。他早上去上班，晚上才回家，中飯得家裏派人去送。他住的地方離系裏不過兩里的距離，他卻要走五個多小時。在他生命的最後一個月，他兩次昏倒在路上！他已病入膏肓，生命屬於他的日子已經屈指可數。但工作組對他還是沒有放過：派學生上門，抄走了他的文章、手稿、資料……。這簡直是對他致命的打擊，無異於要去他的老命。

　　他叫來自己的子女，吩咐他們：

　　「我怕不行了，你們可要記住：從參加革命那天起，我的所作所為都對得起黨，對得起毛主席，也對得起你們……如果將來因為我而連累你們，那就只能請你們原諒了……我死之後，你們準備一塊紅布，寫上共產黨員葛德淦幾個字，貼在我的胸前，我就瞑目了！」

　　1966年7月25日葛德淦這位忠誠的共產黨員離開了人世。那一年他才52歲，雖不算夭折，也是英年早逝了。悲乎！但話又說回來，要是晚死幾天，〈橫掃一切牛鬼蛇神〉的社論一出來，他的命

運肯定會更慘！記得那一天，嶽麓山上亂雲飛滾，山下紅旗迎飄揚，湘江河裏，濁浪滔天，數以百計教師的家被抄，數以百計的教師被戴上高帽子遊街，不堪凌辱者一夜之間就自殺死了好幾個，李祐，羅琪兩夫婦，雙雙吊死在一根繩子上！幸乎不幸？葛先生你能置身於外嗎？九泉有知，不知他會作何感想？

我同葛先生不熟，最多只能算是點頭之交吧。我們年歲不同，專業有別，又不住在一個村。他「高高在上」，住在新玉善村的最高處，我自慚形穢，住在老玉善村的最低處，相距甚遠，平時難得一見。即使見一面，也難得說上幾句，加上他的一口安徽話，聽起來很吃力，所以談話很有限。他對我來說，好像一直是一個謎。我不知道他為什麼政治地位越來越低了。原來以為他水平低，能力不行，沒想到他是那麼的受迫害。對他的批判主要是在黨內進行的，在那個講究「內外有別」，嚴格保密的時代，黨內發生的事，黨外人士很難知曉。直到最近讀了他女兒寫的長篇回憶《父親》，又訪問了馬列主義教研室的幾位老教師才知道葛先生受害的大概情況。現在摘要地轉述於此，以饗讀者，同時籍此以表示我對葛先生的同情！

一根繩子，兩條人命
——記李祐夫婦之死

　　李祐湖南祁陽人，1917年出生在長沙，祖籍祁陽潘家埠龍溪村。父親李幼文，曾經留學日本，與宋教仁相交。熊希齡是他的內親，民國初年熊出任內閣總理，曾邀他工作，他謝絕不往。他一生飄泊異鄉，後來經商，但因不善經營，臨死時家產所剩無幾。李祐隨父住在北京多年，說得一口標準的北京話。曾任湖南教育廳長多年的朱經農是他的舅舅，朱、李兩家來往密切。李幼文夫婦都擅長書法，但不好示人，所以很少有人知道。蘆溝橋事變後他在北京無法安生，被迫返回故里定居，30年代末病死在家鄉。

　　李祐在父母的影響下，自小認真讀書，對我國的古典文學發生濃厚興趣。他也像他的父母一樣，不願從政，而選擇了以教書作為自己的職業。三十年代末考入湖南大學中文系，畢業後留校任教，同時在雲麓中學等處兼課。1953年8月全國高校院系大調整，他被安排到了湖南師院中文系，先後擔任古典文學教研室主任、中文系副主任。他在嶽麓山下生活、工作數十年，是地地道道的麓山學人。無產階級文化大革命開始後，他被作為「走資本主義道路的當權派」和「反動學術權威」而被揪鬥，1966年9月22日他和夫人羅琪用一根繩子雙雙縊死在自己的家中，成了嶽麓山下「紅色恐怖」的第一批犧牲者！

　　李祐的姐姐李祁，1902年生於長沙，「五四」後不久考入北京大學中文系，她寫的詩詞，受到徐志摩等名家的賞識，還在學生時代，就開始在文壇嶄露頭角。畢業後，考取官費留學，在英

國牛津大學攻讀英國文學，學習刻苦，成績斐然，受到同行們的稱許。歸國以後曾在湖南大學、國立師範學院、浙江大學擔任外國文學教授，講授英國文學，對拜論的詩和狄更斯的長篇小說，研究尤為深入，深受學生歡迎。她深受西方文化的影響，1948年又當選為「國大代表」，對共產黨頗多誤解和疑慮，解放前夕去臺灣大學教書就沒有再回來。後來經香港去美國，在幾所大學裏教書，成為頗有名氣的教授。她與弟弟李祜年齡相差十五歲，在一起生活的時間很短，但感情甚好，可政治傾向不同，於是一個去了美國，一個留在共產黨領導的新中國。沒想到姐弟兩人一別成千古，結局竟然迥異！

　　李祁的著作，在臺灣出版的有《李祁詩詞集》（1975年出版），大陸出版的有《李祁詩詞全集》（1989年）。李祜沒有活到他姐姐的詩詞出版。

　　我同李祜雖係同鄉，又同姓一個李字，卻沒有多少來往。記得起來只有兩次：一次是順便向他問了一個什麼問題；一次是反右時他主筆寫了一篇批右的文章，把我的名字列在五名作者之中，發表後他客客氣氣給了我五元稿費。我們年齡不同，地位不同，專業不一樣，住處也不在一個村子，所以沒有什麼接觸。但是我知道他政治上很進步，正在爭取入黨。1956年黨的大門突然向知識份子敞開，宣稱入黨是知識份子的光榮歸宿，在全國範圍裏吸收了一大批年紀較大的高級知識份子入黨。他是我校高級知識份子中較早入黨的一個。入黨以後他理所當然地成了中文系的副主任，在系主任韓罕明1958年調往新籌建的湖南大學之後，他便成了湖南師範學院中文系實際上的主要負責人。

　　李祜深知自己的家庭出身不好，社會關係複雜，加上姐姐李祁留居美國，屬於有海外關係的人，要取得黨的信任不易，所以處處

謹言慎行，生怕出錯。他上課的講稿，都寫得詳詳細細，分析有根有據，決不亂發議論。人們評價他的講課是「紅旗飄飄」，可以作為樣板。平時李祁來信他都上交組織審查，過「苦日子」時李祁從國外寄來奶油、餅乾、肉罐頭，他都在收到時即刻送給黨的領導檢查，當著他們的面拆封。給李祁的信，他寫好後即交領導審查，什麼話該談，什麼事該講，他都向黨組織請示。他是一個處處依靠黨，聽黨的話，忠誠黨的事業，把一切都交給黨的好黨員！他知道在階級鬥爭非常複雜的中文系，不依靠黨是要犯大錯誤的。他沒有犯錯誤的本錢，所以他為了保全自己，不得不強迫自己百分之百地按黨的指示辦事，其結果卻是事與願違，相當可悲！

中文系是我院教學力量最強，也是政治情況極為複雜的一個系。教師中老人較多，在「左」風刮得很緊的時候，他們受到的迫害最重。次次運動中文系幾乎都是重點。反胡風，正式抓走了胡風骨幹分子彭燕郊，搜查了嫌疑分子汪華藻，侯懷沙「畏罪自殺」；肅反時，孫俍工被定為歷史反革命，周鐵錚被捕判刑；撥白旗時馬宗霍被批鬥，拂袖而去，不辭而別。反右時羅暟嵐、周秉鈞、汪華藻被劃為右派……李祁作為中文系的主要負責人，多多少少負有責任，是肯定的。特別對周鐵錚、周秉鈞、王石波等人的被捕、被批鬥和戴上帽子都負有難以推卸的責任。他們對他耿耿於懷，完全可以理解。

周秉鈞、周鐵錚、王石波和李祁的年齡不相上下，當時他們都是中文系中年教師中的佼佼者，教學與科研的骨幹。周鐵錚被捕一案，迄今令人不解。據說此人是一個書呆子，只知讀書、教書、寫書。他是楊樹達最得意的門生，最佳的學術接班人，楊先生想將他的大女兒嫁給他，大女兒不肯，嫌他是書呆子，他最後還是把自己的二女兒嫁了他。周鐵錚只是一個不問政治的學究，曾經追求過

他的女朋友，代他報名參加了一個學會性質的「健新學會」。這本不是一個什麼大不了的政治問題，我院外語系的老師譚順詢，也是其中的成員。奇怪的是譚順詢並未受到任何追究，而周鐵錚卻為此付出了巨大的代價。楊樹達先生1956年去世時，就在追悼會後，省委宣傳部長唐麟代表省委對楊的三個兒子說：「周鐵錚隱瞞反動歷史，本應嚴肅處理，看在你們父親楊老先生的面上就不處理了。」但兩年過後，周就被劃為右派兼歷史反革命，判刑三年，發配到西湖農場勞動改造。他的妻子為了子女的前途，同他離了婚。王石波先生對我說是李祜很生氣地動員她離婚的，他對此很不理解，而懷疑李祜別有用心。

　　周鐵錚在勞改中表現良好，提前獲得釋放，並在農場就業。1965年回到長沙後在一家街道工廠，靠磨銼子維持生活。1978年元月2日，他已半身不遂，在勉強用火鉗夾藕煤時，不幸把棉褲露在外面的棉花燒著了。等到被人發現時，他已被火燒得焦頭爛額，氣息奄奄了。因無錢住院治療，第二天就離開了人世。他是一個水平很不錯的語言學家，他編寫的現代漢語講義，得到普遍的認可，是當時高校使用最廣的教材之一。如果再多活一兩年，趕上胡耀邦大刀闊斧地平反，他就不僅死不了，而且還會成為一位人們爭著要的碩士、博士生導師，像周秉鈞、王石波先生後來那樣。

　　周鐵錚先生一案，有許多問題無法得到合理的解釋，是李祜夾嫌報復、陷害，因為他們在學術上是競爭對手？還是一些人對楊樹達先生不滿的發洩？不少人至今存疑。

　　李祜執行「左」的知識份子的政策不遺餘力，是不可否認的，但他終究是執行者而不是政策的制定者，他自己也是左的路線的受害者！如果在歷次運動中他沒有受到什麼損害的話，那麼在史無前例的無產階級的文化大革命中，他就遭到了滅頂之災。

　　1966年8月8日文革十六條剛剛在中央電臺反覆廣播、嶽麓山下就掀起了「紅色恐怖」的高潮。大字報形成海洋，從廣場、大馬路、教學樓一直貼到了老師們的家裏，封住了老師們的家，接著就是抄家，新、老至善村的老教師們的家，幾乎沒有一家沒被抄，手錶、手飾、金銀財寶、銀元美鈔，都在抄沒之列，翻箱倒櫃，無所不抄……一兩百教師的家剛被抄完，就被押到各自的系科，聽候「革命小將」的發落，大多數被掛上「黑鬼」牌子，關進「牛棚」。全院被關進各系「牛棚」的高達數百人。李祜也是其中之一。中文系被關押的高達27人，為全校各系之冠，李祜一身二任，既是「走資派」又兼「反動學術權威」，置身其中，自屬理所當然。

　　令人不解是李祜為什麼那麼軟弱，那麼經不起考驗，「黑鬼」牌子剛剛戴上不幾天，他請假回家清理東西一進去就不再出來，站在外面的革命小將等得不耐煩了，進去一看，李祜和羅琪正套在一根繩索上，吊在門框上，解下來搶救，已經無濟於事：他們死去了，不是同年同月同日生，卻是同年同月同日同時死，是浪漫還是悲慘？罪責在誰？

　　有人說羅琪沒有獨立生活能力，一見李祜掛著「黑鬼」牌子，要帶被服去住「牛棚」，她便要上吊自殺，李祜捨她不得，便同她一起自殺了。另一說是他們被從未見過的「紅色恐怖」嚇死的。不管是哪一種說法，反正他們是上吊自殺死了。

　　當時李祜患有嚴重的心臟病和高血壓，靠藥物維持。被關進「牛棚」以後，得不到應有的藥物治療，身體極其虛弱，上食堂買飯菜的力氣都沒有，只好請人代買。

　　他是1966年9月14日被集中關進「牛棚」的。關進後不幾天，紅衛兵就宣佈勒令他搬家，說他夫婦倆住一套間太舒服了。9月22日晚餐後，他向監督人員請了個假，回家清理東西好搬家。獲准以

後，由人押著回到家裏，他馬上寫下一紙絕命書和一封致系革籌的信。當天晚上他就和夫人羅琪一起懸樑自盡了。

這是1972年12月20日院革委會的平反材料說的，但沒有公佈李祜留下的絕命書和他致系革籌的信的內容。因此李祜在絕命書和信中說了些什麼，至今不為人所知。

外面的高音喇叭還在反覆播放無產階級文化大革命十六條，嶽麓山下就傳出幾起自殺身死的消息，繼李祜、羅琪夫婦雙雙自殺之後，化學系的魏璠也自殺身死，她不是懸樑，而是吞的化學毒劑。她是在「掛牌」之後進「牛棚」之前自殺的。她顯然信奉「士可殺而不可辱」的信條，把個人尊嚴看得重於自己的生命。化學系老師接觸有毒的物質機會多，服毒自殺比較容易，她是一位獨身女老師，四十來歲，心高氣傲，容不得別人對她的侮辱。走上自殺一途不難理解。這是我來到嶽麓山下見到化學系的第二個自殺者，前一個是德高望重的二級教授，師範學院的第一副院長林兆倧先生。

「人生最寶貴的是生命！」誰不珍惜自己的生命？所以說自殺是一種絕望的行為，只要還有一線光明，誰還想死呢？

但在極「左」的時代，卻硬要說自殺是對社會主義的背叛，是自絕於人民的犯罪行為，不僅得不到應有的同情，反而要加以嚴厲的譴責。實際上這是對惡勢力的抗議，是拚死抗爭的反抗行為，雖不值得提倡，卻應該得到同情！李祜、羅琪、魏璠的死都是如此，他們是受迫害而死的！改革開放以後，他們都得到了平反，地下有靈，應該感到一絲欣慰了。於今告別了階級鬥爭，知識份子的尊嚴受到尊重，人權有了保障，可以放開手腳，無拘無束地貢獻自己的力量，充分發揮自己的聰明才智了。但願嶽麓山下，一片光明，被鬥自殺之類的悲劇，不再重演。

李祜發表的論文不多，據祁陽縣誌《李祜》載，有〈論西遊記〉和〈論中國古典文學現實主義的發展〉，後一篇發表時署名古典文學教研室，實係李祜所作。

　　　　　　（本文發表在2007年12月28日的《湘聲報》上，2008年收入

　　　　　　　　《中國文史精華年選》，花城出版社出版）

喝延河水長大的「紅小鬼」閻明智

　　1972年上面下令，要複課鬧革命了。這個時候我正在挖防空洞。自從毛澤東提出「深挖洞」以來，全國各地到處都在挖洞。我們學校執行這一「最高指示」特別堅決，不但組織人力，而且不惜付出巨大的財力，數年如一日，挖洞不止。從長沙嶽麓山下一直挖到平江時豐公社學農基地，沒有間斷過，就是我們外語系的打字員陽武賢，在洞中被塌下的巨石壓死，也沒有讓我們停止。耗去的人力，可以不算（因為那時學校停課鬧革命），用去了多少水泥和紅磚，恐怕誰也沒去統計，反正是國家的錢，統計它幹嗎呢？

　　我是我們學院挖防空洞的主力軍、常備隊專業泥工。我們這支常備隊，人數不多，很固定，主要成員有林增平、鄒聲揚、王昌猷、王克勳和我。「九一三」林彪駕機外逃、折戟沉沙，摔死在溫都爾汗的時候，我們正在嶽麓山的地洞裏深挖。中央的1、2、3號文件，我們都去聽了，但聽完不讓討論，仍回防空洞裏，繼續挖洞。

　　不過沒過多久，武裝部的朱順生部長就跑進洞裏來找我和王克勳老師，叫我們回外語系工作。我當時表示：

　　「我們在這裏不是很好嗎？為什麼要我們回去呢？我不回去！」

　　朱部長是個老革命，1938年參加新四軍抗日，文化水平不高，人卻很直率，而且對我們不錯，從沒把我們當敵人看待。他說：

　　「你們系的周書記來了，說你們是老師，現在復課鬧革命，要你們回去準備上課。我也是捨不得你們走，你們在這裏幹熟了幹得蠻好嘛！」

　　我們捨不得離開，是因為這裏可以「逍遙」，沒有革命群眾來「監督改造」。我們把防空洞當成了避風港，雖然累一點，卻多了一點安寧！

　　「胳膊扭不過大腿」，我們不願意也得回外語系了。

　　我們回到系裏，發現來了幾個新人。一打聽才知道他們是從茶陵外交部辦的一所五七幹校分來的。其中有一個高高的瘦長個子，是搞俄語的，他一見到我首先用俄語問好，然後自我介紹說：

　　「我叫閻明智，閻王爺的閻，不是嚴格的嚴！」這一風趣的介紹，好像一下子就拉近了我們之間的距離，甚至有了一點親切感。

　　領導安排我們三人一起編教材，說原有的教材裏面儘是封資修（指封建主義、資本主義和修正主義）的內容，不能再用，你們編新的吧！

　　從此以後我和老閻便天天坐在一條板凳上，開始編俄語教材。

　　在一起的日子一長，我們便開始交談起來，後來越談越起勁，把編教材的事當成了一件馬虎應付的公差。上面來人，我們就談教材，他們一走，我們就扯談、聊天。

　　原來「提起此馬來頭大」閻先生可不是一個簡單的人物。

　　他是東北遼寧人，1924年生。不到十五歲就隨著他大哥閻大新到延安參加革命。在延安的大開荒運動中，他年紀小表現突出被評為勞動模範，還受到毛澤東等人的稱讚呢！

　　不久組織上看到他年紀小，人很機伶，便派他去學俄語，於是他成了共產黨自己培養出來的第一批翻譯。1945年聯合國在美國召開成立大會，董必武代表中國共產黨，參加中國代表團，隨身帶的翻譯，就是他閻明智。從此以後，他就沒再離開外交戰線。

　　他的父親，是著名的東北軍將領，名叫閻寶航，西安事變前加入共產黨，在國民黨的部隊裏從事黨的地下工作，曾經為共產黨搞到不少重要情報。他1940年在李宗仁的第一戰區長官司令部裏當高參，搞到了希特勒即將向蘇聯發動進攻的絕密情報，立即向延安報告，他怕時間來不及，又以一個普通共產黨員的名義，直接向史達林去電密報，希望蘇聯有所準備。此事在蘇軍次帥朱可夫的回憶錄中提到過，中共中央組織部在閻寶航的悼辭中也提及此事，說他對國際共產主義運動作出過重要貢獻。

　　閻明智的弟弟閻明復，也是一名俄語翻譯，文化大革命前，他是中共中央辦公廳的翻譯組長，赫魯雪夫來華，同毛澤東會談，就是他當的翻譯，1965年被定為彭（真）、羅（瑞卿）、陸（定一）、楊（尚昆）的死黨，被捕入獄。

　　閻明智的妹妹閻明光，也是高級幹部，曾經當過武漢市婦聯的主任，妹夫文革前是華東經委主任，也是高幹；

閻明智的姐姐參加革命後改名高林，在部隊裏搞政工工作，姐夫李東野是海軍的高級幹部，曾經當過大連海校政治部主任、海軍東海艦隊的政委，國防科技大學政委。

閻明智的這一家，在文化大革命洪流衝擊下，命運相當凄慘。他同我交談時父親、弟弟都還關在監獄中，他非常擔心他們的安危，夜夜睡不著。

他自己的命運也同樣悲慘：他被革命群眾揪出來以後，妻子劉莎帶著三個孩子離他而去。他們郎才女貌，本是幸福的一對，現在卻勞燕分飛，天各一方，他非常希望破鏡重圓，檢回失去的幸福！

他妻子劉莎，也是革命家庭出身，父親劉子長，是劉子丹的兄弟，都是陝北革命根據地的創始人。劉莎和閻明智是在莫斯科認識而結婚的，閻明智當時在我駐蘇大使館當一等秘書兼翻譯。他和劉莎的結合，被同伴們稱為美滿的一對！

閻明智被揪出以後，劉莎為了同他在政治上劃清界線，憤然提出離婚要求。閻明智考慮到孩子們的政治前途，他不得不答應劉莎的要求，同意離婚，並自願請求法院將三個孩子都判給劉莎撫養。他月工資148元，只留下三十元生活費，其餘悉數交給劉莎。他內心裏希望有朝一日破鏡重圓。他之所以把全部工資都交給劉莎，目的是為今後的重圓打基礎，緩和一下劉莎對他的怨恨！劉莎本來是很愛閻明智的，但閻的問題出來以後，她為自身的政治前途著想，不得不與閻劃清界線，何況大字報又揭發他與外交部的一個「破鞋」亂搞男女關係，所以劉莎對閻由愛生恨，便讓閻一個人獨自來到我院工作。劉莎同閻離婚以後，獲得了上級領導的肯定，讓她出任外交部翻譯處的副處長，基本上取代了老閻留下的空缺，由可以通天的王海蓉直接領導。她面前出現的是似錦的前程，把閻明智暫時置諸腦後了。

　　但閻明智並未死心，所以他仍然按時給劉莎寄工資，自己只留下三十元，寧願自己過拮拘的生活。他沒錢買煙，便買來煙絲，自卷喇叭筒抽。他無錢制辦衣服，只好穿過時的舊衣。政治上的失意、思想上的鬱悶、精神上的痛苦、生活上的拮据，摧毀了他的身體。他本是一米八幾的東北大漢，不到五十歲，就已露出了明顯的老相：腰彎背駝了，步履蹣跚，拄起了一根粗大的拐杖。大家都叫他閻老頭了。

　　俗話說：龍游淺水遭蝦戲，虎落平陽被犬欺。他已經沒有了當年威風凜凜的神氣，來我院時連黨籍也沒有，在黨的領導眼裏，他不過是同我一樣的「敵對分子」，不過他還沒有絕望。他曾經對我多次開玩笑說：

　　「有朝一日，我熬出頭來，一定調你去國外弄個大使當當！」

　　我當然不會有那麼一天，也從來沒有過那樣的奢望，只是從這裏可以看出他心裏埋藏著的一線希望罷了！

　　中央領導人中，他認識的不少，談得最多的是總理周恩來。他說給周當翻譯最舒服。他說話出口成章，叫你譯起來很愉快。他又提到某些領導人的名字，說他們說話羅索，邏輯混亂，語無倫次，像一團亂麻，你怎麼聽也弄不清他說的是什麼意思。怎麼翻哪，我的天啊！

　　這話我知道不假，我當翻譯的時候，也碰到過這種人。你稍一遲疑，他還不滿呢！

　　「你怎麼不快翻呀！」

　　「你說的是什麼我還沒弄懂怎麼翻？」

　　這樣他就冒犯了領導，再加上平時發的一些牢騷，說的一些不滿的怪話，在1959年反右傾時便被戴上了一頂右傾機會主義的帽子，被送回國內來了。直到1960年還是1961年「甄別」平反時才摘

去帽子，但降了一級的工資，卻沒能恢復。不過，不久他就被任命為外交部翻譯處的處長。但「四清」運動開始後不久他又被作為壞分子揪了出來，文革中經過七鬥八鬥，發送到茶陵五七幹校改造，直到1972年林彪事件發生以後，外交部在茶陵辦的五七幹校宣佈撤銷，所有人員就地消化，他才和其他幾個人一起來到我院，安排到外語系俄語專業教研室當老師。說是老師卻沒有叫他上課，而是同我和王克勳等人一起編教材。

「身在曹營心在漢」，閻先生哪有心思編教材呢？這時他的老兄閻大新雖已解放，回到了解放軍後勤學院當政委，自己的父親卻病死在北京衛戌司令部的獄中。他口裏沒說什麼，內心的痛苦是可以想像得到的。當然，最讓他牽掛的還是他的弟弟閻明復！當時他連弟弟關在哪裡，是否健在都不清楚。

他留了一著後路，沒把自己的戶口關係從北京遷來，可那時不少日用品得憑戶口供應，比如白糖之類。實在需要的時候，他不得不向人求助。

有一次他到我家閒聊，一進門見到我家的那個窮酸相，馬上大發感慨。他說我國的知識份子住這樣低矮、窄小的房子，過著這樣赤貧的生活，還要受到這樣的折磨，實在太委屈了！他話鋒一轉，談到他過去的生活，外交官們的生活。他說他們都有高級手錶、高級自行車、鋼琴、照相機……而且都是從國外進口的，整個外交部的宿舍，都充滿了進口貨，與我們尋常百姓家，完全是兩個世界：一個在天上，一個在地下。他滔滔不絕地說著，流露出對昔日外交官生活的無限留戀。他以前作夢也沒想到他會落到今天這樣的田地。我讓妻子做了幾個菜，請他吃飯，兩杯酒下肚，他的話匣子更加關不住了，他半認真半開玩笑地對我說：

「你可要常去看我啊，我一個人住，死了都沒人知道。我死後

開追悼會，你們不要送花圈，要送就現在送，把買花圈的錢給我，由我自己去支配，行吧！」

類似的話，他不知說過多少遍？對多少人說過？單是對我，就說過許多遍。這是他開的玩笑，還是他真實思想的流露呢？

1975年的春節，他回了一趟北京，看了一些他的朋友，瞭解了不少上層鬥爭的情況，等他回到嶽麓山后，一個反擊右傾翻案風的運動便在全國範圍內激烈地開展起來。

什麼叫運動？運動就是鬥爭，就是整人，不是你整我，就是我整你！不整個你死我活，決不罷手。

什麼叫「右傾翻案」？你有你的解釋，我有我的答案，於是原有的兩派，都想接過口號，把對方整倒。我們外語系的鬥爭，特別激烈。那個在歷次政治運動中嘗到過甜頭的老「左」，一聽說要反右，幹勁馬上就來了，他利用手中的權勢，馬上發動攻勢。首先在系總支裏發難，矛頭直指新來的書記，想取而代之，實現他在外語系獨霸一方的夢想。

沒想到他過高地估計了自己的力量，過低地估計了長期受到他的欺壓的群眾的力量和蘊藏已久的憤怒。閻明智深入受壓的群眾，運用他多年積累起來的政治鬥爭經驗，幫助這些受壓的人民同我系頭號的「左」派展開面對面的鬥爭。他們接連給那位左得不能再左的「同志」，發出三封公開信，徹底揭露他一貫殘酷鎮壓、打擊、迫害黨內外教師的事實，暴露他骯髒、卑劣的靈魂。全系師生，特別是那些受過他的迫害的看了，莫不拍手稱快！為了再現歷史的真實，茲將其中一封信的某些片斷摘錄如下：

「×××同志：

……你向來認為自己『一貫正確』，是『愛恨分明、立

場堅定』的好黨員⋯⋯但是你想沒想過，你搞的那一套並不是馬列主義⋯⋯在文化大革命的初期以及以後的清理階級隊伍、一打三反、清查五一六等運動中，你都歪曲黨的方針政策，嚴重混淆兩類不同性質的矛盾⋯⋯對許多同志無情打擊、殘酷迫害⋯⋯你總希望揪出來的『敵人』越多越好，千方百計欲置他人於死地⋯⋯你派人搞外調，必須要別人按照你的意思寫，如果外調回來的材料不合你的意，你就很不高興，叫別人重搞。你對別人的問題，不是實事求是，而是無限上綱上線，甚至無中生有，給人扣上莫須有的罪名，傷害了不少好同志⋯⋯

你對自己所犯的整群眾的錯誤，毫無認識，對群眾給你提出的善意批評，一直耿耿於懷。一有機會就起來報復，就想整人，就想把別人打成『階級敵人』，『反革命』⋯⋯你心懷鬼胎，表面一套，背後一套，表面裝人，背後是鬼，沒有一點光明正大！

⋯⋯你在外語系這些年的所作所為，說明你是有個人野心的。不是一點點，而且野心勃勃！你一貫打擊別人，抬高自己。你把手伸得很長，到處抓權。你特別喜歡在背後搞小動作，排擠、打擊、陷害同志⋯⋯你一旦掌權，就用人唯親，拉攏親信，培植個人勢力，大搞順我者昌、逆我者亡！⋯⋯

你也曾串東家，訪西家，噓寒問暖，好像很關心人的樣子。但群眾並不領你的情，為什麼？因為你太虛偽。你那樣做，是黃鼠狼給雞拜年，沒安好心！大家都知道，你以整人為樂，一天不整人就手癢，就悶得發慌！所以群眾一見到你老遠就繞道，趕緊鎖上房門走開，免得你來胡攪蠻纏。你逢

人面帶三分笑，但笑不由衷，笑裏藏刀，人們已經領教過多次了……

你專橫跋扈，慣於對同志搞突然襲擊，慣於以勢壓人，恃強凌弱，強加於人……

你文過飾非，把一切功勞歸於自己，一切錯誤推給別人。你把自己打扮成正確路線的代表，抵制錯誤路線的『英雄』！你認為你在群眾中越孤立越光榮。群眾對你提意見，就是反黨，就是搞階級報復，就是『右派翻天』！……

你很會裝假、演戲。在形勢對你不利的時候，你也『檢討』，承認你執行錯誤路線，迫害了革命群眾。為了取得人們的同情，你甚至擠出過幾滴眼淚。可是你並沒有真正認識錯誤，而是在欺騙群眾，蒙混過關。老實說你的這一套，我們領教過多次了。不是嗎？你多次痛心疾首地哭著說：『我再也不整群眾了！』可言猶在耳！你一旦當權，就把自己說過的話，忘得一乾二淨，馬上就向群眾大肆反攻倒算，殘酷報復、鎮壓！

我們在一起工作多年，對你是知根知底的。我們奉勸你懸崖勒馬，放下手中的屠刀，睜開你的眼睛，正視自己骯髒的嘴臉，觸一觸自己靈魂深處的資產階級王國！」

信中提到的這個「同志」，的確是左得不能再左的左派，外語系一百零三個教職工中沒有受過他打擊迫害的，沒有幾個。人們常常開玩笑說，他是整人的天才！像他這樣的「整人天才」，外語系幾十年才出這麼一個！但他的出現並不是孤立的偶然現象，而是幾十年狠抓階級鬥爭的必然產物，他不過是一個難得的典型。外語系的黨內外教師團結一致，徹底揭露了這個「同志」

之後，從領導到群眾都放心多了。在這場鬥爭中，閻明智同志所起的作用不可低估，沒有他，受迫害的群眾不可能團結得那麼好，鬥爭的技巧那麼高！儘管他那時黨籍還沒有恢復，卻在這場鬥爭中起到了核心作用。

通過這場鬥爭，我同閻明智的關係更加親密，我們已經到了披肝瀝膽、無話不談的地步，有一次，我們在他的房裏竟然談了一整天，從早上八點談到下午六點，中間只草草地啃了一個饅頭，算是一頓中飯。

這時他的情緒越來越好。特別使他感到高興的是他的弟弟閻明復已從獄中釋放回家，並將於5月一日來長沙同他團聚。他們兩兄弟，感情很好，閻明復沒有兒子，他打算把小兒子過繼給他。閻明復出獄時，連話都不大會說了，但卻決定來長沙看他。閻明智這時的高興，簡直難以形容，他在焦急地等著弟弟的到來！

4月十五日外語系總支開會，討論恢復他的黨籍問題。討論的結果出乎他的意外：同志們一致同意恢復他的黨籍，並對他來我院的表現作了充分的肯定。他高興、興奮，俄語組內最年輕的黨員教師何伯仲伴送他回到他的住處，這時已經快到十一點了。沒想到就在凌晨四五點的時候，他心臟病發作，心肌梗死。他身邊無人，我兩次去他家敲門，均無人答應，直到十七日傍晚才叫鄰居從門上的小視窗爬去一看，發現他側身倒在床上，帽子已經戴好，但褲子只穿好一半，顯然是突然心肌梗死的。發現時屍體已經有了臭味！

閻先生的突然去世，使我失去了一個才結識的好友。他生前多次對我說過，要我經常去看他，不然他死了都沒人知道。現在真的讓他不幸而言中了。作為他的朋友，我理所當然地要盡力幫助他的家人，處理好後事。

　　我們通過學校，通知了他的親屬：他大哥閻大新工作忙，抽不開身，讓他的妻子來了；他二姐高林臨上飛機時心臟病發作，由她的女兒女婿代表她飛來了；劉莎作為他的生前好友也來了……劉莎還是我去火車站接到學校的，她帶著他的一個兒子，見到我時說要驗屍，查明死因。我告訴她遺體已送往湖南醫學院附屬第一醫院，等你們來了就驗屍……

　　學校領導怕麻煩，革委會主任躲到平江不回來，不願出面接待閻的親屬，於是我便充當起了學校與親屬之間的通訊員，來回傳遞他們的要求和意見。我從來沒有幹過這種工作，但為了完成故友的囑託，我又不得不做。好在閻明智的妹妹閻明光神通廣大，她從一位老友那裡弄來了一輛專車，找到省委組織部長李青。問題才有瞭解決的希望，不然事情就更難辦了。經過反覆的交涉，問題總算得到了比較圓滿的解決，開了一個追悼會，悼辭經過多次反覆協商，家屬總算滿意了，遺體火化後骨灰由他的兒子帶回到了北京。1980年外交部在北京給他又開了一次追悼會，重新評價了他的一生，將他的骨灰安葬在八寶山！

　　　　　　　　（本文曾於2008年8月29日刊載於《湘聲報》）

嚴怪愚先生外傳

　　嚴怪愚先生的大名，我是很早就知道的。記得那還是1949年的時候，當時我在長沙讀中學，好在課外看報紙，不知道在一張什麼小報上，讀到他寫的一篇文章，內容已經淡忘，但作者的名字，卻牢牢地記下來了。因為我覺得那名字很有趣，特別是把它和姓連起來念的時候，很象我家鄉裏的人對鯰魚的稱呼。

　　1958年「大躍進」，天天喜報頻傳，「一天等於二十年」！令人目不暇接！等到我從華中師範學院進修歸來的時候，嶽麓山下發生了很大的變化：1953年撤銷了的湖南大學恢復重建了，長沙師專和其他幾個規模不大的學院，全都合併到了湖南師範學院，於是師生數量大增，幾乎翻了一番！嚴先生大概就是那個時候跟著合併到師院來的。但此時他已被打入「另冊」，成了人們避之唯恐不遠的「另類」。我免不了從俗，從沒動過要去認識他的念頭。

　　到了「史無前例」的文革時，我進了「牛棚」，也成了「另類」，於是同他的界限開始模糊起來，想劃也劃不太清了。但因年齡不同，又不在一個單位工作，見面的機會不多，沒能深入交談過。

　　「右派」改正平反以後，有關嚴先生的傳聞越來越多。他去世以後，名聲更是越來越大，這才引起我的注意。朋友們知道我在寫有關麓山學人的文章，竭力向我推薦嚴先生。我猶豫再三，不敢動筆，原因很簡單：我對嚴先生知之甚少，怕寫不好，貽笑大方。直到最近仔細讀了嚴先生的文集，才下定決心，寫篇文章來紀念他。

　　嚴先生原名正，「怪愚」是後來改的。誰改的？有說是他父親改的，但語焉不詳。高原先生則說得很確切，是嚴先生自己改的。嚴先生在大學讀書時好寫文章，開始用「嚴怪愚」作筆名，發表後，社會反響很大，「從此這個帶有幾分詼諧和神秘色彩的名字，便在社會上傳開了。」此說似乎更為可信，因為它符合嚴先生的性格。

　　此後嚴先生的朋友中便有不少好拿他的名字調侃，他卻從不生氣，甚至有人直呼他「嚴怪」，他也笑著照答不誤。

　　嚴先生是否真的人如其名，既怪且愚呢？對此嚴先生的不少朋友在他生前身後，都發表過看法。你翻開先生的文集，從〈序言〉到〈附錄〉，都可以發現不少：有說只怪不愚的，有說不怪不愚的，也有說愚而不怪的……仁者見仁，智者見智！著名音樂家賀綠汀對嚴先生的看法，頗具代表性，似乎也最準確。這並不奇怪，賀先生是嚴先生的啟蒙老師，又是他革命的帶路人。對嚴先生的思想、人品、個性、瞭解很深，他們的師生情誼深厚，幾十年不變。賀先生在嚴的文集〈序言〉中說：

　　「嚴怪愚其實並不愚，雖然平日貫於自由……」

　　賀先生在這裏說的「不愚」，是指嚴先生「敢於站在被壓迫人民一邊」。

　　有意思的是，賀先生雖然肯定嚴先生在政治方面「不愚」，但並未明確否認嚴先生的「怪」。

　　如果說「怪」是指行為、思想方式與常人不同的話，那麼嚴先生確實從小就有點怪。你看，他不足16歲就起來幹革命，打土豪，鬥地主，參加共青團，17歲就加入共產黨，而且當過共產黨邵陽小東鄉的區委書記！

　　仔細一想，嚴先生的這種行為，並不為怪，而且帶有某種必然性。因為他家窮，窮則思變，最容易接受革命思想，起來革命，何

況他父親早就參加了農會，成了農民革命的積極分子呢？子承父業，有其父必有其子嘛！

不久，革命被反革命壓下去了，他父子倆失去了黨的聯繫，脫黨了……，父親迫於生計，改業從醫，30年代初走進長沙，成了湖南大學的校醫。於是嚴先生跟著到了長沙，憑著他的刻苦，考進了湖大的中文系。父親堅決反對他學中文，逼著他轉學經濟。他並不喜歡經濟，心中想的還是文學，但迫於父親的壓力，不得不身在經濟系，心卻放在文學上。還在大學學習期間，就拼命寫文章，四處投稿，畢業前居然出版了一本雜文集《百感交集》，在社會上，反響不小，嚴怪愚從此成了名人！

嚴先生在湖大學習時知名度就很高，不僅僅因為會寫文章，出了書，還因為他生活方式的自由散漫，不同於常人……

其實，據他的學友們回憶：嚴先生一貫「放浪形骸」，不修邊幅。他經常衣著不整，蓬頭垢面，非常隨便：衣扣總是不扣，或者是扣一、二顆，其餘全部敞開，鞋子總是拖拉著，拖著走路，即便是新鞋，也總是將後跟踩在腳下，變成不是拖鞋的拖鞋……

他行動滑稽，言語恢諧，他逗你笑，他自己卻一本正經，儘管他的幽默，滑稽，非常自然，完全出自他的天性，並無矯揉造作。

他嗓子好，會唱歌，也很喜歡音樂，賀綠汀喜歡他，與此不無關係。他人很聰明，一般的樂器，都能弄兩下，但都不精，一樣也沒弄好。在內行面前，他卻好班門弄斧，沒有一點不好意思。最令人發笑的是，他有一把舊琵琶（不知從哪裡弄來的），經常在校園裏邊彈、邊走、邊唱，「猶抱琵琶半遮面」。別人的反應，他是毫不在意的！

他經常鬧窮，學習期間尤甚。但有錢的時候，他的手又松得很，不會理財，很快又窮得叮噹響了，不得已便四處賒欠，學校四

周的小商小販，他都欠過錢。他雖有「帳多不愁、虱多不癢」的雅量，卻從不賴帳、混帳，稿費一到，馬上還債。不過舊債尚未還清，新債又欠上了。整個學習期間，他的債始終沒有還清過，所以他在畢業前的紀念照上，不無幽默地寫道：

「一縷青煙歸去也，麓山處處有麻紗！」

嚴先生的生活方式就是這麼怪，但他只是小節不拘，政治上的大節卻不虧。

他大學一畢業，就同別人一起辦報去了。他主編文藝副刊，暴露社會的黑暗，抨擊時政，宣傳新思想，提倡新文藝。他深入社會的底層，真實反映底層人民的困苦生活。他觀察敏銳，文筆潑辣，生動幽默，樸素自然。他將當時長沙的底層人民：人力車夫、賣黃泥巴的苦力、乞丐、流浪漢、妓女、窮藝人、拾荒者……的苦難生活，活靈活現地展示在讀者面前，激起人們的同情、憤慨和思考！

他在新聞工作崗位上一干就是二十一年。吃了不少苦，經歷了不少險阻。他是湖南地方報紙派往抗日前線的第一位戰地記者，從硝煙彌漫的戰場，寄回大量的戰地通訊發表。他謳歌前方將士浴血奮戰的慘烈，歌頌他們的英勇與勝利。

台兒莊會戰時，徐州會戰時，他受到前方將士英勇戰鬥的鼓舞，心情特別興奮，幹得多，寫的通迅多，成了名躁一時的戰地記者！

他是一位充滿愛國主義激情的記者，對於叛國投敵的民族敗類，充滿著仇恨。1939年2月底汪精衛事實上已經叛國，投降了日寇。但國民黨不敢公佈真相，嚴密封鎖消息。共產黨雖已瞭解真相，卻又礙於「統戰」，不便公諸報端。共產黨員范長江找到嚴先生，說：

「這是一條震動世界的消息。在重慶，國民黨封鎖嚴密，一時尚不能公佈。你們《力報》遠在邵陽，天高皇帝遠，可以冒點險，

搶先發表出來。你有這個膽嗎?」嚴先生二話沒說,馬上發加急電報回報社,同時夾寄一篇航空通訊:〈汪精衛叛國投敵前後〉,一併在報上發表。

消息一經發表,全國輿論譁然。第九戰區長官司令部的政工處長胡越大發雷霆,說:「嚴怪愚造謠,竟敢污蔑我們的汪副主席,非抓回來槍斃不可!」

事實終歸是事實,誰也掩蓋不了,於是不怕槍斃的嚴怪愚成了一位英雄記者!

作為一位人民的記者,首先得敢於說真話,不怕坐牢、殺頭、槍斃,這一點嚴先生做到了,事實並不止這一件。

廣西軍閥大肆吹噓,說廣西治理得如何如何好,是全國的模範省。嚴先生通過深入採訪,發現廣西並不如此,便寫了一篇〈春草遙望近卻無〉的通訊,出了桂系軍閥的一個大洋相。白崇禧對此一直耿耿於懷,1949年撤退到長沙時,馬上要找嚴先生談談,準備對他下毒手。嚴先生對白的約談目的,心知肚明,趕緊離開長沙,回邵陽參加游擊隊策動國民黨的一支部隊起義去了。

長沙文夕大火,日寇未到,古城長沙卻燒成了一片焦土,其狀至慘!嚴先生目賭此情,氣憤填膺,寫下一篇雜文〈火、火、火〉,批判的矛頭,直指湖南省政府主席張治中。張治中不是白崇禧,他雖有難言的苦衷,卻當面向嚴先生抱拳道歉,只是要求他高抬貴手,筆下留情!

嚴先生忠於記者的神聖使命,筆下無情,得罪不少權貴,吃了不少苦頭,所辦報紙,多次被查、被封,本人還被捉去坐過牢……

但他又「吉人天相」,多次逢凶化吉!他講信義,重友情,各行各業,三教九流朋友都有不少。解放前湘西土匪多如牛毛,

懷化地區尤甚，但只要你說認識嚴先生，保管土匪不會動你半根毫毛，還會對你待之以禮！朋友們如此說，嚴先生往往笑而不答，不置可否！

作為記者，嚴先生見證過許多重大的歷史事件，採訪過許多國民政府的政要和國軍前方的許多高級將領，但他的政治傾向，卻毫不動搖，始終忠於共產黨，儘管他在組織上，還沒有接上關係。1946年國共和談徹底破裂，中共上海和談代表撤退南京離開上海時，去北站送行的，只有他一個嚴怪愚！在南京，周恩來同他的一次談話，說革命三年就會勝利，更堅定了他的信念。果真剛剛三年，國民黨就土崩瓦解，共產黨執掌了全國的政權！

解放給嚴先生帶來非常大的興奮，他激動得熱淚盈眶。他早年打土豪、分田地的願望很快就變成了現實，他成了邵陽地區土改委員會的委員。邵陽解放的時候，他正在那裏，他是地下游擊隊的成員，對邵陽的解放是出過力，立過功的。

不久他被調到長沙，走上新聞出版戰線的領導崗位了，先是出任《大眾晚報》、《大眾報》的副社長，後來調任通俗讀物出版社的副社長。他在舊社會，做「無冕之王」太久，接觸過的三教九流太多太雜，自由散漫成性，處理不好個人與組織，自由與紀律，民主與集中等等的關係，無法適應新時代，更難適應領導工作。但他有自知之明，甘願放棄幹了21年的新聞出版工作，改行從教。長沙一中的學生聞訊，敲鑼打鼓歡迎。長沙師專一成立，他就被調了進去，登上高等學校的講堂了！

但在政治上，不久他就遇到了麻煩，先是1955年肅反，他被懷疑是胡風分子，於是隔離審查。專案人員查來查去，幾乎查遍了全國，也沒查出他是胡風集團成員 的證據來。但懷疑解除不到一年，嚴先生就上了「陽謀」的圈套，戴上了「右派」帽子，走上了

一條他怎麼也沒想到的艱難改造之路，開始長達二十年之久的苦難的歷程。

像所有的右派一樣，嚴先生感到委屈，他說：「大鳴大放時期，我沒在學校，我沒有貼過一張大字報，沒有向領導提過一點意見。」

照嚴先生的看法：只有在大鳴大放時期貼過大字報、向領導提過意見的人，被劃為右派才活該。這種看法顯然片面，不符合事實，沒鳴沒放的「右派」，我知道的就不止一個！

其次，嚴先生鳴放開始時，確實沒鳴沒放，但後來在省政協的會上還是鳴了，放了，而且情緒衝動，言辭激烈。不過嚴先生又說了，那是省委宣傳部長反覆動員他才說的，發言稿先一晚還給部長看過，並沒有指出有何不妥之處，發言的時候，部長又在場，聽完發言之後還說嚴的發言：「說得很好嘛！推倒了牆，填平了溝，黨群關係不就好了嗎？」

但幾天之後，《人民日報》的社論〈這是為什麼？〉便吹起了反擊右派的號角，部長的話馬上變了調，他指名道姓，嚴屬批判嚴先生「罪大惡極」，而且已經到了「不可救藥」的地步，非把他劃為「右派」不可了！

為什麼部長的調子變得這麼快？有人說部長早就知道「陽謀」，嚴先生是他刻意引出洞來的！果真如此，這位部長大人就失去了做人的道德底線。我對此是持保留態度的。

部長和嚴先生的關係，非同一般，他們年輕時便在一塊，長大了，同在一個報社裏工作，也可以說在一塊戰鬥過一個時期，在部長遭到國民黨的追捕時，嚴先生還搭救過他，也就是說有過救命之恩，為什麼要恩將仇報，陷人於罪呢？

嚴先生本人也覺得不好理解，所以他的說法是「部長有他的難處」！

　　嚴先生長期的難友汪華藻也對我說過：

　　「部長對嚴先生還是很關照的，右派最後定案的那一天，部長給師院的全體右派在文昌閣作了一次講話。中間休息時，他把嚴先生單獨叫出來，說：『嚴怪，你要作好準備哪，看來一兩個月要摘帽，恐怕不行了，起碼得要三五個月，不過，半年以後，最多不出一年吧，帽子總是可以摘去的，你不要悲觀！……』」

　　部長的話，沒有應驗，嚴先生的「右派」帽子一戴就是20年，他是我們學校最後摘帽的幾位「右派」之一。部長的遭遇，也不值得羨慕，一年多以後，他成了彭、黃、張、周的黑爪牙，也進了右字型大小的行列，只是他的帽子是「右傾機會主義分子」，比嚴先生的「右派」好一點，他還留在黨內。文革的烈火一來，部長經受不住，自殺了（也有懷疑他殺的），結局比嚴先生還慘！是報應，還是別的什麼，眾說紛紜，莫衷一是！

　　嚴先生戴上「右派」帽子以後，顯然並不服罪，「在舊社會……我沒有向反動派投過降……；我沒有寫過一句反共的文章；我沒有貪污一分一文……；我沒有出賣過同志……；多少保護過一些革命同志……

　　但在思想改造方面卻是認真的，而在學習毛澤東思想方面，表現尤其突出。可以毫不誇張地說，在右派行列之中，他是佼佼者之一！他始終牢記著，他是一位革命的、進步的知識份子，左翼文化人，虔誠的馬克思主義的信徒、毛澤東思想的熱烈擁護者。所以他決不自外於人民，雖然他不得不承認自己是「右派」，要和「地、富、反、壞」混在一起「改造」。他經常提醒自己，也告誡同他一起勞動的「反革命分子：「你們要知道，你們同我們右派是不同的，你們是敵我矛盾，我們是內部矛盾！」

　　他的這些話本屬實情，也完全符合政策，卻使那些「反革命分

子」非常反感。其中有一位「現行反革命」至今談及此事來，仍然
餘怒未息，耿耿於懷。

1979年，嚴先生的「右派」改正了，省政協委員的職務，隨即
得到 恢復。但不到5年，他就去世了。他活了73歲，雖不算高壽，
也不是「英年早逝」了。

嚴先生的一生，概括起來主要是做了兩件事：一是鬥人，一是
挨鬥！他鬥過的人有地主、官僚、黨棍、漢奸、反動文人……鬥他
的人呢？恐怕他自已也不好怎麼說了。

嚴先生文集的編者在〈後記〉中說嚴先生是個在新舊社會都吃
不開的人，頗有很為他婉息、打抱不平之慨！

先生去世之後，照例要開一個追悼會。一般的公職人員死後都
開，嚴先生自然不好例外。追悼會是有規格的，什麼職務、什麼級
別的死者，由什麼領導人、什麼單位出面，都有嚴格的規定。嚴先
生名氣雖然大，在學校卻是級別很低的資料員，客氣一點也只能算
是一般的教員、講師……為此，受遺屬委託草擬訃告的高翅翔先
生，感到為難了：給死者冠個什麼頭銜呢？

教授？嚴先生在解放前曾經收到過上海光華大學聘他為教授的
邀請，但他沒去，解放後雖在師專上過課，現在卻沒有職稱，怎麼
好稱教授呢？「他寫過幾百萬字的通訊報導、小說、散文、雜文、
劇本，當過省文聯委員，」應該算是作家，但他省文聯委員的資
格，在肅反中撤銷後，一直沒有恢復，怎麼能稱作家呢？說他是
一位相當 知名的記者吧，全國和省市的記者協會裏又沒有他的名
字……考慮來考慮去，作者把目光落在了「離休老幹部」這個含糊
的稱號上！離休老幹可多著！大的有國家領導……。他卻只是一
個起碼級別的「離休老幹部」，而這還是幾個老同志看著過意不
去，在他臨死前不久寫證明才弄到手的！

　　訃告發出以後，引起很大的反響。開追悼會的那一天，來的人一波接一波：他老家邵陽地區的、邵東縣的、省市各新聞出版單位的，他生前一起戰鬥過的老戰友、老同志……都來了，其中不乏名人、老革命……

　　這可急壞了追悼會的主辦者，按學校的規定，像嚴先生這樣級別的幹部、教師，追悼會只能由系一級來主辦，學校一級的領導是不參加的。會議的規模一般都不大，多的百來人，少的十幾個，一間大教室足足有餘。所以這種規格的追悼會，通常都放在一間教室裏舉行。

　　但嚴怪愚不是一般教師，他是「筆挾風雷」的大記者，來參加追悼會的人數之眾，敬獻的輓聯、花圈之多，都是那些年罕見的，遠遠地超出了追悼會主辦者的意外，搞得他們十分尷尬，不得不一再更換開會的場所。

　　其實，嚴先生對此並不介意，他生前多次對他的朋友和親人說過：他死後絕不開追悼會，也絕不要告訴任何人。至於他後事的處理，他在〈在劉德芬靈前〉一文中是這樣講的：

　　「……克裏蒙梭說他平生沒有倒過，要國人給他豎葬。我倒過，但仍希望自己今後以至死後都能站起來。我不願進棺木，六十八年大都如同生活在棺木中，透不過氣來，如今才逃出棺木，死後我不願再受這份折磨。我希望我的兒子將我的屍骨鎖起來，裝入鋼架中，豎葬到一個很深、很深但又能透氣的岩洞中去。」

　　（注）本文原載於2010年7月23日《湘聲報》上。

張名溢的遺憾

1965年6月間，我在嶽麓山下百貨公司的南貨櫃檯旁，發現身旁站著一個個子比我矮胖、年齡比我大好幾歲的轉業軍人。我見他穿一身除去領章的海軍軍官服，知道他是新從海軍回來的，便好奇地向他發問：

「你是從海軍哪個單位下來的？」

「二海校！」他很熱情地作了回答。

「我也是大連海校的，二海校是從我們那裏分出去的。」

「對！」

這麼三言兩語就拉近了我們的距離，親熱起來了。他一邊談他來長沙的經過，一邊硬塞給我一包散裝的巧克力。

原來他老家是長沙，現在轉業還鄉了，工作安排在湖南師院，具體分在哪個單位還沒定下來，他在家裏坐等。

不久，「史無前例」的文革就開始了。原來的四清工作隊本要打道回府的，現在不但不走，而且大大增加人員，改為文革工作隊了。於是放手發動群眾，把大批老教師拋出來，讓群眾貼大字報，但對黨內的、進步的教師拚命保護，不讓他們受到傷害！這像過去歷次運動一模一樣，批誰、鬥誰，怎麼鬥，全由工作隊決定。

大概就在這個時候，張名溢被調

到外語系來了。他是解放前西南聯大物理系畢業的學生，畢業後在長沙的中學裏教物理。1950年春天響應建設人民海軍的號召，應聘到大連海校教書，先在預科教物理。後來海校一分為二，他去二海校教流體力學，並曾擔任流體力學教研室主任，現在轉業，分到物理系，應該說很合理，專業對口嘛。但不知為什麼他去不久卻被分到外語系來了。他來時正是省委工作隊拿不定主意：是繼續大批大鬥知識份子，還是等上面的下一步指示呢？他們最後採取了後一種較為穩妥的辦法：暫時休憩一下，等待上面下一步的指示，於是天天開會，讓大家給被貼滿了大字報的老師「梳辮子」、「劃類」，類分四種，如果被劃為「四類」，那就是「敵我矛盾」，屬於鬥爭的對象了。學院裏此前已經鬥了一批，林增平、羊春秋、馬積高都在報上點了名，外語系也在鬥了系主任廖六如以後，沒再鬥下去了。記得張名溢正是在「梳辮子」的時候來到外語系的，沒有開歡迎會，也沒有人給他貼大字報，他成了外語系唯一沒有大字報的老教師。

1966年8月3日夜，工作隊突然悄悄地全部撤走了，傳說犯了路線錯誤！為什麼以前的歷次運動，差不多上面都派過工作組來，而且都是正確的，成績很大的，而這次卻錯了呢？人們疑惑不解。正在納悶的時候，學院亂起來了！黨委說話也不大有人聽了，「小將們」居然喊出了踢開黨委鬧革命的口號！院長、書記都被貼大字報了！8月8日早晨中央人民廣播電臺開始反覆播放關於無產階級文化大革命的十六條……嶽麓山下鬧翻了天：許多教師、系主任的家都被抄了，人也被關押起來了……這一切的一切在嶽麓山是「史無前例」的！

這個時候，張名溢還置身於革命群眾之中，跟著毛主席鬧革命……

　　張先生的夫人叫陳狀林，出身城市貧民，解放後跟著張先生當隨軍家屬，又上夜校，讀了中專。憑著出身好、有文化，能說會道，革命性強，在我校的家屬中嶄露頭角，率先帶領一批革命工人的家屬起來革命，鬥「走資派」、「反動學術權威」的家屬，給他們戴高帽子，拉他們出來遊街示眾，給他們剃半邊陰陽頭，嚇得他們中的一些人尋死覓活……於是陳狀林一夜成名，成了嶽麓山下家屬中為數很少的革命闖將，紅衛兵運動剛一出現她就成立了一支「三八」敢闖隊，並出任隊長！

　　他們夫婦倆的革命性很強，兩個孩子游泳時為搶救同伴而被水溺死，也沒能有所減弱。隨著運動的深入，紅衛兵內部發生分化。陳狀林政治嗅覺很敏銳，發現「三八」敢闖隊落後於形勢之後，便在1967年初轉向，加入了比「三八」敢闖隊更為激進的一股造反派。原來的「戰友」同她鬧翻了，罵她「叛徒」。在兩派鬥爭越來越激烈，由文鬥走向武鬥的時候，她離開嶽麓山，住到河東市區去了。當時河東是以工人為主體的一派的大本營，河西則是以高校師生為主的一派的大本營。隨著兩派代表在北京談判的展開，兩派的武鬥步步升級，他們的武鬥組織《紅色怒火》和《青年近衛軍》的裝備越來越精良，手槍、卡賓槍、機槍、手榴彈都有了，普通成員也都戴防護帽，手持木棒、鋼鞭了。文革發展到奪權階段，文鬥已經過時，武鬥步步升級，文化大革命變成了武化大革命了。武鬥激烈的程度是與北京談判緊密聯繫著的，哪一派在談判中失利，哪一派就武鬥得更凶，談判中丟掉了的、沒得到的東西，要從武鬥中撈回來……

　　1967年6月6日凌晨，兩派武工人員在市中心五一路中蘇友好館前（後改為中阿友好館）發生嚴重武鬥，河西的學生派說是對方一場有預謀的屠殺，死了很多人，稱為「六六慘案」。消息傳到嶽麓

山，引起了空前的震動，不少學生恨得咬牙切齒，誓言要為死去的烈士復仇……

正當復仇的怒火越燒越旺，派性使人喪失理智的時候，陳狀林從河東回到了河西，剛走到二裏半，有人認出她來，一群紅衛兵迅速攔住她的去路，將她團團圍住，質問她參加六六慘案大屠殺，出賣了多少紅衛兵，咒罵她是無恥的「叛徒」。質問、指責、謾罵，自然引來陳狀林的反駁、辯白……派性、憤怒、偏執、狂熱，使青年人完全喪失了理智，「革命無罪，造反有理！」什麼法律、紀律……早已置諸腦後，他們只想著為烈士報仇，於是一個個舉起手中的棍棒，朝這個昨日的戰友，今日的叛徒，劈頭蓋腦地打去，不計後果、不分輕重，甚至專朝要害之處打擊……一個年輕的女子哪經得起這麼瘋狂的毒打，很快就被打倒在地，氣息奄奄了……

但她還沒有完全死去，或許還有可能不死，如果把她抬走，或者叫醫生來救的話！又是派性作祟，不但沒人出面救治，反而有人朝她眼裏撒石灰，於是不到第二天就死去了，一個活生生的人就這樣被無情的棍棒奪去了年輕的生命，而奪走了她生命的不是別人，竟是與她同時造反的同志、戰友……

悲劇還沒有演完，陳狀林在二里半挨打的時候，她丈夫張名溢正走在衛生科下面的馬路上。有人認出他來了，於是人們又把怒火朝他燒來，幾個青年人跑上去，揮起手中的棍棒，朝他的下身打去，打傷了他的腰，才罵罵咧咧地揚長而去……

張名溢和陳狀林結婚以後，夫妻恩愛魚水和諧，不到幾年就組成了一個和睦的家庭，生下兩男兩女，令人羨慕！誰也沒有料到他們來到嶽麓山不到一年，天災人禍就一齊朝他襲來，奪走了這個家庭的一半人口，張名溢本人還被打傷了腰，成了終身殘廢！

陳狀林被打死以後不久，中央正式表態，說陳狀林新加入的一

派，是革命造反派，毛主席革命路線的擁護者，而對立的一派，則犯了方向路線性的錯誤！

「革命造反派」在河西本屬少數，7.27中央的正式表態前，他們在河西待不住，現在雄糾糾氣昂昂地殺回來了，有的手中還帶著武器，十分神氣。他們一回來，馬上給陳狀林開追悼會，鞭炮放了不少，宣稱陳狀林是造反的英雄，稱她是為毛主席的革命路線而犧牲的烈士，於是組織專門班子，成立專案組，抓捕兇手……

陳狀林一案的調查，持續了二十年，從造反派掌權時開始到1987年校黨委出面平反為止。在這期間不知道動用了多少人力？調查了多少涉案人員？但最終還是沒能徹底查清，也沒人受到法律制裁！

這是一個特殊的案件，死者不是文革的鬥爭對象，既不是「走資派」，也不是「反動學術權威」！她是在特殊的條件下群毆致死的，兇手之多，難以數計，但到底是誰給她最後致命一擊的，卻又無法確定。法不責眾，何況命案又發生在特殊的年代，元兇實在難找，最後只能由黨委出面平反了事。

為妻子的死，張名溢付出的實在太多、太多，單是上臺控訴，就有幾十次……

妻子平反以後，他得到了一絲安慰，開始平靜下來，想重上講臺……

但在外語系他能重上講臺嗎？是的，他在西南聯大學過英語，畢業前還當過一年翻譯，他的二外，學的是法語，三外是德語，解放後又學過一點俄語，但他沒有經過專門的外語訓練，這還不能保證他能教外語，尤其是專業外語，他的外語水平還不足以在外語系教課，於是他被編到了科技翻譯組，承接一批批外單位送來的科技資料的翻譯任務。他感到滿足，而且以很大的熱情投入工作。他曾

對我談過**翻譯理論**問題，譯過西方的翻譯理論（紐瑪克的《**翻譯理論與技巧**》），他似乎找到了自己的新位置。

改革開放以後，他原來的工作單位派人找過他，並且希望他回去重操舊業。這時他卻猶豫起來，心想自己已到退休年齡，身體又已殘廢，能幹得好嗎？再說好馬不吃回頭草，回去人家歡迎嗎？他同我談過幾次，最後決定：還是留在嶽麓山下退休養老吧！

就這樣，這位西南聯大的畢業生，這位在流體力學方面頗有建樹，擔任流體力學教研室主任多年的張先生決定放棄了……年歲不饒人，他老了，生活摧毀了他的意志、理想……1981年他剛滿60歲，就奉命退休了。

退休後，他的心情越來越不好。他的工資本來還是比較高的，少校團級軍官嘛，相當於副教授。但別人提級加薪，他卻是「原地踏步」，因為他沒有教課任務，沒有教學成果，提不成教授，他連講師的稱號也沒有！他不滿，心煩，悶悶不樂，生活為什麼對他如此不公！

看看與他同時應聘去海校的同事，他更是覺得自己倒楣！而他當時何等進步！積極！哪一點比別人差！他立過功，受過獎，1956年還作為海軍的代表，應邀去北京上天安門，參加國慶觀禮，並受到中央首長的接見……可現在他張名溢什麼也不是，連講師的頭銜也沒有，只是一個含義不清的「教員」。而在住房、坐車、看病……什麼都看頭銜、論級別的時代，他覺得自己「舉步艱難」……他又低不下高傲的頭臚，放不下架子，更不願低聲下氣，託人情、找關係……於是他開始折磨自己，無端生悶氣，有病也不看醫生，發現患了癌症，也不去住醫院……

（本文曾刊登在2009年4月4日《湘聲報》上）

「爺爺」教授劉齊賢

　　劉齊賢先生是嶽麓山下體育教師中的老人，他在這裏生活工作近60年，而且長期擔任體育教研室的負責人。工作性質決定了他接觸面廣，知道他的人多，一提起他的名字來，幾乎無人不曉！一般的教授、系主任、院長甚至學校的某些領導人，接觸過的師生都不如劉先生的多！這就是說劉先生在廣大師生中的知名度之高，遠遠超過一般的教師！

　　劉先生不是某些人所說的「頭腦簡單，四肢發達「那種體育老師。他當然「四肢發達」，但頭腦絕不簡單。他從事的是學校體育工作，具有很高的教學能力和很強的體育活動的組織能力。他是河南藝專的畢業生，除體育以外，他還能教音樂與繪畫。在體育方面，更是十分全面，不僅懂理論，而且實踐經驗豐富。他從小就喜愛體育活動，照他的說法，「一天不活動，手就發癢」，因此，早在學生時代他就成了一名出色的運動員。1932年他十七歲，代表河南省田徑隊，參加第十六屆華北運動會的鐵餅比賽；1933年以河南省排球隊員的身份，參加第五屆全國運動會和第十七屆華北運動會；1934年代表河南排球隊參加第十八屆華北運動會，擔任主攻手，蜚聲排壇；1935年代表河南男藍，參加第六屆全運會，是河南男藍的「五虎將」之一！劉先生在河南的體育界已經聲名鵲起、家喻戶曉了！

　　劉先生祖籍何處，他自己並不確切地知道，只聽老人說是從新疆、寧夏那邊流落到河南來做小商小販的。他的出生地是現今河南省周口市，出生時間是1915年。

　　劉先生出身貧苦，父親是個給人縫補衣服的裁縫，家庭人口眾多，生活相當艱難。直到劉先生成了名躁一時的運動員後，人們對他的一家才開始另眼相看，不敢怠慢了。

　　劉先生原名金鼎，「齊賢「這個文雅的名字是他的蒙館老師給取的：「孔子曰：見賢思齊焉，見不賢而內省也，你就改名『齊賢』吧！」

　　劉先生成名以後，他的母校馬上請他去當老師，從此他就與學校結下了不解之緣，除了抗日戰爭期間他率領一家老少逃難之外，他一直在學校裏從事體育教學工作，沒有離開過學校！

　　抗戰不久，河南淪陷，他率領全家忍饑挨餓、顛沛流離，從河南到湖北，再到河南、廣西、貴州。在湖南的邵陽待的時間最久，那裏的回民多，而且開辦有自己的子弟學校，如偕進中學、導群中學等等，比較適合劉先生生活與工作。

　　1949年湖南和平解放以後，劉先生的生活發生了很大的變化。他先從邵陽的一所中學上調到省城長沙教師進修學院。1955年該校升格，改名為長沙師範專科學校，劉先生出任該院體育教研室主任，次年該校籌建體育科，劉先生改任籌備組長，全權負責體育科的籌建工作。解放不到五年，他完成了由中學、中專、大專的「三級」跳，實現了一次大的飛躍！

　　1958年反右運動結束以後不久，湖南掀起一陣大辦教育的高潮，以便適應全國「大躍進」的形勢。長沙師範專科學院升格，合併到湖南師範學院。劉先生被任命為公共體育教研室主任，負責除體育系以外的全院各系科的體育教學工作，同時負責領導、組織全院性的全部課外體育活動，工作繁重，責任重大！劉先生接觸的師生最多，知名度之高，遠遠超出一般的系主任，更不用說一般的教授了！他教過的學生之中，絕大多數是中國人，但也有不少的外國留學生，

包括美、日、澳、加、英、新加坡的學生在內。他指導他們鍛煉身體，學習太極拳等，深受這些學生的尊敬！他自己也為此感到自豪！

劉先生為人低調，待人謙和，群眾關係密切，人緣不錯。對領導更是十分尊重，工作任勞任怨，加上他出身貧苦，所以在文化大革命以前的歷次運動中，他都是黨的積極分子，都是領導依靠的對象！

長沙師專的反右鬥爭，非常激烈。劉先生說「學校裏許多有名望的老師，教學第一線的骨幹教師，一下子被打成了『右派分子』，紛紛調離學校，遣送各地勞動改造去了！」可劉先生不僅安然無恙，而且受到表揚和重用。他從此成了「頭面人物」，體育教師中立場堅定的代表！

直到「史無前例」的文革為止，劉先生在政治上都是「紅」的。他的夫人也是「苦大仇深」的工人階級的後代，長期擔任家屬居民小組的組長！他們這樣的革命家庭，在老教師中是很少見的。

文革開始以後，劉先生一家雖然也受到過一點小衝擊，比如他擔任的體育教研室主任一職，在工作組當權時，受到了「冷落」，他「靠邊站」了幾個月，還搞過一點輕微的「勞動」！

紅衛兵出現以後，兩派鬥爭激烈。他和夫人因為出身好，「根正苗紅」，都參加了以學生為主體的高校造反派。這在我院的中老年教師中也是不多見的。

1967年7月中央文革表態，支持以工人為主體的造反派。劉先生支持的一派學生被中央文革認定「犯了方向路線錯誤」！他們「想不通，」像當年被日本鬼子趕著 逃難一樣，從長沙嶽麓山撤退到湘潭。劉先生一家也跟著出走，態度之堅決，派性之強烈，令人驚訝！因此他被人稱為「鋼桿」！這在我校的中老年教師中也是絕無僅有的！

　　1968年8月，毛澤東號召工人階級進駐學校奪權，徹底結束「資產階級知識份子」對學校的統治！這給劉先生狠狠地上了一課，他被人說成是資產階級的一員了。他對此感到震驚，以為是人們對他的誤解！他，一個貧苦的回民，在舊社會吃過千辛萬苦，怎麼一夜之間就成了資產階級，成了批判鬥爭的對象了呢？

　　就在他疑惑不解的時候，工宣隊隊長帶著一大隊人馬沖進他家來了！他被人捆住送進「牛棚」，關起來了。她愛人則拼命反抗，不准工宣隊抄家，她拿出一大堆解放以來獲得的獎狀、獎品，擺在工宣隊長的面前，訴說她是工人階級的後代，「三八敢闖隊響噹噹的造反派……」

　　劉先生是在工宣隊進校幾天以後，才被關進「牛棚」的。「牛棚」裏已經關了一百多條「牛」，劉先生是最後一批被關進來的。

　　他跨進「牛棚」之後，口裏一直在反覆叨念：

　　「這顯然是一場大誤會……我怎麼會是階級敵人呢？黨是相信我的！我知道這是黨對我的考驗！……」

　　很巧，劉先生同我恰好關在一個囚室裏。他發現我以後就說：

　　「李老師，你是知道我的，我怎麼會反黨反社會主義反毛澤東思想呢？」

　　我知道他很激動，勸他坐下來先休息一會兒再說。問題嘛，總是可以說得清楚的！我已經是「二進宮」，心情比他平靜得多！

　　劉先生同我是熟悉的。我們年齡不同，愛好體育則是一樣的。我們還在一起打過多次比賽呢？再說我們的住處，相距不遠，僅隔著一條馬路，他天天上下班，都要從我家門口經過，幾乎天天要見上幾面的！

　　他關進「牛棚」時，一條腿有毛病，行動不方便，拄著拐杖才能移動身子。他是少數民族。在飲食方面，與我們不同，不得

不餐餐由家裏做好飯菜送來。他成了我們「囚室」裏的「特殊人物」。

他的「特殊」，還表現在不少方面。因為腿痛，勞動他就免除了。但在我們大家去勞動的時候，他倒是沒有閑著。除了交待自己的「罪惡歷史」之外，還要寫揭發、檢舉別人的材料，主要是寫他的鄰居，教材科一位姓趙的小職員兩夫婦的材料。

他告訴我，那個小職員姓趙，妻子姓包。據他說，姓趙的是清皇室的後代，妻子是蒙古王格格，所以人們稱老趙為駙馬爺。格格與駙馬爺在劉先生看來都是剝削階級，勞動人民不共戴天的敵人！

但一般的人卻認為：老趙是個非常老實的人，言語不多，待人客客氣氣，從不招人惹人。平時碰到有人吵架，他總要勸說一番：

「幹什麼吵呢？我們大家都是出來混飯吃的，大家互相幫著點，日子才好過！」

這話聽起來當然不夠「革命」，而在劉先生看來，不但「落後」，而且反動了。趙的妻子，是個沒有正式工作的家庭婦女，心地善良，在鄰居中口碑甚好。趙氏夫婦收入不高。常常給人帶帶孩子，一來掙點工錢，貼補家用；二來活躍家庭氣氛，減少他們沒生孩子的寂寞。別人的孩子，他們帶得很認真，很用心，家長們都很放心，因此找他們帶孩子的人不少！

他們兩夫婦是抗日戰爭中流落到湖南來的，這一點與劉先生很相似，先在藍田國立師範學院工作，解放後轉到湖南大學、湖南師範大學。他們夫妻倆孤苦伶仃、相濡以沫，伉儷情深，幾十年相依為命，生活雖說不上富裕，卻過得稱心如意。

但與劉先生成為鄰居之後，他們卻口角不斷，幾無寧日，這原因是什麼，我們外人並不清楚。

有人胡亂揣測，似乎有點道理：

　　劉先生一家人口多，愛人也沒有工作，生活不輕鬆，看看趙家的生活，劉先生覺得很委屈，心理上失去平衡：共產黨來了，窮人翻身做主了，他，一個出身貧苦的少數民族知識份子一家的生活反而不如一個封建王朝的餘孽，一個「駙馬爺」！於是他運用階級觀點，分析趙家夫婦的言行，越分析，越覺得……就是進了「牛棚」他也沒忘記檢舉揭發趙氏夫婦，要求革委會派人去抄趙先生的家，把趙氏夫婦關進「牛棚」……

　　但是直到劉先生走出「牛棚」那一天為止，趙氏夫婦的家還是沒有被抄，他們也沒有被關進「牛棚」！

　　這使劉先生大失所望，他認為這很不可解，一定是內部有人在包庇他們，而他是要堅持鬥爭到底的，直到將趙家夫婦抓起來為止。

　　趙先生沒被抓，劉先生卻反而進了「牛棚」，這究竟是什麼原因呢？

　　劉先生總說是：

　　「這是一場誤會，是階級敵人在陷害我。我不是牛鬼蛇神。我出身貧苦，在舊社會，吃盡了苦，解放後才翻了身，是共產黨救了我的一家，我非常感激黨，努力工作，靠攏黨的組織……黨對我是非常信任的，次次運動我都是積極分子……」

　　「那為什麼把你關進『牛棚』來了呢？」

　　「這是黨對我的考驗，我不是牛鬼蛇神，我是經得起黨對我的考驗的！」

　　「抓你的時候，說過你有什麼問題沒有？」

　　這時他壓低聲音，湊著我的耳根說：

　　「他們說我是特務！」

　　我當時大吃一驚，我知道「牛棚」裏關的有「走資派」、「反

動學術權威」、「歷史反革命」、「右派」……特務卻很少，甚至沒怎麼聽說過……

「特務？」我當即反問了一句。

「是的！1938年抗日戰爭開始不久，我經人介紹，參加了復興社！」

「復興社是什麼組織？」

「他們說是特務組織，我當時以為它主張抗日，所以參加了。」

「你沒參加什麼特務活動吧？有就趕快交待，爭取寬大處理！」

「沒有！我是愛國的……」

他的聲音越來越低……臉上露出痛苦的表情，我沒再追問下去了。

幾個月後，「牛棚」宣佈解散，全校一百幾十條「牛」，被釋放出去，回到各單位接受革命群眾的監督改造去了。

劉先生和我是一起走出「牛棚」的。我們本來就很熟，在一起玩過球，又是「近鄰」，現在又加上幾個月的「同棚」之誼，感情自然又深了一層。不過我們年齡不同，出身、經歷不同，對許多問題的看法和理解並不一樣。改革開放以後，劉先生的地位發生了很大的變化，他政治上更加活躍，當上了省政協委員、市人民代表，加入了共產黨，在光榮退休前還被升為教授，退休證和教授資格證同時領到。至於他的歷史問題，當然也早已查清……2006年他病逝於嶽麓山，享年91歲，有些人稱他為「爺爺教授」！

枯木逢春開新花
──記「右派」教授青義學

　　青義學先生是湖南師範大學的老教師，屬於麓山學人。他生於
1914年，2007年12月去世。他是湖南漢壽人，父親當過澧縣縣長、
中學校長、湖南省教育司視學（相當於督學），是一位頗有名望的
知識份子。他教子甚嚴，所以青先生從小便受到了良好的家庭教
育，養成了勤奮好學的好習慣。1929至1931年，他在常德湖南省立
第三中學讀初中；1932至1934年在長沙湖南省立一中讀高中；1935
年考入北京大學數學系，1939年畢業。當時北大、清華、南開在昆
明成立西南聯大，所以也可以說他是西南聯大的畢業生。

　　青先生是一位熱烈的愛國志士，早在北大學習期間，他就積極
參加「12.9運動」，並曾親赴平綏鐵路沿線，宣傳抗日救國。還到
了綏遠包頭，走進了蒙古包。原本想去投奔延安的，因為沒有找著
共產黨而作罷。1939年他歷盡艱辛，和華羅庚等老師一起經香港輾
轉到達昆明。畢業時老師們希望他留在西南聯大任助教，但他父母
年老病重，硬要求他回湖南工作。父命難違，他不得不捨棄眼看已
經到手的助教工作，回到父母的身邊，在兌澤中學任教。此後就一
直在中學裏教書：先在兌澤中學教數學，後在漢壽縣中任教務主任
並代理校長；1943年，他以漢壽縣中校長身份去南嶽衡山參加湖南
省中學校長會議。

　　這年冬天，日本鬼子進攻常德，青先生家的房屋被燒得一乾二
淨，他一家九口倉皇出逃。1944年逃到醴陵，但不久又繼續逃亡。
8月底，到達湘西瀘溪縣。這一次逃亡從湘北老家出發，經湘東、

湘南，再到湘西，歷時八個月，跋涉三千里。 房屋被毀，還死掉
了一個女兒，一雙兒女失而復得，家財耗盡，衣物全拋，沿途憂心
忡忡，惶惶不可終日，受盡了顛簸流離之苦。但他在醴陵省立四中
教高中平面幾何的時候，一舉成名，人稱「青幾何」。他當時工作
量很重，一週四十節課。人雖然累一點，但因為效果好，學生稱
讚，心裏感到非常寬慰。

　　1945年8月抗日戰爭結束，日本鬼子無條件投降。青先生隨省
立四中遷回常德，除教課以外，還擔任該校的教務主任，直到1949
年解放。

　　青先生思想進步，在解放以後工作十分努力，成績相當突出，
深受師生的廣泛讚揚。1951年被學校評為模範教師，出任常德市教
育工會主席、常德市總工會委員，並出席省工會第一次代表大會。
1955年，他又被評為湖南省優秀教師，出席省優秀教育工作者代表
大會。他已經成為一名譽滿三湘的教師了。

　　1956年湖南師範學院在全省範圍內選調優秀中學教師，青先生
名列其中。他到校不久，因為長沙師專缺人上課，將他借去擔任數
學教學法組長。他在教學中一貫非常注意研究方法，總結教學經
驗，取得很好的效果。

　　1957年春天，共產黨開門整風，動員黨外人士提意見，「大鳴
大放」。省裏的一位負責人，親自登門動員青先生寫「鳴放」文
章。解放以後，青先生一帆風順、十分得意，深感黨的知遇之恩，
慨然應允，連夜趕寫出一篇文章：〈要百花齊放，必須堅持黨的領
導〉。不料《新湖南報》發表時，編輯將標題改為「要大鳴大放，
關鍵在於領導」。整篇文章的內容和語氣都完全變了，發表後他一
時疏忽沒有出面否認，結果鑄成了大錯。反右的號角一吹響，他的
這篇文章就被批得體無完膚，他理所當然地被戴上了右派的帽子。

他憤怒、辯解，毫無用處，悔之晚矣，只能自歎倒楣！想不通的時候，曾幾次萌生跳樓自殺的念頭，但終究還是活下來了！

1958年全國大躍進，湖南省的高等學校擴編、合併。長沙師範專科學校和湖南省體育學院、湖南省文藝學院統統合併到了湖南師範學院，青先生便跟著回到了數學系。但此一時也，彼一時也，青先生的教學資格沒有了，不得不進資料室當上了資料員。既來之則安之！他沒有輕視這個工作，而是很快就安下心來，充分利用時間，大量閱讀新書、新雜誌，增添了不少新知識，大大充實提高了自己，等於進了一個脫產進修班。兩年以後，他因為態度老實，改造得比較好，右派帽子被摘去，重新走上了講臺，心裏特別高興！

大躍進失敗以後，隨之而來的是三年的「苦日子」。苦日子生活雖然苦一點，但思想上的自由度卻增大了，人們可以發點牢騷，開開「神仙會」。

青先生本來思想活躍，言辭犀利，風趣幽默，且擅長諷刺。他多年心中的悶氣、委屈，常常流露於形色與言談之間。三年苦日子一過，毛澤東號召大抓階級鬥爭，同所有的知識份子一樣，青先生暢快的日子宣告結束。一場大災難悄悄地來到了他的身邊。先是「四清」，他理所當然地被列入沒有改造好的「右派」之列！因為他曾流露過對他被冤枉劃為右派的不滿，於是說他「翻案」，「妄想變天」。在四清運動的後期，重新戴上右派帽子。他又回到地、富、反、壞、右的行列中去了，開始了他又一個「苦難的歷程」。

1966年文革的一聲炮響，把全國推向了災難的深淵。湖南師範學院是我省當時唯一的一所文科高校，成了我省的「重災區」。像青先生那樣不服改造的中老年知識份子，全都成了批判鬥爭的靶子。

　　青先生所在的數學系，是師院的一個大系，師生的數量之多，在全院不是第一就是第二。但老教師的數量不是特別多，正副教授更是少之又少。副教授倒還有兩三個，正教授就只剩下李盛華一人。原來有的兩位教授，一個已經作古，另一個因工作需要調到湖南大學當系主任去了。青先生雖然是李盛華先生在北大數學系的同班同學，但現在的地位卻相差懸殊。李先生在六十年代初，已經被評為二級教授，青先生卻還是個講師。數學系的主要課程，都是由副教授和講師們來承擔的。文革開始以後，鬥爭矛頭像歷次政治運動一樣，主要對準教師。於是楊少岩、張鍾靈、陳鹿平、陳協和、姚鵬飛、王孝迪、李傳和、黃貴卿……全都成了批鬥的靶子。不甘寂寞而好表現的青先生自然不能例外。

　　幸好指導文革的16條明確規定：「此次運動的重點是整黨內那些走資本主義道路的『當權派』，『批判資產階級反動學術權威』」。本來青先生既不是黨內走資本主義的當權派，也算不上權威。因為他不是教授，照例不應該算在打擊之列。不過他有「前科」，曾經被劃為「右派」，即便不是重點打擊對象，也要放到運動後期去處理了。但青先生雖靠邊站了，沒能唱上「主角」。

　　誰也沒有料到，省委派來的文革工作隊，居然犯了「方向路線性」的錯誤，不到兩個月就偷偷的溜走了！毛澤東〈我的一張大字報〉一出籠，劉少奇就倒楣了，說他派出的工作組執行了一條資產階級反動路線：鎮壓革命群眾，打擊一大片，保護一小撮走資本主義道路的當權派。工作組撤走以後，嶽麓山下就亂了套，好像砸了鍋，原來神聖不可侵犯的黨委，被撤開了，「踢開黨委鬧革命嘛！」再往後就是紅衛兵上街，衝擊湖南省委、省軍區，他們要揪大頭頭，要打倒劉少奇、鄧小平這一批大人物了。

　　我們學院在運動中被工作組點名批判、準備揪鬥的對象一下子全都跳了出來，要求把工作組揪回來，徹底批判他們所執行的資產階級反動路線。因為工作組是劉少奇鄧小平背著毛澤東派出來的，所以我們把工作組又叫做「劉鄧工作組」，把他們所執行的路線叫做「劉鄧路線」。

　　我院率先出來控訴工作組的是中文系的羊春秋，沒想到跟著他「跳」出來的就有一大群「牛鬼蛇神」。青先生是堅決出來響應的一個，而且他不僅「跳」得高，而且「跑」得更遠。他不但要求平文化大革命初期被工作組錯誤揪鬥批判的反，而且要平反文革以前歷次政治運動中的冤假錯案。

　　由於工作組確實打擊了「一大片」革命教師，所以在羊春秋等人的組織之下，馬上成立了一個「受資產階級反動路線迫害的革命教職工造反聯絡站」。參加的人數以百計，其中還有不少共產黨員！這麼大規模的要求平反冤假錯案，「造反」，在我們學院的歷史上是從來沒有過的。

　　青先生所在的數學系也成立了一個人數眾多的戰鬥隊─「農奴戟」。除開黃貴卿、李傳和之外，青先生是這個戰鬥隊中最積極的一個。他寫出了不少的文章、大字報、廣播稿，為受迫害的教師鳴冤叫屈，為他們的革命行動叫好。由於他的言辭犀利、辛辣，左派們受不住了，大喊「右派翻天、堅決鎮壓」。

　　青先生就是這個時期引起我的注意的，以前我只知道他是右派，雖然同住一個村，卻從未談過話，有過往來。我當時對於反右運動，雖有懷疑，但還不敢全盤否定。因此不敢主動去結識像青先生這樣的「右派」。但聽了他對階級成分決定論，「老子英雄兒好漢，老子反動兒混蛋」的血統論的批判，我對青先生開始在內心裏產生了一點好感，開始注意他了。但他大膽否定歷次政治運動的言

論，還是使我感到有點害怕。

我們造反五十天以後，立即招來了猛烈的批判。羊春秋等人在工宣隊進校前就被造反派批了個夠。等到工人階級登上上層建築、進駐學校、清理階級隊伍的時候，革教站的全部領導成員都成了「壞頭頭」，其中的多數被關進了「牛棚」。

從1966到1974這八年裏，青先生始終生活在「人間」的底層，過著不是「人」的屈辱生活。他家人口多，五男二女。除開大兒子參軍以外，其他的都沒有正式工作，全在農村戰天鬥地。而他的工資又低得可憐，熬到1974年退休時，退休金才只有76元。幸好他兒子回來頂職，一家的生活才有了轉機。

多年的體力勞動，不僅沒有摧毀青先生的意志，反而增強了他的體質。退休以後，青先生的冤案還沒有平反。作為一位受過名師指點、基礎知識扎實、教學經驗豐富的教師，怎麼也不甘心退出「歷史舞臺」、不甘心『碌碌無為』、『默默無聞』、終老於『林泉之下』。「天生我材必有用」，青先生抖擻精神，一直在等待著機會，重出「江湖」。1978年，他的冤案平反了，迎來了他一生的轉折。他終於抓住了歷史的機遇，迎來了一個遲到的春天。

1978年，青先生在退休四年之後，應湖南省廣播電視大學之聘重登講臺，執教數學分析等課程，很受學生歡迎。每次上課，課堂總是坐得滿滿的，還有不少外地的學生慕名前來聽講。青先生的大名「飛」出了學校，震動了我省的教育界。1980年，湖南醫學院恢復招考研究生，馬上邀請青先生去教高等數學。青先生對醫學雖然陌生，但他勤於鑽研，居然取得了很好的成績，贏得了研究生的衷心稱讚，收到了意想不到的好效果。1983年，湖南醫學院破例將他這個退休多年的講師評為副教授；1985年，又將他評為教授，並授

予他「湖南省優秀教師」的光榮稱號。這時他已經年滿七十一歲，真是枯木逢春、老樹開新花！

作為優秀教師，青先生一貫熱心教學、熱愛學生、勤於鑽研教學方法、勤於總結經驗、勤於寫作。早在1947年，他就寫出了一本《教學法概論》，由湘芬出版社出版。改革開放以後，他老當益壯、精神抖擻、筆耕不倦，發表了許多篇論文和著作，幾乎年年都有新著面世。1981年，青先生不顧年老參加法國學者沙捷茲（E.Sanchez）主講的模糊數學講師班，學習「模糊數學」。他是班上年齡最大的學員，但學習成績卻不落人後，正是他將沙氏的講稿譯出，並請他的老師——我國著名的數學家江澤涵寫了書評，1986年由湖南科技出版社出版。

學習模糊數學以後，青先生利用他的理論寫出了《醫學模糊決策》（北京第二醫學院出版）；《模糊數學入門》（上海知識出版社，1987年出版）。並被聘為模糊數學學會顧問，成了這門新學科的知名教授。青先生還出版了《醫學用高等數學》（1986年湖南科技術版社出版）；《生物醫學數學模型》（1990年湖南科技出版社出版）；《數學家與數學思維》（1999年湖南教育出版社出版）；《數學與醫學》（2004年中南大學出版社出版）。

青先生在數學研究方面的累累碩果，引起了多方面的注意，包括臺灣的出版社。除了1992年出版他的《數學與醫學》之外，還約他寫了《數學史話》、《模糊集與醫學數學化》等書稿正在等著出版。

2007年12月，青先生突然去世了，消息傳來我感到非常震驚。這年的八9月間，他回到嶽麓山住在兒女家。我在馬路上碰到他時，他一眼就認出了我。說到他的近況時，他臉上馬上浮現出滿意的笑容，他說他身體很好，已經把過去失掉的東西全部撈回來了，而且還賺了一大把。

　　握手告別時，他說他要送我一本書，裏面詳細介紹了他的生平，希望我對他有個全面的瞭解。幾天過後，我收到了他送我的書。讀完他的生平，我的心久久的不能平靜，陷入了深深的沉思。

　　青先生的一生是少年得志，中年坎坷，吃盡了苦頭；晚年碰上了好時代，過上了幸福的日子。

　　像青先生這樣的知識份子，在正確路線的指引下，他可以發揮他的全部才華和精力，取得驕人的成績。但在錯誤路線統治的時代，他就失去了做人的基本權利，由人變成了「鬼」。不過他身處逆境時，沒有屈服，沒有頹唐，沒有喪失意志，他始終保持著做人的尊嚴，真正做到了「貧賤不能移，威武不能屈」！

　　我不是數學家，對青先生在數學研究方面上所取得的成就沒有資格置喙。但作為教師，我深知他在教學上所取得的成績來之不易。在教師這個崗位上，他勤勤懇懇的工作了六十餘年，培養了數以萬計的學生。其中不少成了著名的教授、學者、各行各業的專家，真是「桃李滿天下」！

　　在學生們的心目中，青先生形象高大，既教書又教人，道德、文章都堪為人的表率，是一位公認的德藝雙馨的模範教師！

　　人們會永遠懷念他的！

雷敢先生

　　要談湖南師範學院的教授，不能不提到雷敢先生。在這所學院創立的初期，教授數量很少，正副教授加在一起也不過三十餘名。雷先生是這些教授中，革命資歷最老的一位。

　　雷敢先生字伯涵，湖南瀏陽人，1904年出生。由於家境貧寒，他沒有按部就班的上學讀書。1919年也就是在他十五歲的時候，他隻身來到長沙嶽麓山自修，結識了當時也在這裏的毛澤東、蕭三、何叔衡等人，並同他們朝夕相處，一起生活過一段時期。這段歷史，對於年輕的雷敢來說非常重要，對他以後的發展影響很大。

　　二十年代初，他來到北平，原本是想報考北京大學的，因為沒有正式的高中畢業文憑，北大把他拒之門外。於是他轉而就讀於朝陽大學，先讀預科後轉本科。畢業以後，於1932年去到日本，在早稻田大學留學。他在國內思想就傾向進步，到了日本更是直接的接觸到了馬克思主義，並在思想上完全接受了它，於是他成了我國早期的馬克思主義者。他將日本馬克思主義研究者何上肇所寫的《新社會科學講話》譯成漢語，由北京景山出版社出版。這裏所說的新社會科學就是馬克思主義哲學。

　　雷先生當時經濟困難，學費不足，他沒能修完全部課程就中途輟學回國了。回到北平以後，他迫於生計，不得不在一些中學裏任教。直到1936年，他才被北平民國大學聘為教授，生活趨於穩定。但為時不久，盧溝橋事變爆發，日寇佔領北平。許多高校遷往南方，雷先生隨民國大學南遷回到了故鄉湖南。他在民國大學工作的時間比較長，直到1944年才轉到湖南大學出任教授。在湖南大學，

他工作時間只有兩年。由於與校長胡庶華政見不合，1946年遭到解聘。於是他不得不轉任國立師範學院教授。

在國立師範學院工作期間，正是國共兩黨激烈鬥爭的時代。在這場國共兩黨決定中國命運的生死搏鬥中，雷敢先生極其鮮明地公開站在共產黨一邊，反對腐敗的國民黨。雷先生在學生中享有很高的威望，成了著名的「左派」民主教授。在整個湖南的和平解放中，他都起了重要的作用。

長沙和平解放以後不久即1950年初，國立師範學院、民國大學、克強學院、湖南音樂專科學校與湖南大學合併。於是雷敢先生在離開四年之後又回到了湖南大學。這時的湖南大學面目已經大變，師生的數量大增，在中南地區已經超過了其他高校坐上了「第一把交椅」。新任校長李達當時雄心勃勃決心放手一搏，欲與北大、清華一爭高下。他在邀請呂振羽來湖大任職的信中說：

「……只要你我加強領導……不難使湖大趕上北大、清華……」

雷先生所在的歷史系當時更是人才濟濟、名家薈萃，極一時之盛，楊樹達、李劍農、黃士衡……諸名家均彙聚在此。

可惜為時不久，1953年中央一聲令下，全國高等學校院系大調整，湖南大學竟然宣佈撤銷。雷先生所在的歷史系轉到了新組建起來的湖南師範學院，很幸運的是歷史系的人員沒有受到院系調整的影響，它的師資隊伍保留得相當完整。除了原班人馬以外，還新增了幾個教師包括：新從美國回來的孫秉瑩教授；從湖南大學法學院留下來的黃佑昌、孫文明教授，教授的數量反而增加了。雷敢先生出任中國古代史、中世紀史教研室主任。同其他教授先生們相比，雷先生的馬克思主義水平是比較高的，他從事的革命活動也是最多的。他是教授們中間革命資歷最老的老教授。

　　由於雷先生家庭出身貧寒，政治歷史清白，與帝國主義封建勢力沒有任何瓜葛，所以在解放後的幾次運動中沒有受到什麼衝擊和傷害。他進步的經歷反而使他相當「走紅」：不僅當上了教研室主任，而且被選為省政協委員。他雖然沒有加入共產黨，但他參加了大知識份子比較集中的民主同盟，成了我院最有影響力的民主黨派人士之一。

　　像所有的進步知識份子一樣，解放後的狂喜過後，雷先生思想上慢慢的產生了疑惑，感到迷茫，產生了不滿……共產黨對學校所實行的軍事接管、改造，對知識份子的使用和領導，使他感到很不適應。於是在1957年的「鳴放」中，他「放」出了不少「毒草」，被戴上了右派的帽子。幾十年響噹噹的「左派」，一夜之間變成了「右派」！

　　他的罪狀，主要是在省政協會上的發言。那是一次聯合發言，聯名的是林兆倧、皮名舉、雷敢、姜運開、解毓才。因為他們五個都是湖南師範學院的教授，所以又稱「五教授的聯合發言」，在湖南的報紙上發表以後影響很大。人們常常把它和民盟中央的五大教授的發言相提並論。反右的號角吹響以後，民盟的五教授發言被認為是右派向共產黨發起進攻的宣言。在湖南，人們更把雷先生等五教授的發言看成是右派向黨射出的一支「毒箭」，「插著美麗羽毛的毒箭」，轟動一時！當然，民盟中央的五教授名氣大，在全國範圍內有影響；湖南的五教授的名氣沒有他們的大，而且也不都是民盟的成員。儘管如此，他們卻遭到了同樣的命運。除開林兆倧以外，其他署名的四個人都成了右派。為什麼林兆倧沒有被劃為右派呢？因為他是科技工作者，全國知名的化學家。社會主義建設正在開展，國家急需科技人才，劃了右派就不好用了。

　　其實他們發言的中心內容是要求改善共產黨對學校的領導，改變過去那種黨政不分的毛病，改黨委直接領導制為黨委領導下的校長負責制。他們並沒有反對共產黨的領導，當然會下他們發表過一些不滿的言論，批評學校領導的缺點錯誤。反右開始以後，他們的發言，立即在《新湖南報》上遭到公開地批判，認為它是一株反黨、反社會主義、反毛澤東思想的「大毒草」，雷先生成了「右派」。

　　雷先生所在的歷史系教師數量不多，但右派卻抓出了不少。雷先生所在的古代中世紀史教研室所有教師幾乎都被打成右派。九名教師中的八個，即雷敢、李俊、魏執中、田博文、文元玨、譚緒瓚、史繼琛、賈天農⋯⋯均被打成右派，只有曹典禮先生一人在校外帶學生實習，才倖免於難。附帶說一句，這個系的負責人真是「左」得可愛，幾乎把系內所有的教授都打成了右派，只有才從美國回來不久的孫秉瑩先生和早已內定為什麼分子的孫文明『漏網』。

　　「一朝被蛇咬，十年怕井繩」，雷先生被劃成右派之後，從此一蹶不振，他變得小心翼翼，連說話都不敢大聲了。於是，他悶坐家中，專心讀書。俗話說：人在家中坐，禍從天上來。雷先生雖然夾著尾巴做人，事事處處提心吊膽，他能躲得過嗎？文化大革命的號角一響，雷先生就被掛上了「黑鬼」牌子，被關進了「牛棚」，飽受了批判鬥爭之苦。直到改革開放，他才獲得平反，但這時他已垂垂老矣。

　　雷先生是勤於教學與研究的，除開翻譯出版日本人何上肇所著的《新社會科學講話》之外，還出版過一些著作，如《中國史綱》、《歐美外交史》、《中國通史》、《中國歷史要籍選》等。八十年代，他在退休很久以後才改為離休，享受老幹部待遇。在我校的離休老幹中，他參加革命的時間是最早的。

　　我同雷先生不熟，既不同一個系科，也沒有個人的交往和直接接觸。我知道他的某些情況，但知之不詳，想寫一篇文章介紹他的一生，又不好下筆。為了彌補上述缺陷，我幾次找雷先生的兒子雷普文同志，請他談談他的父親。但他總是顧左右而言他，很謙虛地給以拒絕：

　　「你就不要寫他了，他沒有做出什麼學術成就，你寫別的人吧！」

　　所以我就只能寫下上面這些話了。

抹不去的記憶
——記鄒聲揚先生

　　鄒聲揚老師離開我們已經一年多了（2007年12月）。但他的音容笑貌卻經常出現在我的眼前，我們在一起經歷的東西實在太多，怎麼也忘不掉啊！……

　　1955年湖南師範學院擴編，從全省各地調來一大批優秀教師，充實我們的師資隊伍。鄒聲揚老師就是這個時候來到嶽麓山下的，此前他是嶽陽一中的一位知名的化學老師。

　　我同鄒老正式接觸是在1961年。當時我們都在長沙二中（長郡中學）帶學生實習。他帶的是化學系的實習生，我帶的是外語系俄語專業的學生。二中的校長李人琢，同鄒先生年紀不相上下，他們雖不是同學，但互相來往較多，比較瞭解。李校長很尊重鄒老，對

我們很客氣，讓我們兩人住在一個房間裏，一住就是一個多月，朝夕相處，開始了我們長達數十年的友誼！

正是在這次指導實習的過程中，我發現鄒先生是一位經驗豐富的老師。他非常敬業，工作認真細緻。實習生的教案，他親自修改，預講他也去聽，對實習生的衣著、教態、語言、板書、課堂提問的方式、時間的掌握、教學內容中的難點、重點的把握、課外的輔導、作業的批改與講評等等，都能給予恰當的指導，使實習生受益非淺，使我這個第一次帶實習生的新手，也得到了不少的提高，我開始對他產生了尊敬！工作之餘，我們也談天說地，談各自的經歷。鄒先生是平江人，幾十年在外地工作，卻鄉音不改，還是一口地道的平江話，相處多年以後，他的平江話我還是有點聽不習慣。

鄒先生的經歷並不複雜。他生於1914年，國立中央大學畢業生。畢業以後他只在一家化工廠工作一年，就到中學裏教化學去了。湖南和平解放前，他在岳陽有名的一中教化學。他當時思想活躍，對國民黨的腐敗無能，非常不滿，熱切盼望共產黨早日把國民黨打倒，改變我國落後的面貌。他的這種認識，使他站到了嶽陽地區反蔣活躍分子的前列，成為了該地區有名的進步知識份子。

鄒先生雖然家庭出身地主，但政治歷史清白，再加上他反蔣的那段經歷，在解放後最初的幾場大的政治運動中，沒有受到觸動。就是土改，他也只是受到點教育，與家庭劃清界限而已。不僅如此，他還以進步知識份子的身份，受到信任和重用。他調來湖南師範學院時不僅已經參加了民主促進會，並且成了該會的一位重要幹部，長沙市民進的負責人。

1957年的整風反右運動，對於我國當時的五百萬知識份子來說，至關重要！不僅關係到他們個人的榮辱、沉浮，而且影響到他的後代，「禍延子孫！」但在當時誰也沒有料到。

　　1956年中央提出向科學進軍的口號，在全國範圍內落實知識份子政策，充分利用他們的一技之長，發揮他們的作用，沒有工作的，要安排工作。學校裏還採取許多措施，方便、優待講師以上的人員：給教授們配助手，生活上給他們發優待卡，買東西不用排隊……處處為他們著想！正是在這一年，全國工資大調整，他們的工資都有大幅度的提高，省裏的領導還公開保證：不用多久，就可以趕上抗日戰爭以前的水平。

　　1957年的春天，毛澤東在最高國務會議上發表關於正確處理兩類不同性質矛盾的講話，對知識份子提出「雙百」方針——文藝上「百花齊放」，學術上「百家爭鳴」，與民主黨派「長期共存，互相監督」……知識份子聽後歡欣鼓舞，以為真正的春天就要到來了！於是在隨後展開的整風運動中，知識份子紛紛起來響應號召參加「大鳴大放」，幫助黨克服三大主義：主觀主義，宗派主義和個官僚主義，消除黨群之間的隔閡……

　　但到了這年的夏天，形勢突變，本來是一場黨內的和風細雨的整風，卻突然變成了一場規模空前的反擊右派的運動，把五十幾萬知識份子打成「右派」！

　　鄒先生很幸運。他的工作單位，右派少。只給郭德垂先生一人戴上「右派」帽子，林兆倧教授雖犯有嚴重「錯誤」，卻僥倖保護過關，沒戴右派帽子。鄒先生所在的民主黨派——中國民主促進會，也不像民主同盟，劃的右派分子不很多。我校的民進成員中，似乎只有一個陳孝禪先生！鄒先生不僅沒被劃為右派，還因表現立場堅定而受到表揚和肯定，被封為民進中的左派，讓他擔任重要的領導職務！

　　反右派這一關順利過去以後，鄒先生的心情卻怎麼也高興不起來：一方面政治運動一個接一個，他被迫帶頭違心做檢查，向黨交

心;另一方面他屬下被打成右派的一些人,往往把自己的不滿和怨恨,發洩到他的身上。

隨著時光的流逝,他的思想也在緩慢地發生變化,他開始反省自己解放以來的所作所為,懷疑它的正確性⋯⋯於是他堅定的立場,開始發生動搖。在反右以後的幾次運動中,他跟共產黨走的決心雖然沒變,但跟的步伐卻明顯地緩了下來,內心裏產生了越來越緊迫的危機感。環顧左右,他感到不寒而慄,年紀比他大的魏文悌教授病死了,號稱「郭化學」的郭德垂老師在被劃成右派之後,憂鬱成病,也死去了。特別是德高望重的林兆倧教授的自殺身死,給鄒先生的震動最大,他嚇得幾乎要步其後塵⋯⋯省統戰部派來一名幹部,同他整整談了一個通宵,做他的思想工作,才打消了他自殺的念頭,阻止了一場悲劇的發生。他常常慨歎:做民主黨派工作太難,好象在刀尖上跳舞,一腳不慎,不是傷人,就是害己!他因此日日擔驚受怕,夜夜睡不安寧!

「一天等於二十年」的大躍進失敗以後,全國發生空前的大饑荒,死了多少人,我們不得而知。但此後迎來的卻是三年的「苦日子」。不過知識份子,特別是民主黨派中的高級人士,受到空前的禮遇:過去受到的錯誤批判,「一風吹」全平反了;頭上帶的帽子摘去了,換上了人民知識份子的桂冠;過去犯忌的話,也可以在「神仙會」上毫無顧忌地講了。生活上還受到特殊的照顧,比一般的幹部、居民好多了。難怪人們說:他們過的三年苦日子並不苦!

可惜這不苦的日子只有三年,三年還沒過完,毛澤東就在廬山發出號召:「千萬不要忘記階級鬥爭」,而且要人們念念不忘,年年講,月月講,天天講⋯⋯

像所有的高級知識份子一樣,鄒先生最害怕階級鬥爭,於是又

一次趕緊夾起尾巴、「硬著頭皮」準備著挨批挨鬥！省委派來的「四清」工作隊，在學校裏「紮根串連」「訪貧問苦」搞了整整一年。據說曾有人提議，要像農村搞土改那樣，給老師們劃成份，定階級：教授、副教授算地主，講師算富農，家庭出身好的青年助教算貧下中農，是黨在學校裏的依靠對象。但這樣的劃法，在馬列主義的經典中，又找不到理論根據，於是沒有付諸實行。儘管如此，人們從此對教授們便更加另眼相看，避之惟恐不遠了！

「四清」工作還沒搞完，工作隊還沒有離校，報上就開始了對《海瑞罷官》的批判。鄒先生像全校所有的老教師一樣，一顆剛想放下的心，便又懸了起來，不知道自己會不會成為又一個批判對象！

鄒先生的擔心，並非多餘！文革的炮聲一響，他就應聲落馬，成了系裏的重點批鬥對象。按指導文革的十六條，運動的重點是「整黨內那些走資本主義道路的當權派和批判資產階級反動學術權威」。鄒先生既非黨員，手中又無權力，即使他想走資本主義道路，也力不從心嘛！至於學術權威，他既無教授頭銜，也沒有學術專著，離權威，距離也尚遠。把他當權威批鬥，完全是為了別的方面的需要！

鄒先生過去一直背著進步的包袱，一夜之間，忽然由民主人士中的「左派」，變成了被批鬥的對象，他想不通，受不了，幾次想自殺，都沒有成功。在化學系的女老師魏璠服毒自殺以後，他更是下定決心，非自殺不可了。有一天，作為化學系的第一號批鬥對象，他被一批學生強拉著，戴上紙糊的高帽遊街。「是可忍，熟不可忍！」他的心情悲憤到了極點！一回到家裏，立即瞞著妻子，寫好遺書，準備出門自殺。但在他跨出大門一腳時，另一隻腳卻被他的小女兒死死地抱住。女兒撕心裂肺的哭叫，使他

把跨出去的那隻腳縮了回來，他一把抱住女兒，眼淚情不自禁地湧了出來……

經過一頓大批鬥之後，工作隊突然撤出了學校，近兩百教職員工的家被抄，人被關了起來，胸前均被戴上一快黑牌，上面寫著「黑鬼」之類侮辱性的字眼！他們是按不同的系科集中關起來的，後人稱之為「牛棚」。

紅衛兵出現以後不久，對於揪鬥校內的「牛鬼蛇神」的興趣突然大減，原來他們要衝出校門，殺向社會，揪鬥大走資派去了！

毛澤東〈我的一張大字報〉發表以後，工作隊受到批判，說他們前一段在學校裏搞的是「白色恐怖」，打擊一大片，保護一小撮，結論是：「何其毒也！」批判之嚴厲，超出我們的想像。但我們這些「黑鬼」卻把這張大字報，看成是我們的「救命稻草」，重生的希望！

1966年底，勇敢的羊春秋第一個沖出「牛棚」，率先出來貼大字報，控訴工作組對他的殘酷迫害，把一面「黑鬼」「造反」的大旗插在嶽麓山下！

1967年的8月，中央對湖南對立的兩派表態，要求他們大聯合，同時宣佈成立湖南省革委會（籌）。

就在這個時候，以羊春秋為首的「黑鬼」組織《湖南師範學院受資產階級反動路線迫害的革命教職工造反聯絡站》（簡稱革教站）宣佈成立。鄒先生馬上報名參加，並在化學系串聯發動其他的「黑鬼」參加。化學系受迫害的「黑鬼」數量不多，壓制的力量很大，鄒先生成了該系「黑鬼」戰鬥隊的核心，反抗壓制的骨幹，敢於跟他一起造反的，也只有涂遠昭、李克斌等少數人。但涂遠昭是一位很有才華的青年教師，復旦大學的研究生，有頭腦、善於思考，他的支持給鄒先生以很大的鼓舞，改變了他絕對孤立的態勢。

終因力量懸殊，鄒先生和羊春秋一樣，在「造反」五十天之後，再一次被關進「牛棚」。

說來真是有緣！1961年我和鄒先生一起帶實習生在二中（長郡）實習，共住一間房，朝夕相處一個半月，成了朋友、忘年交，他長我17歲；1968年的8月，工人階級登上上層建築，進駐學校，清理階級隊伍，我們同時被關進「牛棚」，又是同住一間房，已經不是兩人，而是十二人共住了。朝夕相處七越月，同一天進，同一天出，成了無話不談的難友、「棚友」……

在「牛棚」裏，我們過的不是「人」，而是「鬼」的生活。人的基本權利，遭到徹底剝奪，連做早操，都得用「坦白從寬、抗拒從嚴、頑固到底、死路一條」去代替常用的「一、二、三、四、五、六、七、……」

即使走出「牛棚」，我們還是得不到「革命人民」的寬恕，還是「二等公民」，還是在勞動：掏廁所、挑大糞，挖防空洞，去株洲燒水泥，下平江撿狗糞……我們和林增平、王克勳等少數人，成了挖防空洞的專業隊，一直挖到林彪摔死在溫都爾汗……「四人幫」垮臺以後，我們還沒有完全擺脫「二等公民」的地位！即使複課鬧革命了，化學系也沒有讓鄒老回到系裏，他不得不轉到生物系去教生物化學！

文化大革命是我中華民族歷史上一場空前的浩劫，受到心靈上和肉體上摧殘傷害的，不只是知識份子！而對那些被關過「牛棚」的知識份子來說，受到的傷害更是刻骨銘心，終生難忘的。忘記意味著背叛，忘記意味著它又會捲土重來，禍延子孫！

撥亂反正以後，鄒先生恢復了他過去的地位，他又成了民進的省委負責人，省市政協的委員，八十年代以後還當上了全國人大的代表。但這時的鄒先生，精神面貌和思想境界已經與文革以前大不

相同：盲目順從，甘當馴服工具的時候少了，獨立思考，關心民眾疾苦多了，特別是對那些受過迫害的人，同情多了，設身處地地為他們著想的時候多了！他主動地為平反他們的冤假錯案，奔走呼號，不遺餘力。他甚至甘冒風險，親自向中央工作組反映極左路線在嶽麓山下造成的危害，對落實黨的知識份子政策，作出了貢獻！這時的鄒先生完全改變了他唯唯諾諾，謹小慎微的面貌，出現在人們面前的，已是一個大義凜然、不顧個人得失與安危的形象。儘管還是有人在懷疑他，不相信他的真誠，特別是民進中受害較深的一些人！

鄒先生為人正派，從不貪圖小利，更不以權謀私。我知道，他家庭人口多，生活並不富裕，但從沒有聽他說過苦，要求過照顧。他子女的工作安排，並不比一般的職工子弟好，甚至相當的差，但他從來不向組織提出要求，討點什麼便宜。這在高級民主人士中是相當罕見的。

鄒先生是我省上層民主人士，多次出任省市人民代表、政協委員，是一位有相當知名度的公眾人物。他總是盡職盡責地反映民意，並不只是看上級的眼色行事，特別在晚年擔任全國人大代表期間，他完全不做馴服的工具、表決的機器，而是順乎民意，以人民的利益為利益！該贊成的就投贊成票，該反對的就投反對票。他知道這樣做是要得罪人的，甚至要冒政治風險的，但他已經看破「紅塵」，義無反顧了！他晚年的這些思想和作法，我是很清楚的，有時甚至為他的大膽感到震驚！可惜，外界清楚知道的人不多，而對他誤解的人，倒是不少！

鄒先生在麓山學人中聯繫比較廣泛。他知道許多人的「底細」，包括他們的學術、生活、工作的方方面面。他衷心鼓勵我寫文章，把麓山學人中的代表儘量多的介紹給後人，為此他給我談了

許多老先生的情況，並對寫出的稿子一再提供意見，要求我反覆修改。直到他去世的前一天，還打電話給我，要把他審閱幾篇稿子的意見，當面告訴我。他不是只關心自己，而更多的是關心他人的命運，所有知識份子的命運，特別是那些受到不公平對待的知識份子的命運，完全可以說他是麓山學人共同的知心朋友，不只是民主促進會中的知識份子的朋友！他這樣做，是他人性的復歸，還是他在追悔過去，還他的良心債呢？見仁見智，讓後人評說去吧！

注：此文原載於2009年12月《校友》

難忘暗嵐先生

羅暗嵐先生是我國有名的一位外國文學教授，又是一位享譽全國的作家。我1955年來到湖南師範學院以後，經常聽人提起他的名字，他是學院當時為數甚少的幾位著名教授之一。我有幸結識他，並在一個相當長的時間裏，成為他的近鄰，經常同他在一起談天說地，聆聽他的教誨。他是我的前輩，長我二十五歲。他學識淵博，談吐風雅，道德高尚，是非分明，給我樹立了一個學習的好榜樣，給我留下了永不磨滅的印象！他去世已經二十五年，但四分之一世紀的時間，也沒能把他給我留下的印象抹去，他的音容笑貌，還不時出現在我的眼前，他風趣幽默的言語，還經常在我的耳際邊迴響……

暗嵐先生原名一個正字，1906年生，湘潭縣人。天資聰慧，學習成績優異。從小就對文學產生興趣。1918年進入一所教會學校，開始學習英語，1920年考入長沙著名的明德中學，開始閱讀《新青年》、《湘江評論》等進步書刊，接受新思想的薰陶，1922年考入北京清華學校。

羅先生很早就走上了文學創作的道路。還在清華學校讀書的時候就開始發表作品，當時他還不到18歲。1925年在朱自清、俞平伯、吳宓等教授的影響下，參加梁實秋、聞一多所組織的清華文學社，並成為該社的積極分子，正式成為作家。

1929年羅先生自費赴美國留學，先在斯坦福大學讀本科，後進哥倫比亞大學研究院研究英美文學。學習期間曾在三藩市華僑創辦的《美洲民眾日報》擔任翻譯，同時與羅念生等人創辦《文學雜

誌》，聲言要「開拓文藝新土，期待未來的收穫」。研究院畢業後曾去歐洲遊學，遊歷了英、法、德、意等國的幾所著名大學。

1934年留學歸國，受聘於天津南開大學，任該校英文系教授，主講英美小說史、英美散文選讀。同時在其他系開設英文和高級英文兩門公共課。當時羅先生正在盛年，精力充沛，教學認真，效果奇佳，深獲好評。幾十年以後，他的學生，中國戲劇出版社的一位編審，還在給羅老的信中非常興奮地回憶羅老當年講課的盛況。羅先生自己也經常說：他在南開的三年，是他從教生涯中「最愉快、最充實、最難忘卻」的時光！

羅先生對南開，對南開所在的天津懷有一種特殊的感情，不難理解。除了他在這裏開始他的教書生涯之外，還因為他傾全力寫出的長篇力作《苦果》，是在《天津大公報》上連載發表的。小說發表之時，曾經引起轟動。多年以後，著名英國文學專家李賦寧先生第一次見到我時，一開口就提到他當年在南開讀《苦果》的盛況。他說每天《大公報》一到，同學們就搶著看《苦果》，先讀為快！李先生是羅老當年在南開教過的學生，所說不假！

《苦果》在報上連載達半年之久，風靡一時，並被改編成評劇上演，受到觀眾普遍的讚揚，場場座無虛席，演出長達1月有餘！

羅先生的創作都是上世紀二三十年代完成的，而且以中短篇小說為主，《苦果》是他出版的唯一一部長篇。他的中短篇，分別結成三個集子出版：一是1929年由上海光華出版社出版的《招姐》；二是同年由上海現代出版社出版的《6月裏的杜鵑》；三是1938年長沙商務印書館出版的《紅籠燈》。

羅先生去世以後，人民文學出版社在1989年出了他的一本選集《誘惑集》。

作為文學家，羅先生創作的數量不多，但不乏精品，其中有的

可以傳世。他的一篇〈中山裝〉曾經受到魯迅的讚揚。應該說，他是我國「五四」以來優秀的小說家之一。

羅先生主要的時間和精力，還是放在大學裏教書育人、為祖國培養人才上，他是我國為數不多的著名外國文學教授。但他執教過的學校不多，只有南開、湖南大學和湖南師範大學三所，如果不算清華、南開、北大三校合辦的長沙臨時大學的話！

羅先生在湖大擔任外文系主任時工作勤勤懇懇，任勞任怨，成績有目共睹。通過羅先生的努力，外文系建立起了一支數量可觀的教師隊伍，不僅語種齊全（英、法、德、日、俄諸語種都有教授），而且不乏知名度很高的專家、學者，如研究希臘文學的羅念生教授，法國文學專家、翻譯家李青崖，英語史學翻譯家謝德風以及德語教授王舒，英語教授胡子安，俄語教授曾紀綏，日語教授張秀勤等等。1953年全國高等院校大調整，湖大撤銷，於是教師紛紛走散，留在新組建起來的湖南師範學院的教師，為數已經不多，外文系建不起來了。羅先生目睹自己苦心經營多年的外文系瓦解星散，其心情不難理解。他自己原本也想離開長沙去廣州中山大學的，但因家庭人口多，中大無法解決住房而作罷。湖南師範學院初建時沒有外文系，他被分配到中文系教外國文學。同時給歷史系、教育系的學生，開外國文學作品欣賞課，提高他們的文學鑒賞能力，開拓他們的視野。這時的羅先生神情振奮，雖「單槍匹馬」，卻同時「唱三台戲」，深得學生的好評。

1956年師院決定籌建外語系，擬分兩個專業，俄語專業三年制專科已經招生，英語專業四年制本科57年秋季招生。學校領導決定請羅先生擔任籌備委員會主任。羅先生欣然受命，積極開展籌備工作。同時仍在中文系講課。

當時英語教師不多，年紀較輕一點的都改學俄語或改行教別的

課去了。胡子安、郭昆算是碩果僅存的兩位正副教授。羅先生面對困難沒有退縮，經常往來於中文和外語兩系之間，積極籌建外語系。他首先將無課可教的英語教授胡子安、副教授郭昆動員出來，繼而將改教俄語的英語副教授劉重德及其他改行的英語教師召回，還將原湖大外文系畢業生彭京調來，很快就建立起了一支老中青相結合的教師隊伍，並於1957年開始招收本科生。

這支教師隊伍，羅老非常熟悉，他們中有他多年共過事、同過學的朋友，也有他的學生，他們都很尊重羅老，很樂意在他的領導下工作。

「天有不測風雲，人有旦夕禍福！」羅老在1957年春天上了「陽謀」的當，不幸中箭落馬，被劃為「右派」，回到中文系「改造」去了。他的罪狀是一篇鳴放文章：〈春風吹到嶽麓山〉，說它是嶽麓山下「右派」向共產黨射出的第一支毒箭！放箭者被定為「右派」，理所當然！羅先生只能自歎倒楣了。其實這篇文章是省委派羅老的學生、宣傳部的一位處長動員他寫的。不過中文系新來的書記邵言屏卻對先生「另眼相看！」她對一位青年助教說：「羅先生是著名的外文教授，我們將來還是要用他的！」

一年以後，即在國慶十周年的前夕，羅先生的「右派」摘帽，可以重登講壇了。於是他正式調離中文系，調來外語系。當然領導職務沒有了，他成了普通教師中的一員，負責英美文學和翻譯課的講授。

羅老本來身體就不好，患有高血壓等多種心血管病，1953年在武漢參加制訂全國外國文學教學大綱的討論時，曾經中過風。經過反右之後，他的身體狀況更差了：言語遲鈍，行動不便，需要柱著拐杖才能慢吞吞地行走。所以他平時深居淺出，上完課就回家，很少同人交往、談話。只有老同學陳克勁先生，老同事胡子安教授等

人和他有點來往，他幾乎與外界隔絕起來了！

　　這種隔絕完全是他自己造成的，他覺得自己已經被搞「臭」了，不願意去「污染」他人。他明知老朋友李健吾、沈從文來長沙，四處打聽他的下落，但他避而不見。其實他是很想見他們的，特別是李健吾，不僅是他的摯友，而且羅先生的《苦果》是他幫著發表的。羅先生的《苦果》寫成後，恰好李健吾的親戚打算開辦一家書店，需要稿子，羅先生便託李先生將其稿子帶去，後來書店沒辦成，李先生將稿子交到《天津大公報》發表了。羅先生告訴我：沒有《苦果》的那點稿費，他沒法子去美國留學。因此羅先生對李健吾非常感激。1980年全國外國文學會第一屆年會在成都召開時，羅老還要我去看看李健吾先生，表達他在長沙回避與李先生見面的歉意和他對李先生的感激，感謝他幫助《苦果》的出版。此次我雖然沒有見到李健吾先生，但羅先生不忘舊友的幫助，還是給我留下了很深的印象！

　　羅先生來外語系後「夾著尾巴」做人，對人客客氣氣，而且教學一絲不苟。只是有一次系務委員會開會，他推開房門對系主任廖六如先生大聲叫嚷：「廖主任哪，我老了，身體不行了，快派一個教師來接我的課吧！要培養出一個英美文學和翻譯課的老師，沒有幾年功夫不行呀！……」

　　我從來沒有見過羅先生這麼生氣過，他不是為個人的得失爭吵，而是為後繼無人而憂心呢！

　　羅老既是民盟成員，又是省作協理事、文聯委員、省政協委員。三年苦日子時期，階級鬥爭的弦有所放鬆。不少民主黨派成員、高級知識份子受到「脫帽加冕」的鼓舞，放鬆思想改造，「翹尾巴」，忘乎所以，在「神仙會」上發牢騷。可羅先生吃了「鳴放」的「苦果」，有了刻骨銘心的教訓，非常小心謹慎，從不「亂

說亂動」。民盟也好，文聯、政協也好，不管你怎麼動員，他都三緘其口，一語不發！就是一些老朋友從外地來長沙，他也避而不見，讓人們忘記他的存在。他怕在老朋友面前一高興，管不住自己的嘴巴，萬一說錯了話，自己挨批事小，牽連別人事大。

1963年湖南師院成立十周年校慶，請來不少名家來校講學，羅先生總是請假，不肯拋頭露面與這些名家見面。南開大學外文系主任李霽野先生來了，指名要見羅先生。學校領導出面動員，羅先生才不得不出面會見這位30年不見的老朋友。座談時院系領導頻頻提出問題，向李先生請教。凡是涉及到英美文學和翻譯的問題時，李先生總是很謙虛地說：「這些問題羅老比我懂得多，是專家，還是請羅老談吧！」但羅老只是笑而不語，弄得場面好生尷尬！會後我問羅先生為什麼不發言。他說：「我應該有自知之明！「

「人善被人欺，馬善被人騎。」羅先生為人善良，也經常遭人欺侮。他眼睛深度近視，但有人卻叫他去校對臘紙。中文系周秉鈞教授聽說此事，非常氣憤地對我說：「真是豈有此理！你們要為羅老說話呀！」

1964至1965年省委派出一支龐大的工作隊來學校搞「四清」。聲氣大，人數多，「紮根串連」、「訪貧問苦」，好象進入了國民黨統治的「白區」。氣氛十分緊張。羅先生嚇得慌了手腳，不知如何是好！決定把他記了四十年（1924至1964年）的日記一把火燒了，怕上面抄去麻煩。他是乘家人熟睡時深更半夜燒的，一邊燒，一邊流淚，心痛啊！

一把火燒掉了日記，就保險不挨批鬥了嗎？不見得！文革的烈火一起來，羅老就在劫難逃了。他被關進了「牛棚」，過上了生不如死的「黑鬼」生活！

但羅老相信：正義終將戰勝邪惡，壞人終將受到懲罰，黑暗終

有盡頭，光明一定會到來的！

羅老的希望沒有落空！1976年「四人幫」垮臺，正值羅老七十大壽，他興奮不已，提起他歇息多年的筆，寫下了一首這樣的詩：

「秋菊春蘭七十年，敢傷遲暮惜華顛，

胸懷換骨心猶在，志切傳薪信愈堅。

堂下稚孫紛戲繞，廚中老伴為烹鮮，

曉霞一抹紅如錦，又卜明朝大好天！」

「大好天」來到的時候，羅老已經垂垂老矣！他幾次笑著對我說：

「要是早到十年，我一定會甩開膀子跟著你們大幹！」

他雖年過古稀，身體欠佳，卻沒有閒著：校內外升教授的材料，一批又一批地送來，他不好不看，而且要認真仔細地看，看後還得實事求是地寫下恰當的評語；報刊雜誌慕名前來約稿，約他寫回憶錄，他不僅不好拒絕，而且也要認真地寫。於是〈柳無忌介紹〉、〈朱自清在南開〉、〈朱湘的書籍〉、〈憶朱湘〉……一篇接一篇地寫了出來，文字還是那麼生動、流暢，思想還是那麼清新、深刻……

對於校內外慕名前來求教者，羅老總是熱情接待，對他們提出的問題，竭力予以解答。一位外地的中年學者，花了好長的時間，用英文寫出了一本《英美文學史》，其中有些問題，需要請人解答。他遍訪北京、南京幾所高校的專家，好些問題，還是懸在那裏。經人介紹，他來到我校，向羅老請教。羅老聽了他的問題之後，說：

「您提的這些問題，我不能馬上給您回答，我還要查查資料，

好好思索一番，才能回答您，請您過三天來，好嗎？」

三天過後，羅老給了他詳盡的解答。求教者非常滿意，對人說：

「想不到湖南師院有一位這麼高明的英美文學專家！我的問題他給我圓滿地解決了！」

羅先生為人正派，是非分明，對於投機取巧者，沽名釣譽者、趨炎附勢、阿諛奉承、吹吹捧捧者，均嗤之以鼻，而對老老實實做學問的人，則最為尊重。在這種人受到不公正對待的時候，他甚至敢於挺身而出，為其打抱不平！1978年劉重德先生申請晉升教授一事，最為典型。劉先生1938年西南聯大畢業，1946年升為副教授，教學、科研都不錯，改革開放以後，更是論文、專著迭出，成績斐然。但在晉升教授時，受到無理的刁難，此時羅先生和史學翻譯家謝德風教授一起挺身而出，仗義執言，終於使劉先生在當了三十二年副教授，年過64歲的時候升為教授。從此劉先生在學術領域裏更加努力，大顯身手，成了我國翻譯理論研究方面的權威！

羅先生的嘉言懿行還有很多，限於篇幅就不多寫了。

（本文為湖南師大校慶七十年所作，曾刊登在紀念文集上。）

為人重德的教授

　　2008年的春節前後，長沙的氣候惡劣異常，冰雪成災，為害之重，為1954年以來所僅見。老人、小孩更是難以忍受。94歲高齡的劉重德先生經不起這天寒地凍、停水停電之苦，不幸染病，搶救無效，與世長辭。噩耗傳來，不勝悲慟！幾十年相處的往事，一幕幕出現在眼前，恍如昨日……

　　我第一次見到劉老，是在1955年的秋天。那時他剛從哈爾濱外國語專科學校進修俄語回來，準備承擔新的教學任務。當時我國執行向蘇聯一邊倒的外交政策，所有大中學校，一律都開俄語課，俄語教師奇缺，而原來教英語的老師又因英語停開而不得不改行。劉重德先生就是其中的一個，當然他不是唯一的一個！

　　湖南師範學院的外語老師，全是從湖南大學外文系轉過來的。湖南大學1953年撤銷前，外文系的師資力量相當雄厚，英、法、德、俄、日不僅語種齊全，而且教師數量不少，其中不乏知名專家教授，如教法語的李青崖教授，就是一位很著名的法文翻譯家，譯過許多法國文學作品，特別是莫泊桑的小說。教英語的老師最多，除了英美文學專家、著名作家羅暟嵐先生擔任系主任外，還有古希臘文學專家羅念生教授、史學翻譯家謝德風教授以及胡子安、鍾人正等專家、教授。可謂外語名家薈萃，極一時之盛！湖大撤銷以後，情況大變：李青崖教授去了上海，羅念生去了北京，俄語教授曾紀綬去了武漢，德語教授王舒賦閑幾年之後退了休，日語教授張秀勤改行教現代漢語去了！年輕一點的統統改行學習俄語。劉先生和其他四位英語教師被派到哈爾濱外國語

專科學校（哈外專）改學俄語。四位之中，劉先生是唯一的一位
副教授，其餘三位，都是講師。

我第一次見到劉先生的那一年，他剛滿四十，精力充沛，容光
煥發，信心十足，給人一種生機勃勃、充滿朝氣的印象！他知道我
是搞翻譯的，而且已經出版了幾種譯著，便對我特別親切，說他也
喜歡翻譯文學作品，1949年他譯的英國文學名著《愛瑪》出版，
1950年抗美授朝期間他曾經約謝德風教授等人共同翻譯蘇聯作家波
列伏依的名著《我們是蘇維埃人》，擬將所得稿費全部獻出，購買
飛機、大炮，支援中國人民志願軍抗美援朝。後因已經有人譯出而
作罷……

劉先生長我十七歲，屬於我的兄長輩，但年齡的差異沒有拉開
我們之間的距離。隨著時間的推移，由於志趣的相同，我們的關係
反而變得越來越親密！

1956年外語系籌備委員會成立，名作家、英美文學專家羅暟
嵐教授出任籌委會的主任委員。羅先生早年留學美國，回國後被
南開大學聘為教授。抗日戰爭開始後，南開與北大、清華同時遷
來長沙，成立臨時大學，羅先生便隨著回到長沙。三校西遷昆明
之後，羅先生子女多，留在湖南大學外文系當教授，兼任系主
任。湖大撤銷後羅先生和湖大外語系的大多數教師轉到了新組建
起來的湖南師範學院，因為師院沒有成立外語系，羅先生不得不
去中文系教外國文學。現在籌建外語系，領導便讓他擔任籌備委
員會的主任委員。這一任命很得人心，包括劉先生在內的所有外
語教師，一致擁護！

籌委會一經成立，立即決定俄語專業於1956年秋季開始招收三
年制的專科生，由劉先生等改學俄語的老師擔任一年級基礎俄語的
教學工作，於是我和劉先生成了同行。但為時不久，英語專業四年

制本科招生，劉先生便「歸隊」教英語去了，於是我們見面的機會便少多了。

1957年的春天，毛澤東在最高國務會議上發表關於兩類不同性質矛盾的講話，提出對知識份子執行「百花齊放、百家爭鳴」，對民主黨派「長期共存，互相監督」的方針，以便充分調動知識份子和民主黨派成員的積極性。劉先生身為民主黨派成員，聽到這一講話的錄音之後，歡欣鼓舞，夜不成寐！等到上面動員他「大鳴大放」，向共產黨大膽提意見的時候，他毫不猶豫地起來回應，並在省政協的會議上作了發言。他的發言第二天就在《新湖南報》上全文登了出來。我是從報上讀到他的發言的。他的發言中有兩點給我留下的印象很深，至今還依稀記得個大概。首先他認為民主黨派的成員對國家的建設，也負有責任，不應袖手旁觀，自外於人民，不僅要參加「施工」，而且要參加「設計」！其次，他希望共產黨的幹部不要做「黑臉包公」。包公大公無私，剛正不阿，當然值得學習，但總是給人一副「黑臉」，冷若冰霜，就大可不必了！

反擊右派的號角一吹響，劉先生的這一番言論自然受到嚴厲的批判，被登上了我校內部印發的《毒草集》。挨批以後，劉先生為此作了多少次檢討，我就不大清楚了。因為此後不久，我奉命去武漢華中師範學院進修去了。等到我1958年秋天回校時，反右鬥爭已經宣告結束，被劃為右派的人都開始了他們「苦難的歷程」，「改造」去了。劉先生萬幸，沒被戴上帽子，也沒下農村勞動改造。但檢討、批判還在深入進行。這時的劉先生，精神狀態已經遠不如前，說話小心翼翼，按照當時流行的說法，他把「尾巴」夾起來了！

「夾起尾巴」就可以不挨批了麼？不見得！反右宣佈結束以後，緊接著就是「交心」、「紅專大辯論」、「教育革命」、「拔

白旗」……運動一個接著一個，一個沒完，另一個又開始了。劉先生在這一連串的運動中，始終處於被批判的地位，無休無止地檢討。特別是在「拔白旗」的運動中，他成了系內的「白旗」，全系鬥爭的重點！

經過「反右」，資產階級知識份子在政治上被搞「臭」了，但在學術方面，業務方面還有優勢，還在「翹尾巴」，抗拒改造。你插紅旗，他插白旗，與黨「爭奪」青年！所以在拔白旗中不但要繼續從政治上揭他們的「老底」，還要著重揭他們業務上的「老底」，只有從政治、業務兩個方面把他們的「老底」徹底揭露出來，「批倒批臭」，才能消除他們在青年學生中的影響！也只有這樣才能使資產階級知識份子老老實實接受改造，服從黨的領導……

正是通過這次運動，我們終於查清了劉先生的「老底」，更加清楚地認清了他的「面貌」。

劉先生政治上的「老底」雖略有瑕疵，卻並不複雜、反動。他1914年生在河南滑縣一個貧苦農民的家裏。父親一字不識，家裏窮得不能再窮！據劉先生後來的回憶，他們「天天吃的是紅薯、窩窩頭之類的雜糧，喝的不是稀糊糊就是小米湯」。要不是親朋戚友的幫助，劉先生是沒法上學的，更不用說上北大了。這就是說，政治上劉先生有了一個很大的優勢：家庭出身好！像他這樣出身的知識份子，在解放前是很少的！不過，劉先生也有一條小小的「辮子」：1942至1944年他在國民黨中央組織部工作過兩年！這兩年他幹了些什麼，早在思想改造運動中作了徹底的交代。正是這兩年，使他對政治產生了厭惡。他認識到那是一種「披枷帶鎖」的工作，很不自由，雖然上司對他的工作很滿意，許諾給他加薪晉級，但他還是下定決心非走不可。他決定去中央大學找他的老師柳無忌教

授，要求去他任主任的外文系教書。柳先生贊同他的想法，問他：

「你現在月薪多少？」

「180元」

「中大外文系的講師，月薪只有160元，要來你得減薪！」

「完全可以，只要讓我來教書就行了！」

就這樣，劉先生告別了國民黨中央組織部，成了中央大學外文系的講師，開始了他夢寐以求的大學教書生涯。這一崗位他從此就沒再離開，只是換了幾所大學而已。1946年他因科研、教學成績優良而在河南大學升為副教授。

劉先生政治上的「老底」如此，業務上的「老底」就更厚了。1930年他考進河南省有名的省立第一高級中學文科班，選修了著名文史專家河南大學教授嵇文甫講授的《學術思想史》。此後他就開始對學術研究發生興趣，決心進北大，成為一名學者！1934年他以中文80分、英語76分，數學60分的優異成績，考入北大外文系英語專業，直接受教於梁實秋、朱光潛、潘家洵、錢穆、皮名舉諸大家。七七事變以後隨校南遷，轉入長沙臨時大學、西南聯合大學，選修羅常培的語音學、柳無忌的英國戲劇、吳宓的西洋文學史、葉公超的翻譯、馮友蘭的中國哲學史等等。聽這些大師的課，劉先生覺得「真是如坐春風，如沐化雨，受益終生！」他經常慨歎：「生我養我者父母，育我教我者老師，特別是大學裏的那些老師！」正是這些老師激發出了他學習的熱情，給他打下了從事學術研究的基礎，將他引進了科學的殿堂！

「拔白旗」的時候，劉先生的學術成果還不多，僅有幾篇評論別人翻譯的文章和一本自己翻譯的《愛瑪》。批判的重點，是從譯著中尋找他的錯譯和漏譯。劉先生文字功夫好，譯風嚴謹，找來找去，漏譯、錯譯找出的不多，而將譯得正確的句子，判為

誤譯的，倒是不少！這樣的結果，使得批判者感到好生尷尬，弄巧成拙啊！

　　接連不斷的批判，大大挫傷了劉先生從事翻譯和研究的積極性。他本來是喜歡文藝創作與翻譯的。早在西南聯大，他就參加了《南湖詩社》，發表過不少新詩，其中不少詩作發表後影響甚大，本擬結集出版。朱光潛還為它題名《寒窗草》呢！執教大學以後，劉先生把精力主要放到英語教學和翻譯研究上去了，沒再寫詩。後來批判接連不斷，劉先生不得不讓自己的筆「放在案頭蒙塵生銹」，「一籌莫展，有苦難言」

　　三年大躍進，「超英趕美」，頭腦發熱，把國民經濟推到了破產的邊緣，使全國人民過上了「苦日子」，不知餓死了多少人！不得已把階級鬥爭那一套暫時收了起來，給高級知識份子、民主黨派人士提供優待，使他們的日子過得比普通工人農民好多了。但為時不久，國家形勢略有好轉，階級鬥爭的號角又響起來了！於是剛剛「脫帽加冕」的高級知識份子馬上成了批判鬥爭的對象，劉先生自然不能倖免！1964年全校開展「四清」，劉先生受到嚴重的打擊，竟然被定為「內專」對象，也就是對外不公開戴帽的階級敵人，被劃到人民以外去了。這一打擊之重，一般人很難承受，但劉先生還是忍下來了。

　　劉先生的性格本來是外向的，開朗、活躍，容易與人相處。但接連不斷的挨批挨鬥，他完全改變了自己。形勢比人強，他不得不改嘓！應該說，劉先生「改造」得很不錯，他完全變成了另一個人！不過有一點，他始終沒變，就是他潛心研究學術的決心不變，變的只是更加執著，更加專心致志罷了！

　　「史無前例」的文化大革命初期，「革命」師生把炮火對準了院系兩級領導和知名度較高的教授，因為前者有可能是「走資本主

義道路的當權派」，後者有可能是反黨反社會主義及毛澤東思想的「反動學術權威」。劉先生政治上一向不受重視，從沒擔任過什麼領導職務，連個小小的教研室主任也不是，算不上當權派，姑不論是否走資歷本主義道路；劉先生又只是一般的副教授，只寫了幾篇文章，出版了一部譯著，離學術權威，也距離尚遠，且不說他是否反動。所以革命師生就「高抬貴手」，讓他晾在一邊，等待運動後期處理。這就是劉先生為什麼在文革初期受到冷遇，連大字報也很少的原因！

但到了1968年8月工宣隊進校，清理階級隊伍的時候，劉先生就受到「重視」了。他被掛上牌子，關進「牛棚」裏去了。他早有思想準備，乖乖地走進「牛棚」，沒作任何反抗。看守「牛棚」的監管人員發覺他挺順從，很聽話，讓他當上外語系的「黑鬼」組長。每天「天天讀」之前，他領著十幾個「黑鬼」，到外語系各個教研室，向「革命」教工「低頭請罪」！他走在隊伍的最前面，低著腦袋，彎著腰，手提一面小銅鑼，每走一兩步，就當的一聲敲一下……那情景使我刻骨銘心，終生難忘！

從1968年8月8日到第二年的3月19日，劉先生和我們大家才從「牛棚」裏放出來，回到本單位，接受革命群眾的監督改造！他在「牛棚」裏足足呆了七個月！

1975年9月，劉老已經年過花甲，卻還在身不由己地「勞動改造」，白白地浪費寶貴的光陰。他憂心如焚，不知何時才能「解放」，才能為國家、為人民貢獻出自己的知識和力量！

劉老很幸運，機遇終於來了。國家準備興建嶽陽化工廠，設備和技術都由美國、荷蘭引進，亟需英語翻譯人才。劉老儘管不懂技術，也從未幹過科技翻譯，沒有經驗，但他卻主動設法應聘。他不顧年邁、報國心切的精神，深深感動了廠方，讓他擔任翻譯組組

長，全權負責全部技術資料的翻譯，包括檢驗報告的中英文互譯工作在內。

大膽接受任命之後，劉老拋妻別子，住到廠裏，開始夜以繼日地工作，這時他的頭上還戴著「黑鬼」帽子呢！工廠建成之後，劉老回到了學校，趕上了「四人幫」倒臺！

改革開放以後，我國廣大的知識份子迎來了真正的春天，強加在他們頭上的各種罪名去掉了，他們在精神上獲得了「解放」！蘊藏在他們心底的創造力，煥發出來了！劉先生在這方面可以說是一個典型！

冤案平反以後，劉先生的精神面貌，煥然一新，他積聚多年的創造力，一旦得到解放，馬上就像火山一樣，開始噴發！他雖已年逾花甲，卻一點也不覺得自己老邁，而是像青年小夥子一樣生機勃勃，幹勁十足。他多次表示要甩開膀子大幹，把失去的時間搶回來！他不是說說而已，而是實實在在地幹！他接連發表文章，特別是《英語AS的用法研究》一書的出版，引起了國內外英語研究者的注意，認為是一項重要的研究成果，而將一個詞的用法寫成一本書，在外語研究中還是罕見的，我省有關單位給它評了個二等獎！

但在晉升教授的問題上，劉先生再一次受到不公正的對待。不管論資歷，論學力，還是論教學效果、科研成果，劉先生都是完全可以晉升的！反對他晉升完全是一種偏見，是極「左」思想影響的殘餘。德高望重的英美文學專家羅暟嵐教授，史學翻譯家謝德風教授聞此，挺身而出，為劉先生打抱不平，主持正義。外校知名專家的評語，比羅、謝兩位的評價更高，於是劉先生終於在當了三十二年副教授之後，升為正教授！這時劉先生已經六十又四歲了！

但劉先生並沒有功成名就，退休養老的想法，他反而以此為契機，更加廣泛深入地開展自己的科研工作。他多姿多彩的研究成

果，大多是在改革開放的大好形勢下完成的。他是改革開放的寬鬆環境下產生的學術權威！

說他是學術權威，並不是誇大溢美之辭，這項桂冠他受之無愧！劉先生的學術活動，主要是英語翻譯，他的主要成就也集中表現在翻譯上。他的研究工作是從1949年在《英文月刊》上發表的〈「英語發音」商榷〉和〈開明英文文法糾誤〉開始的。緊接著是1949年翻譯出版了英國作家奧斯丁的名著《愛瑪》。

但從1949到1979這整整三十年中，劉先生的名字卻不再出現在學術刊物上。他被塵封了整整三十年！他真正研究翻譯理論則是從1979年開始的。這一年他發表了他的第一篇翻譯理論文章：〈試論翻譯的原則〉。自此以後，直到他2008年去世前，他發表了有關翻譯的文章數十篇，專著四種即《翻譯漫談》（1984年），《文學翻譯十講》（1991年），《渾金璞玉集》（1994年），《西方譯論研究》（2003年）涉及到翻譯的各個方面，比如翻譯的原則、方法，譯文的評論、譯文的風格，國外譯論的介紹與評述、我國歷代譯論的繼承與發展⋯⋯總之，除機器翻譯和口譯之外，他的研究幾乎都涉及到了，而且見解獨到，在翻譯理論界產生了很大的影響。現在他的學術成就已經得到公認。他的名字已經載入國內外的多種大型辭書，如《世界文化名人辭典》、《國際傳記詞典》、《中國翻譯辭典》等等。

他不滿足於純理論的研究，還積極參加翻譯的實踐活動。除開1949年翻譯出版英國文學名著《愛瑪》之外，在時隔30年之後，又陸續譯出了《癮君子自白》等文藝作品，甚至還譯過科學家傳記、兒童讀物。論字數，並不多，但各種體裁都有。他並不追求翻譯的數量，但追求譯文的質量：準確、完美，符合他提出的翻譯標準：「信、達、切」！

作為翻譯家，劉先生是全面的，是將理論研究和翻譯實踐緊密聯繫在一起的典範，這在翻譯界並不多見！所以他受到翻譯界，特別是年青一代的翻譯工作者的推崇和擁戴，是完全可以理解的！他一生治學嚴謹、勤奮、執著、頑強、鍥而不捨！劉先生人如其名，為人重德：他嚴於律己，寬以待人；他淡泊名利，視之為身外物；他生活儉樸，不慕虛榮；他待人誠懇，胸懷坦蕩⋯⋯他數十年如一日，孜孜不倦地工作，嘔心瀝血地教書育人，給我們樹立了一個很好的榜樣。他雖然已經離開我們，但他崇高的思想品德和他的學術成就不會離開我們，人們會懷念他的！

（注）本文載於2010年《文史拾遺》第一期上。

晚年李俊

　　李俊先生字一萍，湖南祁陽人。早年畢業於武漢大學歷史系，畢業後在該校歷史研究所從事研究工作，研究期間，曾出版專著：《中國宰相制度》（商務版），引起同行們的重視。上世紀八十年代，臺灣一家出版社出版重印，在海峽兩岸產生一定的影響。

　　李俊先生與我雖係同鄉，又共姓一個李字，但在上世紀八十年代以前，卻沒有見過面。他被捕判刑以後，他愛人雷老師同我談過一次話。她告訴我，李俊是我的同鄉，是聽了我伯父祖蔭先生的勸告來湖南大學教書的，要是早兩年碰到我伯父，他或許不會去井岡山寧岡縣當縣長。她為李先生感到惋惜，同時對我伯父表示感激。這時我才知道李俊是我的同鄉，而且認識我伯父。

　　我的家鄉祁陽，地處偏僻，經濟、文化都不甚發達，讀書的人雖然不少，但能登上高等學校講堂的並不多，有著作、有影響的更少。像譚丕模、李祖蔭這樣有點知名度的教授就寥寥可數了。李俊雖然不是知名教授，但在祁陽，也算佼佼者了：他在湖南大學當歷史系的副教授。

　　他似乎是一位兩耳不聞窗外事，一心只鑽故紙堆的學究，如果不是日本鬼子的鐵蹄踐踏了他的國土，用炸彈炸毀了他的家園，恐怕他不會從他的「象牙之塔」中爬出來，參加到逃難者的行列之中。1938年我國「半壁東南糜爛盡」，「風雨河山鶴唳悲」，他先是送走了他的妻子，後來他自己也隨武漢大學歷史研究所「西移」到陪都重慶。戰時艱苦的生活，使他不時發出「不幸」生在亂世的慨歎！

　　這種痛苦的生活一直延續了八年。抗日勝利，他就從滯留八年

的重慶返航回武漢。但沒到武漢，就在途中接到任命，去江西井岡山下，擔任寧岡縣的縣長。

「薄材膺邑宰」，正在他思考著「何計復創夷」的時候，內戰打起來了，他身不由己被捲進了內戰的「車輪」。等到他聽從「勸告」醒悟過來，走上大學的講堂，已是1947年的秋天了。

兩年以後，長沙和平解放，共產黨接管學校，對學校教師，採取全部包下來的政策，李先生也被包了下來，繼續留在學校裏當教師。他當過縣長的歷史，當然沒有被人「遺忘」，於是很早就被定為「歷史反革命分子」，考慮到他「罪惡不大」，沒有血債，才讓他繼續留在教師隊伍中「為人民服務」，「戴罪立功」。

由湖南大學到湖南師範學院，他一直在教他的中國古代史，儘管運動來時，總免不了要一再交待、坦白、認罪、檢討⋯⋯

1957年毛澤東提出「雙百」方針，說是國內形勢變了，共產黨要整風了，歡迎大家多提意見，批評錯了也沒關係，保證「不抓辮子，不打棍子，不戴帽子」，言者無罪，聞者足戒嘛⋯⋯

書生氣十足的李俊先生看到老師們提意見的熱情那麼高，他也受到了感染，竟然忘記了自己的「身份」，也加入到了「大鳴大放」者的行列！他每會必到，到必發言，似乎無所顧忌。積極分子們說他「利令智昏」，已經到了忘乎所以的程度，居然說什麼「一將功成萬骨枯」，這不是含沙射影，惡毒攻擊共產黨領袖和骨幹嗎？於是到了反擊「右派」的時候，新賬舊賬，連本帶利一起算，他頭上除了「歷史反革命分子」那頂帽子之外，又添上了「右派分子」這頂時髦的桂冠。1958年，他理所當然地被逮捕法辦了：判刑七年，發送洞庭湖邊的西湖農場勞動改造。

李先生被送去勞改，他自己是怎樣想的，我沒聽他說過，好像他沒鳴過冤，也沒叫過屈，刑滿之後，留場勞動，他似乎還相當滿意。

　　改革開放以後的八十年代，人們想起了李俊先生，說按政策他應該回原單位，給他作恰當的安排，於是他回到了久別的湖南師範學院歷史系。

　　是的，他是應該感到滿意的。歷史系是個人數不多的小系。教職員工不過三十餘人，「右派」倒是劃了不少，僅李先生所在的中國古代中世紀史研究室，九個老師中揪出八個「右派」，只剩下一個曹典禮先生帶學生在校外實習，才倖免於難。而全系正副教授中沒被劃成這樣那樣分子的很少，正教授中大概只有孫秉瑩「內部控制使用」。李先生「罪惡」比他們重，所以被逮捕法辦。但塞翁失馬，焉知非福！李先生居然從「勞改」中安然回校，而皮名舉教授，講師史繼璆等人卻已先後作古，連最年輕的「右派」賈天農快要摘帽時「自溺身亡」，沒等到平反！

　　回校以後，校長林增平特地照顧他，分給他一套70平方米三室一廳的小套間。於是我們成了上下鄰居，開始有了點接觸。這時他早已超過退休年齡，但仍然念念不忘整理舊稿出版。除開湖南人民出版社出版的《中國歷史要籍介紹》外，還出版了《一萍詩存》。他好寫詩，早年由吉安出版社出版過《一萍詩草》，收詩一百餘首。後來在西湖農場勞改時又寫了一百多首，題名《西湖詩稿》。回到學校後又增寫了一些。他油印給我的幾首，大概也收在裏面。我不懂詩，無法評論他的詩的優劣，茲錄幾首，權當對李先生的紀念吧！

　　　「半壁東南糜爛盡，扶攜百萬望西移，
　　　芳華庭院鶯歌歇，風雨河山鶴唳悲。
　　　相識有緣江漢上，何生不幸亂離時?!
　　　懸知此別無窮盡，握手低廻思不支。」

　　1938年李俊正在珞珈山武漢大學研究所工作。這是他送別雷夫人隨家人入蜀逃難時有感而作。

　　「離亂八年羈西蜀，返航今日好歡心！
　　滔天虐燄漫中國，三戶亡秦證古今。」

　　這是抗日勝利作者自重慶返航，出三峽過江陵時所作。詩的末尾，有一個作者注：「江陵，古楚都所在。嬴秦虐政，楚人恨之入骨。民謠云：『楚雖三戶，亡秦必楚。』三戶，言戶少；一說，三戶小鎮名。予湖南人，湖南在楚疆之內，蓋亦楚人也。」

　　「一夜廬陵雨，瀟瀟擾客思。
　　薄材膺邑宰，何計復創夷?!
　　同室操戈急，扶傷救死遲，
　　吾生真不幸，長在亂離時。」

　　去江西赴任途中，作者夜宿吉安，知內戰已經開始，有感而作。

　　「4月桐花落滿階，一年春去夏初來，
　　茅簷雨久生青草，磚磴潮汐長綠苔。
　　滾滾湖雲新世局，滔滔江水舊情懷，
　　艱難歲月端宜醉，潦倒長停濁酒杯。
　　柳蔭深處納涼時，不覺驕陽又已西，
　　湖闊天空堤上叟，一杆瀟灑看鵝歸。」

　　上面一首七律和一首七絕，是作者在西湖農場勞改時所作。當時場領導考慮他年老體弱，免除他的重體力活，讓他主要養雞兼看鵝。

　　「教師節日譜新篇，到處弦歌霽雲顏，
　　一代英才茁壯起，三千七十等閒看。
　　青山不老水長流，日作園丁未肯休，
　　一見繁華成碩果，私心歡喜笑盈眸。」

　　這是作者返校後過第一屆教師節時所作的兩首詩。他到底是一名教師，對這個職業非常熱愛！
　　得知皮名舉先生去世後，他寫了一首悼詩。

　　「自從初識名山後，十年共事笑談親，
　　誰知一別成千古，談笑唯憑夢裏人。
　　步履蹣跚弱不勝，一隅默坐聽批評，
　　遽憐謝世君偏早，未沐春風雨露恩。」

　　皮先生是著名的歷史學家，早年留美，獲哈佛大學博士，歸國後歷任北大、西南聯大教授，國立師範學院教授，教務長，代理院長，與李俊先生幾乎同時來湖南大學任教授，1953年湖南大學撤銷，又與李俊同時轉到新組成的湖南師範學院。1958年被錯劃為「右派」，次年病死，終年51歲！皮先生去世時，李俊已被判刑。

　　（注）本文載於2010年《文史拾遺》第二期上。

楊「代數」少岩先生

在史無前例的文化大革命中高等學校裏的教授，沒有不受到衝擊的。「牛棚」裏的「牛們」就有不少教授！楊少岩先生就是其中之一。

楊先生是湖南寧鄉人，文革前他是湖南師範學院的一位副教授，比起那些一、二級教授來，他的學術地位並不算高。但他在中學裏從教多年，教過的學生很多，影響很大。加上他編過一本教材《楊氏代數》，所以他的知名度很高。我在解放前讀過他的書，又在長郡中學見過他，給我的印象很深，特別是他的禿頂。

他的那本《楊氏代數》風行過好幾年，許多中學都用作教材，印數十分可觀，楊先生因此得了一筆豐厚的稿酬。稿酬到手後，楊先生捨不得用，用它買了一百畝水田，於是土改後，他理所當然被劃地主！但沒正式戴上地主分子的帽子，算是一種照顧。有些好事之徒，常在背後議論，說楊先生是咎由自取，地主帽子是花錢買的！

土改前，鄉下來人，要抓他回家，他嚇得要死，趕緊躲進教育廳。當時教育廳負責人保了他，沒讓農民抓他回家，說是黨的政策，要保護楊先生這樣的知識份子！

雖沒被捉回老家，但減租減息還是要的。楊先生二話沒說，趕緊把手頭的銀錢，金銀首飾和一切細軟全部拿了出來，交給農民，算是減租退押了。於是他保住了當教師的飯碗！

湖南師範學院成立不久，楊先生作為優秀中學教師，被調了進來，1956年被升為副教授。

　　楊先生是長郡早年的學生，又在長郡教了多年的書。當學生的時候，和劉少奇同班。憑著這點關係，省裏安排他當過一屆省政協委員。按理他應該感激劉少奇，至少不該對劉不滿！原來劉少奇被趙恒惕逮捕後，地下黨找到楊先生的兄弟楊劍雄，要求他幫忙，搭救劉少奇出獄。楊劍雄慨然應允去向趙恒惕求情，結果，劉少奇釋放。寧鄉解放後，楊劍雄怕遭鎮壓，逃往外省，但不久就被當地的農民抓了回來，說他是畏罪潛逃的惡懂，要鎮壓。楊劍雄說他救過劉少奇一命，請求免死。公安局不敢怠慢說：

　　「如果你楊劍雄確實救過劉少奇同志，我們可以免除你的死罪！」

　　於是楊劍雄趕緊把他挽救劉少奇同志的詳細經過寫成材料，交予公安局處。很快公安局就收到劉的親筆回信，稱「我的獲釋，完全是我地下黨活動的結果，與楊劍雄完全無關。」信到不久之後，楊劍雄就被作為罪大惡極的惡懂槍斃了。楊少岩先生於是對劉產生了不滿。「四清」以前他的不滿經常流露出來，多次受到批判！文革開始時，大字報說他是「反黨反社會主義」的反革命分子！後來，劉少奇被揪出來了，按理，他反對劉的罪行，應該不成立了，他可以解脫了！但是，它不但沒得到解脫，「罪惡」反而更大了：他成劉少奇「反動的社會基礎」了。他在文革初期，工作隊當家時就進了「牛棚」，清理階級隊伍時又一次被關了進去！

　　楊先生雖是教數學的，應該具有科學頭腦，卻有點迷信思想：他怕死在「牛棚」裏會禍延子孫。當時他已年過花甲，自覺有生之日，已經不多，所以一進「牛棚」就想出去！一來實在經不起那地獄般的折磨，二來怕死在「牛棚」裏，殃及自己的後代！

　　正在他急於走出「牛棚」而又苦於無法可想的時候，從北京來了兩個著軍裝的外調人員，把楊先生叫到審訊室，要他老老實實交

代劉少奇叛變出獄的材料。來人樣子很凶，口氣很硬，說要是他老老實實寫了劉的叛變材料，馬上就放他回家，要是不寫，就一輩子別想走出「牛棚」！

楊先生一聽，馬上寫了證明，說他確實看到劉少奇從又一村裏（那是省政府所在地）走出來，身穿一件藍布長衫，腋下夾著一把雨傘，手中捧著基本線裝書。顯然是趙恆惕把他放了。後來我在「叛徒，內奸，工賊劉少奇」的定案材料一書中讀到楊先生的這個揭發材料。

寫完材料，外調人員未置可否地走了，但幾天後，楊先生走出了「牛棚」回到了他的家裏。

他家住在老至善村，與我家比鄰。幾天之後，鄰居說他死了！得了什麼病？為什麼死的這麼快？

鄰居們都說，楊先生死的冤，他只是拉肚子，大瀉不止，去醫院看病，醫生見他是「黑鬼」，給了他幾片止瀉藥，沒讓他住院治療，草草打發走了。當時他年近古稀，哪裡經得起折騰，所以很快就死去了！他得到安慰的是：他終究沒有死在「牛棚」中，而是死在自己的家裏了，不會禍延子孫了！

楊先生的故去，使學院裏少了一個「牛鬼蛇神」，湖南教育界則失去了一位「楊代數」，一位德高望重的教育家！

憶「將軍」教授劉啟松

　　我一生見過不少將軍，有共產黨的，也有國民黨的，還有蘇聯的；有指揮過千軍萬馬的，也有只拿將軍薪水，沒帶過一兵一卒的。劉啟松教授就是一位只掛過將軍銜沒帶過兵的將軍！

　　劉先生是我院體育系的教師。我們學院院區很大，分南北兩院。體育系的老師住在南院，我住在北院，兩院相矩甚遠，所以文革前我同劉先生沒有見過面，連名字都不知道，當然也就不可能成為朋友了！

　　1970年，林彪副統帥還在臺上，說他已嗅到火藥味，戰爭就要打起來了。於是大抓戰備，「深挖洞！」我校對戰備工作抓得緊，挖防空洞不遺餘力，但水泥缺乏。株洲蘇紡廠也要挖洞，也缺水泥，於是雙方一合計，決定合辦一家水泥廠；蘇紡廠出技術，出設備，我校出人力，生產出來的水泥二一添作五，平半分！

　　「一打三反」剛剛結束，我校就從各個系科抽調四十多人去株洲燒水泥。也就是在這裏我第一次見到了劉啟松先生！

　　劉先生個子高，一米九幾，站在我們幾十個人中，有如鶴立雞群，非常顯眼！經金子剛介紹，我才認識劉啟松先生！

　　劉先生的經歷，說複雜又不複雜。他一生都是從事體育教學工作。從學校畢業出來以後就到了中學裏教體操。他體操技術高超，尤其擅長擒拿。出名以後，中美合作所訓練特務的學校，把他請去專教擒拿術。鑒於劉先生業務水平高，影響大，學校給他高薪，掛少將銜，在校長不在的時候，由他代理！

　　解放前不久，他辭職轉到了一所中學教體育。解放的時候，他

沒跟國民黨撤退，而是留在學校裏。沒過幾天他就主動到軍管會，登記自首！

那時候剛解放，政府對自首人員，政策非常寬大，沒有重大罪過的，一般都是給於優待，不予追究。劉先生除了教過特務的擒拿術外，沒有別的罪過，所以讓他繼續留在原來的學校裏任教！

劉先生教學認真負責，學生非常歡迎，省體育學校成立之後，立即把他調去，作為骨幹，培養運動員！出自他門下的運動員，為數不少，談起劉先生來還連連稱讚，足見劉先生的口碑不錯！

1952年全國鎮反運動開展的時候，劉先生被捕了。公安部門知道劉先生身手不凡，幾個人對付不了他，所以在抓捕劉先生時作好了充分準備，防止他反抗拒捕。結果卻是出人意外。劉先生不僅沒作絲毫反抗，反而主動向公安人員伸出雙手，讓他們輕鬆地給他帶上手銬，帶走了。

收監三個月後，劉先生的問題查清楚了。他確實沒幹什麼壞事，只是教教擒拿，而且他認罪態度好，主動投案，免於起訴，仍回原單位工作。

1958年「大躍進」，體育學院「躍進」到了湖南師範學院！隨後就是三年「苦日子」，劉先生作為民革成員和副教授，屬於高級知識份子，統戰對象，享受優待，過的日子比一般老百姓好多了！所以即使在「神仙會」上，劉先生的「牢騷」也不多。他是個比較安份守己的知識份子，很有自知之明：他終究掛過「國民黨少將」的軍銜，有根辮子擺在那裏嘛！

燒水泥的活，是個苦差事，又累，八小時一班幹下來，鼻孔、耳朵裏都是水泥灰，怎麼洗也洗不掉。幹久了這種活，據說肯定會害上矽肺病！但我們這些人都是有「辮子」抓在「革命群眾」手裏，剛剛走出「牛棚」由「鬼」變成人的教師和幹部，我們不幹誰

幹？不會幹也得幹嘍，「將功贖罪」、「重新作人」嘛！

　　劉先生幹活，也像他的個子一樣，比別人高出一頭！他個子高、力氣大、動作靈活，燒水泥的各道工序的活，他都幹得了，而且八小時一班下來，他都能堅持！年紀已經六十有餘，卻能像青年人一樣，輕鬆自如，有說有笑！

　　「九一三」林彪折戟沉沙，摔死在蒙古的溫都爾汗，水泥廠於是停辦。我和劉先生回到了各自的系裏，接受「革命」群眾的「監督改造」！以後幾年沒再過面！

　　平反冤假錯案以後，劉先生精神煥發，好像換了個人似的。他雖已年逾古稀，身體卻驕健如常，在單雙扛上，做起動作來，還是身輕如燕，還是那麼優美，那麼流暢自如！

　　劉先生心情開朗，好開玩笑，偶然碰到，他總要緊捏我的一隻手，直到我苦苦求饒為止！先生平時言語不多，但對一起燒水泥那段往事，總是喋喋不休，難以忘懷，每次見面，總要說上一兩句！

　　劉先生不僅長於體操，還會騎自行車，技術之高，令人歎為觀止！九十多歲還能騎車跨越一兩米的溝渠呢！他似乎從未坐過公交，出行總是以自行車代步，直到他九十三歲去世為止！

　　劉先生身體好，性好動，不甘寂寞，老伴過世時他已年過九十，還託人物色新的老伴，以度餘年！可惜，理想的新老伴還沒物色到，他就突然故去了！他活得瀟灑，走得突然，難得，罕見！

記憶中的張子傑

　　1956年我帶著小妹住在嶽麓山半腰中的一棟平房裏，與範疇和他的老母親共住一套房。范先生住後間，我們住前間，廚房共用。范母年高，與我小妹一起生活，互相照顧，給我們留下了一段美好的回憶！

　　當時我們的左右鄰居有兩家：左邊是中文系的朱衣，右邊是張子傑。

　　朱先生是中文系的副教授，教古漢語。據說他曾拜在章太炎的門下，是章的關門弟子。我認識他的時候，他的精神狀態很好。他告訴我，他的一本專著正在國內排版，日本就偷著譯了過去，幾乎會同時出版。他對此感到驚訝，同時也掩飾不住他的自豪！

　　與朱先生的高興心情相反，張先生則整日愁眉緊鎖，很少言語！

　　從外表上看，朱、張兩人差別也很大。朱先生個子不高，單瘦，而且拖著一條跛腿，行動不便。張先生則是一表人才，個子修長，不胖不瘦，戴一幅近視眼鏡，操一口標準的普通話，待人彬彬有禮……是一副十足的書生模樣！

　　他們年齡相仿，都是四十上下。朱先生兒女成群，張先生則只有兩個女兒，年齡都在三五歲之間。這兩位先生給我留下過較深的印象，特別是張先生！

　　不久以後，我搬走了，但我還是沒有忘記這兩位結識不久的鄰居。

　　時間轉到了1960年，張先生調到了我院的圖書館採編室，與我愛人在一起工作。他有一天對我愛人說：

「我有一套俄語小百科全書，想處理掉，李老師是搞俄語的，你問他要不要？」

愛人回來告訴我，我當即表示要，於是按原價給張先生把辭典買了回來！

這套四卷本的小百科辭典，至今還擺在我的書架上。睹物思人！每當我使用這部辭典時，總是情不自禁地想起張先生！幾十年來，差不多都是如此！

自從張先生調到圖書館採編室之後，我愛人經常回來談起張先生的情況，引起了我越來越多的注意和同情。

原來張先生的經歷並不簡單。他是東北人，到底是哪省哪縣人，卻沒有問過。生於何年何月，也不清楚。只知道他長期生活在日偽統治下：讀中學、上大學、工作……經歷非常複雜！北平和平解放後，他考進了華北大學，改造思想。時任華北大學副校長的李達認識了他。1950年李達受命南下湖南，出任湖南大學校長。他長校以後，四處搜羅人才，於是把張先生聘了來，同他一起合編《社會發展史》，給湖大師生上課。聽課的師生都說張先生的課講得好，生動易懂，於是張先生成了湖南大學的副教授，受到李達的好評，成了李家的常客！

1953年全國高等學校院系大調整，湖南大學撤銷，李達出任武漢大學校長，張先生則留在長沙被湖南師範學院馬列主義教研室聘為副教授。1955年肅反，張先生受到懷疑，雖「事出有因」，卻「查無實據」。按照寧可信其有，不可信其無的原則，將張先生打入另冊！從此，張先生的命運，急轉直下，不堪回首了！

先是調出馬列主義教研室，調往學校自辦的農場裏，與右派分子、歷史反革命分子一起勞動改造。講課的資格沒有了，工資取消，只拿生活費，每月40元！

　　張先生本來有一個令人稱羨的家。妻子張美媛年輕美貌，比他少十多歲，但夫妻恩愛，家庭和諧。結婚以後，生下兩個女孩。妻子和張先生一同調來長沙，後在馬列主義教研室當資料員。張先生出事以後，張美媛受到很大的壓力。有人勸她與張先生離婚，她起初不肯，後來頂不住動搖了，最後狠下心與張先生離了婚。1960年幹部下放，張美媛帶著兩個女兒下放到祁陽縣農村一所中學教書去了。隨後就與張先生斷絕了一切來往。張先生要求見一見自己的女兒，也遭到拒絕，於是一個原本幸福、美滿、和諧的家庭破碎了，不是因為夫妻感情不和，而是由於政治形勢險惡。為女兒前途著想，張美媛堅決不讓張先生見女兒。張先生想不通，曾經幾度萌生過自殺的念頭！

　　「大躍進」失敗以後，全國出現大饑荒，死人的事，時有所聞！學校的農場下馬，張先生和其他的「歷史反革命」、「右派分子」一起下放到了圖書館。圖書館是我校的「藏污納垢」之所，全校「有問題」的教師、幹部，大都往它裏面送！他們中的多數不是往線裝書庫裏塞，就是往出納台裏放，讓他們給師生借書，唯獨張先生進了採編室，給館裏的藏書編目！

　　張先生會好幾種外語，日語、俄語還很精通，譯過許多文章發表。又會使用外文打字機打字，幹編目工作，非常合適，他自己也非常滿意。於是心情好轉，工作積極性越來越高，經常加班加點，與趙頌堯先生一起，硬是把館裏收藏的幾萬冊外文圖書，包括湖南大學、長沙師專轉過來的，全部編成目錄，供師生閱覽。我是俄語書的讀者，獲益非淺，對編目的張先生自然心存感激！

　　有了這份工作，張先生的心情雖有所好轉，白天忙於打字、編目，暫時忘掉了一切，但一到晚上他就想他的女兒，有時作惡夢，呼喚女兒的名字，有時夢中驚醒，淚流滿面！與他共住一室

的兩名右派，安慰他好幾回，叫他別胡思亂想，或許有一天女兒會來認他的！

在圖書館的頭三年，正是過苦日子的時候，大家都在忍饑挨餓，但政治運動沒有搞，階級鬥爭停止，幹部都抓生活去了。張先生因此也就過了三年沒挨鬥的日子！

雖沒挨鬥，但他不能和大家一起學習、開會。他還是由保衛部門管，不准亂說亂動，按時交思想匯報⋯⋯

經濟略一好轉，階級鬥爭那根弦就繃了起來，他的日子也就難過起來了！

先是1964年搞「四清」，省委派來龐大的工作隊，浩浩蕩蕩，氣勢洶洶！立即宣佈有問題的人，趕緊交代罪行，爭取從寬處理！張先生自然身在其中。但張先生已經久經風霜，聽此類訓斥，已經習以為常，見怪不怪！你叫他交代，他就把以前交代過的歷史，重新交代一遍！言語有所不同，內容還是那些東西！上面總說他不老實，卻又說不出他哪點不老實！

「四清」還沒搞完，文化大革命又開始了！工作隊搖身一變，變成了「文革」工作隊！出乎張先生意外的是：不僅他成了鬥爭對象，而且原來的進步分子，行政領導，也成了鬥爭對象！圖書館內本來就「牛鬼蛇神」多，現在就更多了。張先生看看別人，想想自己，覺得自己的問題，並不比別人的大，沒有必要絕望！

「橫掃一切牛鬼蛇神」之後，嶽麓山下大亂，數以百計的家被抄，數以百計的人被關⋯⋯張先生嚇昏了！

不知是哪一天，學校的廣播，發出勒令，要「牛鬼蛇神」自帶牌子，參加「遊街」！張先生和嚴怪愚、汪華藻兩人共住一室，一看他們的牌子上寫的是「右派分子」，而自己的牌子上寫的卻是「大漢奸」！他馬上意識到問題的嚴重了！學校裏什麼分子都有，

唯獨「漢奸」只有他張子傑一人！他覺得顏面掃盡，無地自容！他決定抗命，不去參加遊行，也不帶「大漢奸」的牌子，而是偷偷地走到湘江河邊，躺在沙灘上，讓河水將他淹死！

遊行結束後，保衛人員四處尋找，發現張先生的屍體俯臥在湘江岸邊的沙灘上，於是一條大幅標語貼在牆上：「大漢奸張子傑畏罪自殺，死有餘辜！」

幾年以後，平反冤假錯案，張先生也平了反。有關方面說：「我們從沒說過張先生是什麼分子，沒有給他作過什麼結論，戴過任何帽子！」言下之意，張先生的自殺，是咎由自取了！這是平的什麼反喲？

嶽麓山下在文革中自殺的人不少，但最慘的莫過於張子傑先生：他最後連收屍的人也沒有！真正的妻離子散，家破人亡呢！

自學成才的鄭其龍教授

　　鄭其龍先生是我院教育系的老師。教育系是我院的一個小系，師生數量不多，所授課程主要是教育學和心理學。鄭先生是教育學的主要教師，全校各系的學生，差不多都聽過他的課。

　　我校教育系中教心理學的教師比較多，也比較有名氣，教教育學比較有名的，要算鄭其龍先生了。他寫過一本論學生的全面發展的書，影響不小。

　　鄭先生的經歷，與大多數教師不同。他出身寒門，沒有上過正式大學。但他自學成才，不但國學基礎深厚，而且英語水平也不錯。他是安徽人，抗戰初期他來到湖南，進了國立師範學院工作，從助教做起，最後成了一名教育學的教授。

　　我與鄭先生不同一個系科，對他的經歷不太瞭解。

　　1960年國內形勢嚴峻，饑餓之神已經不請自來，奪去了不少人的生命。但階級鬥爭還在進行，名曰學術批判，實際上是準備與蘇聯徹底決裂，走自己的路了！

　　全校批判的重點有三：一是中文系的蘇俄文學老師王石波；一個是教育學老師鄭其龍；一個是物理系的譚文炳。

　　各系又有各系的重點，清算各個學科裏的修正主義，清除蘇聯的影響！

　　「向蘇聯一邊倒」！「向蘇聯老大哥學習」！「走俄國人的路」！本來是我國建國以來的國策，誰敢反對？拿教育為例，解放以來就全盤引進蘇聯的一套！搞院系調整，減少綜合性大學，建立單科性學院，設教研室，統一教材，改百分制為五分制，推行勞衛

制⋯⋯請來蘇聯專家，全盤蘇化⋯⋯所有這一切，難道一個普通教師能夠辦到，現在把責任推到普通教師身上，豈不冤哉枉也！

全校大會批判鄭、王兩位先生時我的思想完全站在被批者一邊，為他們抱屈！當然也是為自己鳴冤，因為我也在挨批判，有口難辯！

學術批判之後，饑餓之神降臨了！我們的口糧從每月27斤降為24斤了，只是美其名曰：「自願節約，結餘歸己！」

經過這次批判，王石波打算改行，到長沙當時最好的餐館「沙利文」當掌勺師傅，要告別講堂炒菜去了！當然王先生沒能去成，學院領導出面勸阻了。鄭先生呢，沒有炒菜的本事，病了，病得相當重，行走都有困難了！

好在時間不長就碰上了「苦日子」。廣州會議上，知識份子「脫帽加冕」，高級知識份子還享受優待：每月五斤灰面，三斤黃豆，兩條高級煙票⋯⋯民主黨派成員還開「神仙會」，可以發發牢騷⋯⋯過去所受的批判，「一風吹」，全作廢，領導上門陪禮道歉！鄭先生心情一好，哮喘病也慢慢好了起來！

但好景不常，階級鬥爭的號角不久就響了起來，而且要天天講、月月講、年年講，不講不得了：黨要變質，國要變色，腦袋掉了還不知道怎麼掉的！於是知識份子的「好」日子就結束了！他們「統治我們學校的現象再也不能繼續下去」！

1964年元旦過後，一支浩浩蕩蕩的社教工作隊，開進了嶽麓山。他們好像走進的不是共產黨領導的解放區，而是國民黨統治的白區，神神秘秘，殺氣騰騰！學校原有的領導，全部交權，聽候審查！工作隊員秘密下到師生群眾之中，訪貧問苦，紮根串聯，組織階級隊伍⋯⋯尋找階級敵人，展開對敵鬥爭！一時間，嶽麓山下的空氣凝固起來，人們的思想緊張到了極點！

「四清」運動搞了一年多，分成若干個階段，最後以開展對敵鬥爭，作為結束！鄭先生因為家庭出身好，沒被劃進「敵人」的圈子之內，原來有過給知識份子劃成分的計畫：正副教授劃為地主，講師為富農，助教為貧下中農，後來卻沒有進行。原因可能是中央沒有下達文件，馬列著作中也找不到理論根據，所以沒有執行。

「四清」雖說告一段落，但工作隊沒有完全撤走，等到文化大革命一開始，他們就成了無產階級文化大革命的工作隊，人員大大增加，領導成員也換了！

工作隊當權的時候，學校秩序沒有亂，給什麼人貼大字報，鬥爭誰，都是經過工作隊領導點頭、批准的，整個學校秩序井然。鄭先生雖有不少大字報，但沒有成為批鬥對象。他天天出來看大字報，神經緊張到極點！

像其他各個系科一樣，教育系批判的重點，是系的領導和教研室的負責人，鄭先生有點不理解：他們不都是黨員嗎？怎麼也成了鬥爭對象呢？他總認為下一個鬥爭就會是他了。

工作隊撤走以後，學校秩序一時大亂，「橫掃一切牛鬼蛇神」嘛！許多人的家被抄了，人被抓走遊街了，有的頭面人物還被戴上了高帽子！有的老師經受不起，自殺了！鄭先生憂心忡忡，誠惶誠恐……

各個系科設立「牛棚」時，鄭先生也進去了，自己帶著「牌子」，準備上臺挨鬥……但紅衛兵開始「殺向社會」，造「大人物」的反去了……於是校內的「牛鬼蛇神」被涼在一邊，天天搞勞動，掃廁所……鄭先生身體弱，哮喘嚴重，多半只能掃掃廁所，掃掃地……

兩派武鬥正酣的時候，大家躲在家裏，間或出來「逍遙」一下，打聽點小道消息。1967年7月27日湖南兩派在北京談判，中央

正式表態：高司派犯了路線錯誤，工聯派大方向正確！「黑鬼」們沖出「牛棚」，開始起來「造反」，批工作組的資反路線！全校的「牛鬼蛇神」正式聯合起來了，成立了自己的組織「革教站」（全名為「受資產階級反動路線迫害的革命教職員工造反聯絡站」）。

教育系受迫害的人不少，而且馬上行動起來，批資（產階級反動路線）平反。他們還砸開系總支辦公室的鎖，搶「黑材料」，被反對派狀告他們竊取國家機密，是反革命……

他們的「革命」、「造反」，只有短短的五十天！工宣隊一進校，「結束資產階級知識份子對學校的統治，」清理階級隊伍，幾個造反的頭頭，全被關進了「牛棚」！鄭先生只是一般成員，不在其中，但他受到警告：不得亂說亂動……

於是鄭先生老老實實待在家中，時刻注意收聽廣播，聽他什麼時候該到哪裡去報到，去接受批鬥……這是他最難熬的時期！

他有一次見到我竟然大倒苦水！

「你們倒好！那麼多人關在一起，互相關照，並不寂寞！什麼時候開批鬥會，有人來叫！該吃飯的時候吃飯，該睡覺的時候睡覺，一切都有人來安排，不會遲到。我一聽廣播響，就心驚肉跳！生怕聽錯了開批鬥會的時間和地點！真想打個報告，要求把我送到『牛棚』去算了！唉！」

初聽以為他在說風涼話，轉而一想，又覺得他說的不無道理！當然，他只是說說，並沒有真的打報告，請求進「牛棚」！

「四人幫」倒臺以後，「左」風不那麼吹得厲害了，鄭先生的日子好過多了，哮喘也減輕了許多。隨著改革開放的深化，他得到了平反又重上講臺大講他的德、智、體、美全面發展觀了！

鄭先生在教授評審中，當上了評審員。他不計前嫌，堅持原則，不搞打擊、報復。教育系的老師都說他的好話，說他公正！

　　可惜病魔纏身，醫治無效，作古了。從此嶽麓山下少了一位自學成才的教授！

嚇死的海雲先生

　　我在衡湘中學讀高中的時候，劉海雲先生教過我們的物理。幾十年過去，我還沒有忘記他講課的情景！

　　解放前，長沙的中學裏，兼課的老師多，專教一個學校的很少。以衡湘中學為例，教我們數、理、化、歷史、地理、音樂的有蕭伊辛、劉海雲、郭德垂、文士員、曹弼、黃特輝……都是外校的，蕭、劉兩位還是湖南大學的正、副教授！教其他年級的兼課老師還有湖大的方綬楚教授等等。本校的專職老師很少。當時長沙中學的教師，大都來自外校，教學水平都不錯。學生成績的好壞，全在學生本身的努力和學校的教學組織與管理水平！

　　海雲老師教我們的物理兩年，從沒遲到、早退。他教學兢兢業業，一絲不苟。他的課很有特色！語言精練，沒有一句廢話，而且生動風趣，叫人越聽越想聽。他特別善於把物理現象和神話故事聯繫起來，使講課生動活潑，學生很容易接受。聽他一節課，往往像是聽一堂神話故事！

　　劉先生個子不高，戴一幅近視眼鏡，說話輕言細語，待人隨和親切，即便是對我們中學生，也彬彬有禮，面帶微笑。在兩年的教學中，我沒見過他生氣，也沒見過他刻毒咒罵或嘲笑譏諷學生！在學生眼中他是個和藹可親的長者！

　　他大概是大學畢業以後，就到了湖南大學工作。1953年湖大撤銷，他轉到了新組建起來的湖南師院。他解放以後，政治上一向要求進步，歷史上也沒有發現問題，所以他在歷次政治運動中沒有受到大的衝擊，當然他也不是積極靠攏黨、隨時隨地彙報、請示那樣

的「積極分子」！直到文化大革命，他也沒能成為運動的重點打擊對象！

「文革」中他就沒那麼幸運了，他開始有了大字報，但他不是什麼主任之類，只是一般的副教授，既算不上「走資派」，也夠不上「資產階級反動學術權威」，當然大字報也有，但名字沒有被打上紅叉，沒被列入打倒的行列！

到了清理階級隊伍的時候，他的麻煩就來了。有人告發他是「房產主」，資本家，剝削者！劉先生確實有房產，而且有一間房出租，租金每月大概只有幾元！

原來解放前的中學教師，特別是私立中學的名教師，收入不菲，工作幾年之後，省吃儉用，一般都能買房。據我所知，郭昆、賴雲、熊榮德等人，就都有過私房。劉先生作為資深教師，有一棟自己買的房子，並不奇怪，他也從來沒有隱瞞過。以前各次運動也都沒人提出過質疑。但清理階級隊伍時突然說他是資本家，馬上抄家……

有人前不久告訴我：抄家前劉先生作過準備，他夫人將幾件金質首飾，藏在自己的隱密處，以為這樣可以萬無一失！沒想到工宣隊有經驗，硬是要脫下褲子檢查，結果查出了他夫人的隱秘！他悲憤交加，無地自容，當晚就決定懸樑自盡！第二天的批鬥會，沒能開成！人們看到的是一幅大標語：「劉海雲畏罪自殺，死有餘辜」！

劉先生自殺身亡之日，我還被關在「牛棚」裏，得知消息之後，大為吃驚！一位多好的老師就這樣不明不白地死去了！

他大概是我院文革中最後一名不鬥而自殺的死者！此前已有李祜夫婦、魏璠、梁發源、張子傑……先他而去！他不孤獨，不是「孤魂」……

戴世虎先生

　　數學系是我院的一個大系，教師與學生數量之多，不是第一就是第二，但在搞運動方面，領導不算很得力，「右派」抓得不多，僅有的幾個如張鍾靈、青義學，都是長沙師專合過來的，自己抓的，一個也沒有。這是非常罕見的，難能可貴，也是數學系領導的「無量功德」！

　　但到了「文革」，就不同了：「牛棚」裏關了一大堆！李盛華、楊少岩、曹贊華、陳鹿平、玉少迪、張鍾靈、姚鵬飛、青義學、羅成貴、李傳和、王貴卿、陳麒……

　　唯獨戴世虎先生因禍得福，受到特殊待遇：剛走進「牛棚」就受到「特赦」，背包沒有打開，就被放了出去，回家待命，「批鬥」時隨叫隨到，平時則在家養病，因為他已被確診，患了癌病！癌在當時，屬於絕症，一旦得上，等於被判處死刑，有生之日，屈指可數了。

　　但戴先生命長，一直活到上世紀的九十年代，去世前還在天天早晨爬嶽麓山呢！

　　戴先生中學時代，成績就一直出眾，高中畢業生全國會考，他數學成績名列第一，被國立師範學院數學系錄取，畢業後被國立湖南大學要去，1953年湖大撤銷，戴先生轉到新成立的湖南師範學院數學系，直到終老，沒再離開過嶽麓山。

　　戴先生教書，認真負責，受到學生的普遍歡迎，多次受到表彰，當過全國教育系統的「勞動模範」。但他卻沒能評上正教授：身體好的時候，幾十年不升等評職，改革開放恢復職稱評定的時

候，他又正在患病，所以他最終還是個副教授，而他的學生卻早已評上正教授，當上校長、大教授了……

戴先生早在解放前，我就見過他的面，他當時住在湖大的集聖村，與我伯父祖蔭先生為鄰，出出進進，經常見面點頭，但沒有談過話。那個時候，不是一個系的老師，來往很少。我在衡湘中學讀高中的時候，他在那裏教過課，但教的不是我讀的那個班，我還算不上是他教過的學生。

我同戴先生談話較多的是在他晚年，每天早晨爬嶽麓山的時候。爬的次數越多，談的次數就越多，多到最後竟然無所不談……

戴先生子女多，家庭負擔重，夫人又沒有工作，生活相當艱難，每逢節假日，他就既高興，又發愁。高興的是親人團聚，可享天倫之樂；發愁的是囊中羞澀，想給孫兒孫女們買點糖果，也幾次不得不放棄！每次談到此處，不勝唏噓！

戴先生為人，光明磊落，是非分明，但很少在背後議論別人的短長。對於老師們在文革中，在歷次政治運動中的遭遇，持同情的態度，對於那些寡廉鮮恥者，則嗤之以鼻！他對一位群眾意見很大的「領導」，居然大膽評說：「此人雖是我教過的學生，但我還是要說『他貪得無厭，他是什麼都要，就是不要臉！』」

詩人彭燕郊先生

　　1955年4月我奉命來到嶽麓山下工作的時候，彭先生剛剛被公安人員抓走，說他是胡風反革命集團的重要骨幹分子，該集團在湖南的代理人……據說罪證確實，他本人沒作任何辯白和反抗，就在逮捕證上簽下自己的名字，然後自動伸出雙手，讓公安人員給他戴上手銬帶走。此後一連數天學校的廣播都在對他展開批判與聲討，於是我便從廣播中記住了彭先生的大名和他在胡風集團中的地位和作用。

　　至於他以後的情況，我卻一無所知，老師們也很少提及他的名字。

　　我第一次見到彭先生，是在改革開放以後的1980年元旦。那一天湖南省出版局和湖南人民出版社邀請省市部分作者和譯者在湖南賓館開會座談。我和我院的林增平、馬積高、羊春秋三位老師坐在一張桌旁。彭先生認識林、馬、羊，馬上走過來寒暄，經過介紹，我和彭先生才算認識！

　　會後，彭先生很客氣，硬要我們四個去他家吃飯，說：「他家很近，走幾分鐘就到！也沒什麼好吃的，都是自家的家常菜！隨便吃頓便飯！」

　　盛情難卻，我們便一起走到省博物館彭先生的家裏。說是便飯，酒菜卻相當豐盛！席間觥籌交錯，談笑風生，大家的心情，十分愉快！彭先生大難不死，已經平反，被湘潭大學中文系聘為副教授了。

　　沒過多久，湖南人民出版社準備出版外國詩翻譯叢書：《詩苑譯林》，請彭先生任顧問，提選題，找譯者。他曾託人給我打招

呼，問我能否譯點蘇俄詩歌。我當即謝絕了他的好意，因為我對詩歌一無所知，一竅不通。

後來湘潭大學的陳耀球同志答應翻譯《蘇聯三女詩人選集》，硬要我幫著看一遍。耀球是我學俄文的同學，他要我看譯稿，我只好硬著頭皮看下去！他過幾天就帶著譯稿來我家一趟，除了談譯文之外，就談彭先生！耀球雖與彭先生不是一個系，但因為性格相投，志趣一樣，所以他們二人幾乎無所不談，從詩的技巧，到家庭瑣事……耀球對我也是和盤托出，不加掩飾。耀球對彭先生可以說是五體投地，近乎崇拜！不僅崇拜他的詩，還崇拜他的為人，他的生活方式……總之，彭先生的一切，耀球都是贊許的，甚至包括在我看來並不怎麼好的表現在內。

彭先生是詩人，胡風7月派的主要詩人之一，與綠原，阿壟等人齊名。1950年他就得過湖南作協的創作獎。耀球對彭的詩評價很高，說他是五四以來我國新詩的代表，成就最高，遠在郭沫若、艾青之上。只有聶紺弩，可以同他一比高下！我不是詩人，甚至不是詩歌愛好者。對耀球的說法，將信將疑，未置可否。耀球病困床褥之後，沒法再來我家談彭先生了！

但我並未完全忘記彭先生，記得起來的是我去過兩次彭先生的家。

一次是湘大的俄國文學教授張鐵夫約我一起去彭先生家，看他收藏的音樂唱片。張教授同陳耀球一樣，也對彭先生很欽佩，很尊重！彭先生興趣廣泛，中外文學、詩歌、音樂作品，多有收藏，其中不乏精品！難能可貴的是經過「文革」居然保存得很好，逃過了「文革」的一劫！據說這是他夫人的功勞：她將它們藏在博物館內！

這次拜訪時間不長，收效甚大，大開了我的眼界，也使我更深一步地認識了彭先生：他果然是一位品位高雅的音樂作品收藏家、

鑒賞家！他並無顯赫的學歷，全靠刻苦自學，成為一位學者型的作家、詩人的！

另一次是隔了多年之後我對彭先生的單獨拜訪。

上世紀末我離休以後，閑得無聊，突然對嶽麓山下的學人發生興趣，想把他們的某些遺聞趣事寫出來，讓後人一笑。於是我想起了彭先生，而且對他抱有很高的期望，因為他在那裏工作過好幾年，1951年知識份子思想改造時，他又是辦公室主任，對一些老知識份子的歷史、社會關係和思想應該有所瞭解！於是我獨自一人走進了彭先生的家，滿以為可以從他的口中挖出一些鮮為人知的遺聞趣事來！

但這一次，我卻大失所望！我剛剛坐下來，一提孫俍工先生的名字，他就馬上破口大罵，說孫是「反動文人」、「學術騙子」！而且感情激動，嗓門越說越高！

他還告訴我：孫先生老家邵東縣前幾天曾來人找過他，說他們正在準備開放孫俍工的故居，希望彭先生提供點材料！彭先生對此大感不解：為什麼孫先生居然成了名人！他一再反問我，覺得無法理解！

我知道孫先生和彭先生不是同一類型的人物。就年齡來說，他們相差二十多歲，一個是年近五十的老者，一個是三十來歲的青年；就學歷來說，一個是日本留學生，復旦等名校的教授，另一個則是自學成才的詩人，副教授！兩人不在一個檔次上！

當然政治上他們也不是同一陣營裏的人！但他們並無個人恩怨，有的只是觀點、立場的不同。他們認識的時候，彭先生是左派、黨的積極分子、湖南大學知識份子思想改造運動辦公室的主任；孫先生雖是中文系的教授，卻是運動的重點對象！他們的政治地位和處境，完全不一樣！

　　彭先生說孫先生是「反動文人」，不無道理！孫先生同毛澤東認識，從1920年起就有書信來往，毛還曾經向孫先生請教過書法。1945年毛去重慶談判時還去孫家探望過！據彭先生說，孫要毛交出軍隊，取消邊區……思想非常反動！孫到底說沒說這些話，我們不知道，但孫在和毛澤東的〈沁園春〉中，確有「君且住，早回頭是岸，莫待明朝！」（原戴重慶《和平日報》1945年12月13日）所以彭先生罵孫先生「思想反動」，是「反動文人」，不難理解！

　　但說孫先生是「學術騙子」，似乎有點「偏激」、「太情緒化」了！

　　不管怎樣，孫先生總還是個文化人吧！據他本人交代：他曾兩度留學日本，出版過五十幾種書籍：有譯的，有編的，有創作的……當過復旦這樣有名的大學教授、系主任……晚年還是我省文聯的委員嘛，他應該不是「學術騙子」！

　　彭先生如此看待孫俍工先生，我覺得他有失公允，太「左」！於是只好怏怏而歸！

　　彭先生對我並不嫌棄，每有佳作，總要送我一本。可惜我不懂詩，讀是讀了，卻不太懂！我請教過彭的學生汪華藻先生，他笑著回答我說：「我也看不懂！」但有個青年朋友卻說：「彭先生走得太早了，不然，他是當代中國作家中最有資格獲諾貝爾文學獎的詩人！」

　　這個青年和我們這些老傢夥的差別太大了……這大概就是「代溝」吧！

梁啟燊先生

　　梁先生是廣東人，中山大學畢業生，1950年跟隨恩師董爽秋教授，來到湖南大學當副教授。改革開放以後，他申請調回廣州，在暨南大學生物系教動物學，兼任過系主任等職。本世紀初病逝於廣州，享年九十有餘！

　　梁先生個子高，皮膚不黑，很清秀，與一般的廣東人不同，但說一口廣東普通話，口音很重，不過並不妨礙他與人交流。

　　知識份子有個共同的缺點，不好與人交流！雖然相矩咫尺，卻老死不相往來。這與知識份子的工作性質有關，隨著政治運動的頻繁出現，這種「雞犬相聞」，「老死不相往來」的情況，越來越嚴重！往來多了，怕運動一來，難得交代。社會關係，還是簡單點好！

　　我同梁先生就是這種情況：我們家相矩不遠，真的雞犬相聞，在文革以前，我們卻沒有任何往來，連名字怎麼寫都不知道！

　　「文革」開始了，「史無前例」，來勢洶洶，聞所未聞，見所未見！梁先生的恩師董爽秋教授，既是「反動學術權威」，又是系主任，「走資派」當然成了重點批鬥對象，梁先生同他來往密切，便成了董的「走狗」。我院開始設立「牛棚」的時候，梁先生就被關了進去。

　　1966年11月，中文、外語、生物三個系的「黑鬼」奉命去平江學農基地「勞動改造」，平整土地，準備建房，迎接師生前來學農！

　　我們一行二十餘人，到了平江時豐學農基地之後，基地的負責人李維喜對我們很客氣，沒把我們當「黑鬼」對待，叫我們勞動時注意安全，注意休息，我們感到很高興，臉上露出久違的笑容……

　　離開了嶽麓山，來到這荒山野嶺，我們呼吸到了新鮮空氣，暫時忘記了不久前遭受到的屈辱和痛苦，開始思想交流！先是小心翼翼、吞吞吐吐，後來就話越來越多，把埋葬在心底的苦惱、委屈……都倒了出來！原來大家都想平反、翻案……

　　到了晚上，大家圍著一盞昏暗的油燈閒聊，天南地北，古往今來的逸聞趣事，都成了閒聊的話題。

　　梁先生是教動物的，到過不少地方，見多識廣，他談的話題特多。他又健談，往往成為聊天的主角。記得他聊的內容，多半與動物有關。他談過昆明人如何愛吃粉蒸馬肉，廣州人如何吃「龍虎鬥」，如何吃活猴子的腦髓……他說得有聲有色，我們聽得津津有味！我想：梁先生一定會講課，學生不但會愛聽，而且一定會記住他講的內容！

　　從平江返校時，社會上兩派鬥爭，節節升級，造反派沖省委、

沖軍區！一派要衝，一派要保！政府動用軍隊，開始抓人，一夜之間發展到近百萬人的「湘江風雷」的頭頭們被抓起來了！學校裏風雷激蕩，紅衛兵都去「關心國家大事」了，我們這些被工作隊抓出來的「黑鬼」，便獲得了一時的喘息機會，樂得躲在家裏消遙！

毛澤東〈我的一張大字報〉，徹底否定了工作隊的「成果」，點燃了「黑鬼」們心中的希望！我們也要起來「造反」了！造誰的反？造工作隊的反，造派工作隊的劉少奇的反！

1967年7月27日，中央文革就湖南問題表態，工聯派大方向正確，高司派犯了方向、路線錯誤，兩派要聯合起來，批劉少奇、鄧小平的資產階級反動路線……

「黑鬼」造反時，梁先生很積極！俗話說：秀才造反；「三年不成！」嶽麓山下的「秀才」們造反，卻只有五十天！不但造反不成，而且大部分被重新戴上「黑鬼」牌子，重進「牛棚」！

梁先生既然是「造反」的積極分子，當然得進「牛棚」，就是不「造反」，他也在劫難逃！關了七個月之後，他被放回生物系，接受「革命群眾監督改造」，以觀後效！

「四人幫」倒臺以後，梁先生再也在長沙呆不住了，無論如何要回老家廣東去。但領導執意挽留，梁先生還是要走，而且要和夫人劉素麗一起調走。改革開放以後，「孔雀東南飛」是一大景觀！梁先生和夫人雙雙飛到了廣州暨南大學！

暨南大學非常重視梁先生，將他夫婦倆雙雙評為教授，梁先生還被任命為生物系主任！他從此精神抖擻，90高齡還到處講學，充分施展他的一技之長……

梁先生重友情，非常念舊，我兩次去廣東，他都一定要同我見面，共同懷念那段難忘的歲月！

「低調」教授孫秉瑩

　　在湖南師院（師大的前身）的教授群中，孫先生是一位不大張揚的人物。他是武漢大學歷史系的畢業生，1948年去美國留學，一年之後中華人民共和國成立，他萬分高興，馬上收拾行裝回國，參加社會主義建設，愛國熱情之高，令人敬佩！

　　1950年孫先生來到嶽麓山下，出任湖南大學歷史系教授、系主任。當時的歷史系人才濟濟，楊樹達、李劍農、皮名舉、黃仕衡……均在其中！同這些史學大師們在一起工作，孫先生自然滿心歡喜！

　　知識份子思想改造運動中，孫先生主動交代了自己的歷史問題，受到審查，系主任的職務雖未撤除，但已是內控對象，只能被「控制使用」了。此後他就更加小心翼翼，不敢「亂說亂動」了。

　　「反右」的時候，孫先生還在系主任的位子上，但他的一言一行，一舉一動，都聽命於系秘書。當時不少系裏尚未成立黨的總支，但系秘書都是黨員，實際上是系的最高領導，非黨的系主任全部聽命於系秘書。

　　歷史系的系秘書，是我院系秘書中的「強人」，為人狠毒，「左」得嚇人！古代史教研室十個老師，他劃了九個「右派」，創造了一項歷史記錄！

　　這位秘書又很「尊重」非黨的系主任；給「右派」開批判會時，總要孫先生主持。一主持，就得說話。說什麼呢？孫先生拿不准，於是在準備會上請教秘書。秘書說：

　　「你就先壓壓他的氣焰，嚴屬指出他態度不老實嘛！」

「他要是態度老實，認罪態度好呢？」

「不可能！他肯定不老實，不是狡辯抵賴，就是避重就輕嘛！」

秘書已露出不滿，孫先生不敢再說，只有點頭不語了。

孫先生這樣謙卑的態度，終於使他在反右運動之中，沒被戴上右派帽子。獲此「殊榮」的歷史系教授中，孫先生是唯一的，如果不算「疑為歷史反革命」的孫文明教授的話！

孫先生如此聽話，雖然勉強通過了反右這一關，但到了史無前例的文化大革命中，他就難逃一劫了：他的家被抄了，他本人也被關進了「牛棚」，還被拖去遊過幾次街⋯⋯

我有幸見過孫先生一次單獨的遊街：他戴上紙糊的高帽，脖子上懸掛著一塊「國民黨殘渣餘孽」的牌子，手持一面小銅鑼，走幾步就當的一下敲著，然後訴說自己的「罪惡」！這樣單獨敲鑼遊街，並不多見，所以給我留下的印象很深，幾十年過後，那獨特的情景還經常浮現出來！

孫先生的家到底被抄過多少次，我不知道，他自己也從未說過。平反的時候，上面派人問他：「抄去什麼東西沒有？」他先是說「沒有抄去什麼！」再問才勉強說了出來，然後趕緊表態：「找不到就不用歸還了！」

其實孫先生是被抄去過一些東西的，有金銀手飾、貴重衣物、書籍⋯⋯他希望破財消災，只要不再來抄就算萬幸了！

有一次補發工資，紅衛兵知道了，馬上有兩個上門「借錢」，孫先生二話不說，當即將剛領回來的工資全部「借」給了他們⋯⋯人們事後問他：「借去多少？借錢的人姓甚名誰？」孫先生是一問三不知！以後還了沒有，誰也不知道！

孫先生一貫膽小怕事，謹小慎微，從不「亂說亂動」。他本來就拙於言辭，到了文革時期就更加沉默了。但在1967年8月我院

「黑鬼」起來「造反」的時候，孫先生也起來造了一回反，參加了「革教站」！當然，這次「造反」50天付的代價是慘重的，他又一次被關進「牛棚」，時間長達七個月！

改革開放以後，孫先生的處境好多了：他又成了人們尊重的對象！文革中對他不睬不理的現象消失了，但他還是「心有餘悸」；老朋友們找他談心，他就帶他們出門，走到他家門外的小林子裏，說他家裏不「保險」……因為他女婿是黨員幹部！不得不「多個心眼」提防！

評審教授時，孫先生最為忙碌：平時老死不相往來的，文革中對他怒目相向的，罵過，甚至打過他的，都找上門來了，求他高抬貴手，放一馬，投一張贊成票！

孫先生老家河南，派人來請他回故鄉帶博士生。他幾經考慮，最後去了鄭州大學歷史系。不幾年就在那裏走完了他的人生旅程！

憶秉鈞先生二三事

　　我第一次聽到周秉鈞先生講話，是在1957年5月。那時學院組織老師們在文昌閣裏開會「鳴放」，周先生作了一次簡短的發言，大意是說「我們許多幹部的住房都解決了，可是德高望重的馬老（指馬宗霍老師）的房子卻沒有安排！馬老住在河東，來往很不方便……請院領導安排解決。」他說完就坐了下去。我問旁邊的人：「剛才發言的人姓甚名誰？」

　　答曰：「周秉鈞老師，中文系的……」

　　當時發言的人多是向領導提意見，訴說自己的困難，可周先生卻是替別人說話。這使我覺得像周先生這樣的人難得！於是我記住了周先生的名字，記熟了他的神態！

　　1958年我從華中師範學院進修回來，有人告訴我，說周先生已經被劃成「右派」，我心中暗暗地感到驚訝、惋惜！

　　直到無產階級文化大革命結束，我和周先生還不太熟悉，只是偶爾見面點點頭而已。但有一點我心裏卻是清楚的：他學問不錯，是中文系的重要「台柱」，而且在師生中有相當高的威望和知名度！

　　打倒「四人幫」之後，老師們來往多起來了，有一天周先生突然對我說：

　　「有人告訴我，說羅老（指羅暟嵐老師）在你們那裏日子不好過。他明明視力不佳，卻有人硬要他去校對蠟紙，這不是欺侮人嗎？你們怎麼不出來說句公道話呀！」

　　羅先生沒平反以前在外語系確實處境不佳，但有人叫他校對蠟

紙，我卻不清楚。我說我去問問看。周先生又補充了一句：「真是欺人太甚！」

一次為馬老的房子問題呼籲，一次為羅老校對蠟紙而抱打不平，都給了我以很大的震撼。我覺得周先生有一股子正氣，在我所接觸的老先生中，並不多見！我因此對周先生多了一份敬畏！

平反冤假錯案之後，強加在周先生身上的不實之辭，完全推倒了，他精神為之一振，把多年積聚在心底裏的悶氣，完全轉化成了動力。他奮筆疾書，不計晝夜，學術論著一本接一本地不斷出版。特別是他的那一本《古漢語》一出版就全國風行，洛陽紙貴，奠立了周先生在漢語學界的絕對權威地位！

周先生晉升教授之後，一直是我省教授評審委員會的委員。他堅持原則，公正嚴明，大公無私，是我校擔任評審委員時間最長的少數幾位教授之一，在全省語文界獲得廣泛的讚揚！

上世紀八十年代，各種學會、協會紛紛恢復、建立，語言學會不落人後，也很快建立起來了。籌備之初，周公就非常積極，出力不少，論地位，論貢獻，會長一職，非周先生莫屬！但周先生堅辭不就，最後讓傅銘第先生出任第一任會長！周先生這種見困難就上，見榮譽就讓的精神，深深感動了學會的成員，得到了會員們的廣泛讚揚！傅先生告老以後，周先生才出來接任，他是任職省語言學會會長時間最長的一位，做出的貢獻最大！

上世紀八十年代初，湖南省社科院公開招聘人才，周先生、馬積高先生和我三人應邀參加閱卷工作。周先生非常注重考生的基本功，特別是考生的邏輯思維和語言表達能力，為研究人員的選拔，作出了有益的貢獻！

周先生很謙虛，沒有點大教授的架子，從不盛氣凌人，不懂裝懂。考生論文凡是與古漢語無關的，他都不予置評，說他不懂，

交由他人評閱！還總要說上一句：「這篇文章我看不懂，請您審閱！」他態度誠懇，並不是虛情假意，故做姿態！

　　我與周先生年齡不同，專業有別，學術地位，更是天上地下，不是一個層次。我們接觸的次數不算很多，但就在這有限的接觸中，他給我留下的印象很深。我覺得像周先生這樣學問道德俱佳的知識份子並不太多！但願今後多出幾個吧！

詩人劉家傳

　　劉先生個子矮小，貌不驚人，常年戴著一幅黑眼鏡，眼睛高度近視。但人很精神，而且走起路來，速度還相當快！

　　劉先生在湖南詩詞界，早就有名，「少負才名老益清，谷音嫋嫋氣縱橫。」曾經得過詩詞大獎，晚年退休以後，還興趣不減，屢有佳作問世！

　　劉先生進大學以前就在中學裏當教師，教詩詞。所以弟子眾多，有的還成了大人物。單是任過省長、省委書記、人大主任的就有好幾個！逢年過節上門拜訪他的弟子絡繹不絕呢！

　　退休以後，劉先生還退而不休，在省委老年大學裏給省裏離退休的領導，軍區離退休的老紅軍、老將軍們講授詩詞，指導他們的詩詞創作。他既有理論，又富有創作經驗，學員們很樂意聽他的課，接受他的創作指導，直至他臥病不起為止！

　　說來遺憾，我卻沒有聽過先生的課，也不懂詩詞，沒有資格談他的創作。我認識劉先生是在文化大革命的中期。

　　高校有一條不成文的規定：詩詞只算文藝創作，不算學術、科研成果，難登大雅之堂。所以劉先生雖然寫了不少優秀的佳作，學術職稱卻只是講師！你沒有論文、專著是升不上教授的，這倒不是只對劉先生一個人而訂下的規矩，一般的教師都是如此。

　　不是教授也有它的好處：少受一點批判！歷次運動都是整教師的，但重點則是整教授，沒有教授，才輪到講師，知識越多越反動嘛！中文系教授多，他們多是挨整的重點，劉先生不是教授，次次運動只是挨點邊，沒受到太多的傷害！

文化大革命，「史無前例」，知識份子不再是整一個，而是一大批了。這麼一來劉先生再也躲不掉，於是進了「牛棚」！

先是「掛牌」，有的受不了，自殺了，如黨員副系主任李祜夫婦，更多的是覺得無地自容，顏面掃地！帶著「黑鬼」牌子，大多不願見人，不願外出，不願上飯堂排隊買飯菜……劉先生卻不同，他大搖大擺出出進進！有的「黑鬼」很不理解，偷偷地對他說：

「老劉，你怎麼不怕醜啊！」

「我怎麼醜？『黑鬼』牌子又不是我自己要掛的！要說醜，那不是我們，而是他們，那些強迫我們掛牌的人！」

運動初期「黑鬼」集中關在各系的學生宿舍裏，平時不准回家，有事需要回家時，必須向負責監管的「紅衛兵」請假！

劉先生家在河東，平時不住在學院裏。關進學生宿舍後，他突然想起要回家看看，走時卻「忘」了向看守「黑鬼」的紅衛兵請假。第二天回到「牛棚」之後，紅衛兵的頭頭氣勢洶洶地問他：

「劉家傳，昨天你到哪裡去了？」

「回家去了！」

「請假沒有？」

「沒有！」

「為什麼不請假？」

紅衛兵的臉色越來越難看，劉先生的火氣也越來越大，口氣越來越硬！

「我為什麼要請假？我家住河東，為什麼回不得？我到底犯了什麼法？你有什麼權力不讓我回家……」

劉先生這一大串的反問，把那個紅衛兵氣得咬牙切齒，說不出話來！還沒有哪個「黑鬼」如此囂張，敢於對紅衛兵如此說話！

　　幸好，第二天那個紅衛兵過河造省委的反，抓「大走資派」去了，於是劉先生僥倖躲過一劫！

　　毛澤東〈我的一張大字報〉，給劉少奇派出的工作隊，作出了「何其毒也」的結論。大膽的「黑鬼」於是沖出「牛棚」，也造起反來。他們把毛的大字報當作救命的「稻草」，要求批判工作組所執行的「資產階級反動路線」，要求平反！他們也學著紅衛兵的樣子，高呼「最、最、最敬愛的毛主席萬歲！！！」「造反有理！」

　　全院最早起來造反的「黑鬼」是中文系的羊春秋，他是上了《新湖南報》的大「黑鬼」，全省聞名。暗中鼓勵、支持羊春秋造反的有許多人，劉先生是其中之一。羊、劉都是中文系古典文學教研室的教師，兩人相交甚厚！

　　1967年元月11日，劉先生自行宣佈不接受管制，不參加勞動。幾個紅衛兵馬上召集「黑鬼」訓話，問誰是「劉家傳」，劉聞聲站起，答閱：「我就是！」

　　「你為什麼不服管制，不參加勞動？」

　　「我不是『黑鬼』，我要平反，我是資產階級反動路線的受害者⋯⋯」

　　「你什麼人？你是不是歷史反革命？」

　　「我的歷史問題早已交代清楚，我不是反革命，如果是反革命，讓公安局來人把我抓去說是了！」

　　紅屯兵最後只好草草收兵，走後丟下一句話：

　　「劉家傳，你不老實，有你好看的！」

　　1967年的7月中央文革就湖南問題表態，成立省革籌，兩派鬥爭暫時告一段落。我院的「黑鬼」在這種「大好形勢下」正式起來造反，成立「湖南師範學院受資產階級反動路線迫害的革命教職工

造反聯絡站」，簡稱「革教站」，選出羊春秋為首的九人勤務組，正式領導全院的「黑鬼」造反！

「黑鬼」造反，表面上轟轟烈烈，其實困難重重！「右派翻天，堅決鎮壓……」五十天後，「黑鬼」又被打倒在地，再踏上一隻腳……不少「黑鬼」只好又躲在房裏偷偷地抹淚……

1969年的9月，工人階級浩浩蕩蕩開進高等學校，佔領上層建築，徹底結束資產階級知識份子的統治！我校一下子就將148名教職工關進「牛棚」，其中大多是「革教站」的成員，運動初期被工作組抓出來的「黑鬼」！劉先生「當仁不讓」，名列其中，一直被關到1969年的3月，時間長達七個月之久！

「四人幫」垮臺以後，劉先生的日子才逐漸好了起來，可惜他已到暮年，垂垂老矣！他不得不奉命退休！幸好他海峽兩岸的弟子都對他很尊敬，集資將他的詩作印了出來，供世人欣賞！先生的晚年是非常幸福的。

「晚霞無限好，只是近黃昏！」不幾年劉先生就結束了他的人生之旅！

韓罕明教授的尷尬與苦澀

　　韓罕明教授廣東人，左翼作家，解放前寫過一些揭露現實，同情小人物的進步作品。湖南解放前不久進入國立音樂專科學校任教。1950年初，國立師範學院，國立音樂專科學院，湖南私立民國大學，省立克強學院等校，全部合併到湖南大學，使該校教職員工和學生人數，躍居中南地區各高校之首！雄心勃勃的李達想把湖大辦成一流的大學，與北大、清華一爭高下！

　　1953年全國高等院校院系大調整，向蘇聯學習，縮減綜合性大學，強化、發展工科，建立單科性的學院。湖南大學宣佈撤銷，湖南師範學院成立，韓先生便由湖南大學轉到師院中文系，並出任系主任。

　　當時韓先生思想進步，深受領導重視，曾奉命前往朝鮮前線慰問中國人民志願軍！1956年共產黨第一次敞開黨門，號召高級知識份子，把入黨作為「光榮的歸宿」。韓先生是我院高級知識份子最早入黨的一員！

　　1958年「大躍進」，湖南大學恢復重建，從我院召回三位教授分別擔任數學、生物、中文三系的系主任。韓先生是其中之一，擔任中文系主任。

　　但到了過「苦日子」的1961年，中文、生物兩系宣佈「下馬」，韓先生卻被調往湖南省文聯，擔任秘書長。在「四清」以前，韓先生一直受到重用！和大多數「左」派高級知識份子的經歷，大體一致！

　　我第一次見到韓先生是在1955年中文系學生的一次文娛晚會上。晚會節目很多，水平不錯。當時中文系的學生，有不少在部隊

裏的文工團幹過，所以演出的節目，水平比較高，韓先生很高興即席發表講話，熱情讚揚同學們的演出，鼓勵他們多讀書，不斷提高自己！

　　1957年反「右」，韓先生表現積極，據說很「左」，但中文系的「右派」，卻沒人怪罪於他，反而有人說他「保過自己」，不贊成說韓先生很「左」！而且他當時雖是系主任，但入黨不久，發言權不是很大！在給誰劃「右」的問題上，他不起決定作用。

　　但他是省民盟的負責人之一，民盟中的「右」派，對他的意見很大，其中的一位在平反冤假錯案的時候，公開攻擊韓先生，說他在反「右」中起了很壞的作用，而且個人「品質惡劣」，在音專合併到湖大時，自行修改檔案，將職稱「教員」，改為「教授」！此事真實性如何，我沒有調查過。我只知道在反右運動中，他奉命寫過一篇文章，批判我院五位政協委員在省政協會上的聯合發言。文章的標題是「一支插著美麗羽毛的毒箭，」發表在《新湖南報》上。事後聯名發言的五位省政協委員中，有四個被劃為「右派分子」！這篇文章的署名作者也是五人，韓先生居首。歷史已經證明：五位政協委員要求結束黨政不分，以黨代政的意見是正確的，不是射向共產黨的「毒箭」！

　　1958年韓先生調出我院中文系後，直到七十年代末，我沒再見到他。只聽說他在省文聯的整風中挨了整，在文革中更是吃盡了苦頭，日子一直很不好過。但具體情況如何，我卻沒去打聽過。

　　「四人幫」倒臺以後，落實政策，平反冤假錯案，韓先生又回到了我們學院，但工作崗位卻好久都沒有確定。照理他是中文系的教授，應該回中文系。大概是考慮到韓先生的幹部待遇吧，不好把他當一般教師安排。他閑了一段相當長的時間。最後宣佈任命韓先生為教務處的第三副處長！副處長而且排行第三，韓先生覺得很委

屈，自然不肯俯就！於是他被懸了起來，直到八十年代初，他才正式定下來：回中文系教現代文學。

韓先生本來是教現代文學的，但這門課政治性很強，很容易出問題。韓先生已到退休年齡，不敢再冒風險上這門課了，而五十年代初，他可是這一課程的主講教師，其他老師如蔡健、魏兢江都唯他的馬首是瞻，照他的講稿上課的！

上世紀八十年代初，在胡耀邦擔任總書記期間，知識界異常活躍，但湖南「左」的影響還很深。記得在「實踐是檢驗真理的唯一標準」的大討論中，湖南是最後一個表態贊成的！1983年的機構改革，中央派來工作組，中組部副部長李銳還親自來湖南，為湖南歷次運動中的受害者說話，但阻力重重！落實知識份子政策進層緩慢，「左」的思想異常頑固！

韓先生此時的表現，可圈可點，雖然他發言不多，但卻在行動上異常活躍！很可能他是在深刻反省他在歷次運動中的表現，悔恨之心不時流露於無形之中……

他幾十年獨居，直到去世前兩年才找到一個老伴給他送終！

左翼文化人魏猛克先生

　　魏猛克先生的名字，1955年我來到嶽麓山下工作的時候，經常聽到有人提起，但在一個相當長的時期裏，我卻未見其人，未聞其聲！

　　直到1957年「大鳴大放」時我才在《新湖南報》上看到他的發言（摘要），不久以後他就被錯劃為「右派」，從此不再在報上見到他的名字，我見到他的時候，已是「史無前例」的文革了！

　　魏先生不是一般的知識份子，不是兩耳不聞窗外事，一心唯讀聖賢書的學者、文人。他是一位戰鬥性很強的職業革命家，左翼文化人！

　　魏先生是長沙人，1911年生，家裏有點田地，但夠不上富裕，父親早逝，全靠寡母撫養成人。1925年進入華中私立美術學校，對西洋畫發生興趣。1930年考入劉海粟創辦的上海美術專科學校，專攻西洋繪畫，同時愛好文學，受魯迅的影響很大，傾向進步。他還在學校學習的時候就加入「左聯」，並且成為積極分子，多次參加它的活動，接觸它的領導層，而且多次與魯迅、周揚見面。在他們之間，穿梭來往，傳遞聲息。1935年他離開上海去日本，打算尋找機會，留學深造。但一碰到在東京的「左聯」骨幹，他就放棄了求學的打算，一心一意同他們一起創辦刊物去了。他們的工作引起了日本警方的注意。1937年被日本警方拘捕審訊，後被遣送出境。回國後繼續為「左聯」工作，積極從事革命文化活動。警方曾以「通敵罪」將他逮捕，後經馮玉祥、張治中等人保釋出獄，去雲南大學附屬中學任教。抗戰勝利後先後在江蘇無錫青城中學，臺灣台南工

業專科學校，浙江乍浦水產專科學校，浙江藝術研究所教書。他每校只教半年，教的科目有國文、日文……

1949年5月杭州解放，他奉命以軍代表身份接收杭州藝術專科學校。

1950年李達出任湖南大學校長，立即將湖南境內的所有大專院校，包括國立師範學院、國立音樂專科學校、省立克強學院、私立民國大學全部合併到湖南大學，使湖大師生員工的人數，躍居中南地區各高校之首。校長李達高興不迭，四處搜羅人才，意欲與北大、清華一爭高低！

湖南大學文學院中文系原是一個「經學堡壘」，教師中教古文的多，教現代文的少，譚丕模出任院長後，立即大量引進左翼文人，於是引來了魏先生，並且聘他為教授，兼任系主任。後來譚丕模調往北京，魏先生就被選為省文聯主席，接替譚先生，並出任省文化局長，於是成了省文化界的大「紅人」！

但好景不常，1957年他就成了「罪人」，由「左派」變成「右派」！革命大半輩子的他，從此落入谷底，過著二十二年的冤屈生活！等到平反的時候，他已是「人命危淺，朝不保夕」了，不過他還是抱病掙扎寫回憶錄……

他被劃為「右派」，確實是冤枉！罪狀之一是說他反魯迅，罵過魯迅。事實是1933年2月英國作家蕭伯納來上海，許多人去碼頭迎接，魏先生也去了，但卻沒有迎著……於是魏先生很不滿，以為蕭伯納很「虛偽」，看不起群眾！又因為魯迅寫過一篇〈蕭伯納頌〉，也就對魯迅有了意見，便在他自己辦的一個小小的刊物上寫了一篇小文章，發牢騷，罵蕭伯納，附帶諷刺了一下魯迅，說「魯迅先生也從《墳》裏面爬出來，到《自由談》上去頌蕭。」這當然是對魯迅的一點小小的不敬，是青年人一時的衝動，但就此說他反

對魯迅，顯然是誇大了，何況那時魏先生還是一青年學生呢？再說魏先生在以後與魯迅的多次接觸與來往中，關係密切，謙恭有禮，還當面道過歉呢！

罪狀之二是魏先生在鳴放中畫了一副漫畫〈作傳達報告〉，諷刺當時流行的一種傾向：「不聯繫實際，只把上頭的指示、檔一層層地照本宣科傳下去。」此畫並沒發表，卻也成了「大毒草」！

罪狀之三是魯迅去世後不久他發表的一幅悼念魯迅的畫。在魯迅的遺體旁，他畫了兩隻老鼠在賊頭賊腦地張望。作者的本意是想說：魯迅在世之日，鼠輩不敢露面，如今一死，它們就都出來搗亂了。作者顯然是想歌頌魯迅的戰鬥精神和對鼠輩的威嚇力的，現在卻成了魏先生污辱群眾，侮辱魯迅了！

以上三條都成了魏先生的罪狀，今天看來，實在是冤哉枉也！

劃右以前，魏先生在湖大和師院工作不久，但卻幫文學院院長譚丕模做了不少工作：請來了不少搞現代文學的左翼文化人，相當徹底地改造了這個「經學堡壘」，使它成了類似於延安魯迅藝術學院那樣的高等文學院了。作為中文系主任的魏先生，自然出力不少，功不可沒！

魏先生再次回到嶽麓山下，已經「氣息奄奄，人命危淺」。他長期臥病在床，但仍然沒有擺脫被批鬥的命運。他個子高，骨瘦如柴，在「黑鬼」隊伍中，有如鶴立雞群，特別顯眼！鬥爭會上，他大汗淋淋，渾身不停地發抖！羊春秋大發感慨，說：「我以前只在字面上知道『心驚肉跳』，看了魏先生在鬥爭大會上的表現，我才真正知道什麼叫心驚肉跳！他的肌肉真的在不停地跳動……」

魏先生感到安慰的是：他平反後，所有職務全部恢復，還享受「老紅軍戰士」的殊榮！1984年他告別人世的時候，正是知識份子由臭變香之際，先生走得太早了點！

追憶儲聲虹教授

我認識儲聲虹先生是在1969年的夏天。當時「牛棚」剛剛停辦，我們這些「牛」們才被放了出來，又被下放到平江學農基地勞動，接受中農貧的「再教育」。其實那裏並沒有什麼貧下中農，教育我們的還是教師幹部中的「左派」積極分子。

不過離開嶽麓山，來到農村，呼吸到新鮮的空氣，我們這些「黑鬼」的心情還是愉快的；暫時忘記了前不久受到的批判、謾罵與人格的侮辱！

我們白天主要是勞動；撿狗屎、開荒種地、挖地基、修房子。我和儲先生分在一起，給泥工師傅當小工，擔沙、和泥、挑磚，於是我們就算認識了……

原來我們不熟，儲先生住在南院，我家住在北院，此前從未見過面，只聽說過他的名字。文革初期他被揪了出來，說是「叛徒」，進了「牛棚」。我也進了「牛棚」，但他的「牛棚」在南院，我的「牛棚」在北院，兩個「牛棚」相矩數里，未能相遇。

人一熟，就好聊天，天南地北、無所不談，當然敏感的話題，還是心照不宣，不談為好！他比我大幾歲，走南闖北，比我的生活豐富……

儲先生1920年生於貴陽，書香門第出身，從小就受到很好的家庭教育，學習成績優秀。又好活動，有良好的歌唱表演才能。16歲就參加左翼文化演出活動，次年即參加共產黨領導的「抗日民族先鋒隊」。正準備上前線時，不幸被捕入獄。他在獄中大義凜然，寧死不屈。他父親四處求人將他保釋出獄，關在家中，但

深夜他就翻牆逃出家門……1938年他加入了中國共產黨！半年以後考入國立戲劇專科學校音樂科，後來轉入國立音樂學院，主修音樂。他學習刻苦，成績優秀，加上活動能力強，在同學中威信高，被選為學生會主席。抗戰勝利後音專由重慶遷回南京。此後國共兩黨鬥爭激烈，儲的黨員身份暴露，不得不隻身逃走。到達武漢後隨即參加抗敵演出六隊（劉裴章任隊長），不久即隨隊進入湖南，開展革命演出活動！

1949年8月長沙解放後，成立湘江文工團，儲先生出任樂隊隊長兼指揮，不久就升任湘江歌劇團副團長。1953年省花鼓戲劇團和民間歌舞團同時成立。儲先生一身二任，同時擔任這兩個團的團長。從此他就成了湖南音樂界的頭面人物！

1958年「大躍進」，儲先生奉命重建湖南藝術學院，白手起家，困難重重！1961年該院併入湖南師範，改為藝術系，儲先生出任副系主任，實際上是第一負責人，因為系主任劉已明先生年紀大，又不是黨員，只是個「擺設」而已！

直到「史無前例」的文革開始，儲先生是很受信任的黨內音樂專家，威信高，影響大，學生多！文革開始後他的地位發生劇變：他成了「黨內走資本主義道路的當權派」，「反動學術權威」……這還不要緊，要命的是說他是黨的「叛徒」！於是他一下子從天上掉到地下，掉進了無底深淵，被打入了十八層地獄，被關進了「牛棚」！他是藝術系的「牛」頭，晚上睡在尿桶邊。白天幹重活，挑大糞，晚上開鬥爭會，交代「罪行」，交不出就挨打，不承認就「開除」，他的黨籍，幹籍都沒了！同我一起勞動時，還沒有得到恢復！

儲先生雖長我幾歲，但他身體很好，體力不比我差，我們一擔磚挑六塊，重量總在120斤上下，但他從未叫過苦！儲先生性格是

樂觀的。我們有時還低聲哼唱樣板戲，他雖不是專攻京劇的，但對樣板戲並不外行。記得他教過我一些唱段，元旦晚會上，我還唱過一段少劍波的戲呢！那是我跟他學的！這是我頭一次登臺，也是最後一次，今天回想起來，還有點後怕呢！

他告訴我，他本來是學聲樂的，指導老師沒弄清他的音色，結果弄壞了他的嗓子，不能登臺唱歌了，只好改學指揮！

儲先生待人寬厚，從不落井下石。劉已明先生年近七十，到了平江勞動，還經常挨鬥。我問儲先生為什麼劉已明總是挨鬥？他笑一笑回答我說：「劉先生年紀大，接受新事物慢，所以經常挨鬥……」

1970年三八節的前夕，我離開平江回校參加「一打三反」運動後，我們有好長一段時間沒再見面。大概是「四人幫」垮臺前後，我們這些「黑鬼」還沒徹底平反，他就開始指導社會上的一些音樂愛好者唱歌了。我鄰居的一個小孩子在成都工作，愛好唱歌，要找人指導，聽說我認識儲先生，便央求我帶他前去。我們走進儲先生的家，受到他熱情接待，馬上就讓那青年唱了兩首歌給他聽。他耐心聽完之後，非常詳細地指出青年的優缺點，勉勵他繼續努力。臨走時青年帶去的水果，儲先生硬是不收，使那青年非常感動，銘記了他一輩子！

1987年儲先生離休了。但他離而不休。他家裏人來人往，絡繹不絕，都是來上門求教的學生，外面的社會活動也很多，儲先生比不退休更忙了！我在離休者的隊伍中，很少見到他的影子。他把事業當作自己精神的寄託！他不追求名利，不要報酬，把自己的一切獻給社會，獻給人民。他自己掏出幾萬元創辦一家民辦藝術大學，自任校長。他自願放低身段，關心、指導群眾性的音樂活動：當音樂比賽的義務評委，給愛晚合唱團當義務指揮……有人說他活得太

累，勸他多休息！他的回答是：我一天不教學，一天不聽音樂，一天不看書，就不舒服，覺得那樣活著沒有什麼意思！我願意唱著歌笑著死去！

2001年元月他真的笑著去世了，死前幾天還在抱病輔導退休人員唱歌。

後記

　　離休以後，無所事事，以前接觸過的人和事便經常在腦中浮現，若明若暗，或隱或顯，於是身不由己地拿起筆來，作些記錄。不想十幾年過去，已經寫出了幾十篇長短不一的文章，陸續發表在省內外的報刊雜誌上。為了讀者閱讀的方便，決定從中選出55篇，彙集成冊出版，書名就叫《麓山學人軼事》。裏面提到的人除105歲的姜運開先生之外現在都已作古，生前他們都在嶽麓山下生活和工作過。時間有長有短，長的數十年，直至終老，短的也有幾年。他們都是所謂的高級知識份子，僅在美、英、德、法、日留過學的就有十五六位，其中不乏著名學者、專家！從年齡上看，他們都是我的前輩，有的還是直接教過我的老師。從政治傾向上看，他們都是真正的愛國者，民主、自由的擁護者，專制、獨裁的反對者，其中還有不少虔誠的共產黨員！但在「左」風盛行的年代裏，他們中的絕大多數，被視為另類，在歷次運動中受到不公正的對待。到了史無前例的「文革」中，他們無一例外地受到衝擊，有的被迫害至死！而僥倖活到改革開放的，大多成了「搶手」貨，被戴上各種傲人的桂冠：人民代表、政協委員、教授、主任、校長、博導……

　　我寫的不是他們生活的全部，只是其中的一鱗半爪，很不全面。雖說只是軼聞，不是正史，卻不是憑空捏造。而是事事有根據，件件有出處，沒有虛構，沒有戲說，不是耳聞，就是親見，或是抄自官方文件，或是本人交代。筆者堅信：假的就是假的，真實才有生命，才能經得起時間的考驗！

　　這些文章不是一氣呵成的，所以語氣、體例都不一致。又因為記敘的事都發生在嶽麓山下，只是發生在不同人的身上而已，難免不在敘述中有所重複，這是要請讀者原諒的！

　　我寫的遠不是他們的輝煌，多半是他們不願示人的一面，有點揭老底的味道。希望他們的後人能夠諒解。

　　支援鼓勵我寫這些文章的人，數以百計，他們的名字無法一一列舉。沒有他們的幫助，我無法寫出這麼多人的軼事。要說有什麼作者的話，他們才是真正的作者。至於我，充其量不過是一名並不怎麼高明的執筆者罷了。我要向他們表示衷心的感謝！

　　這裏特別要感謝為本書作序的陶新俊兄。他是一名職業軍人，又是一名學者、詩人、翻譯家。他自始至終關注本書的寫作，鼓勵我克服重重困難，完成計畫，為子孫後代留下一點點歷史的真實！（不幸的是本書尚未出版，他卻已經作古，使我感到無比悲痛！）

　　我還要感謝《湘聲報》的向繼東先生，他在「麓山學人」專欄裏刊登了本書中的數十篇文章，而且還準備繼續刊登！

作者謹識

於長沙嶽麓山

血歷史23　PC0203

新銳文創
INDEPENDENT & UNIQUE　麓山學人軼事

作　　者	李　蟠
主　　編	蔡登山
責任編輯	孫偉迪
圖文排版	鄭佳雯
封面設計	王嵩賀

出版策劃	新銳文創
發 行 人	宋政坤
法律顧問	毛國樑　律師
製作發行	秀威資訊科技股份有限公司
	114 台北市內湖區瑞光路76巷65號1樓
	電話：+886-2-2796-3638　傳真：+886-2-2796-1377
	服務信箱：service@showwe.com.tw
	http://www.showwe.com.tw
郵政劃撥	19563868　戶名：秀威資訊科技股份有限公司
展售門市	國家書店【松江門市】
	104 台北市中山區松江路209號1樓
	電話：+886-2-2518-0207　傳真：+886-2-2518-0778
網路訂購	秀威網路書店：http://www.bodbooks.com.tw
	國家網路書店：http://www.govbooks.com.tw

出版日期	2012年7月　初版
定　　價	440元

國家圖書館出版品預行編目

麓山學人軼事 / 李蟠作. -- 一版. -- 臺北市：新銳文創,
　2012.07
　　面；　公分.
　BOD版
　ISBN　978-986-6094-74-3(平裝)

　1.知識分子　2.傳記　3.中國

782.238　　　　　　　　　　　　　101005946

讀者回函卡

感謝您購買本書，為提升服務品質，請填妥以下資料，將讀者回函卡直接寄回或傳真本公司，收到您的寶貴意見後，我們會收藏記錄及檢討，謝謝！
如您需要了解本公司最新出版書目、購書優惠或企劃活動，歡迎您上網查詢或下載相關資料：http:// www.showwe.com.tw

您購買的書名：_____

出生日期：_____年_____月_____日

學歷：□高中 (含) 以下　　□大專　　□研究所 (含) 以上

職業：□製造業　□金融業　□資訊業　□軍警　□傳播業　□自由業
　　　□服務業　□公務員　□教職　　□學生　□家管　　□其它_____

購書地點：□網路書店　□實體書店　□書展　□郵購　□贈閱　□其他

您從何得知本書的消息？

　　□網路書店　□實體書店　□網路搜尋　□電子報　□書訊　□雜誌
　　□傳播媒體　□親友推薦　□網站推薦　□部落格　□其他_____

您對本書的評價：(請填代號　1.非常滿意　2.滿意　3.尚可　4.再改進)

　　封面設計____　版面編排____　內容____　文／譯筆____　價格____

讀完書後您覺得：

　　□很有收穫　□有收穫　□收穫不多　□沒收穫

對我們的建議：_____

_____

_____

_____

11466
台北市內湖區瑞光路 76 巷 65 號 1 樓

秀威資訊科技股份有限公司　　　收
BOD 數位出版事業部

....

（請沿線對折寄回，謝謝！）

姓　　名：＿＿＿＿＿＿＿＿　年齡：＿＿＿＿　性別：□女　□男

郵遞區號：□□□□□

地　　址：＿＿＿＿＿＿＿＿＿＿＿＿＿＿＿＿＿＿＿

聯絡電話：(日)＿＿＿＿＿＿＿＿　(夜)＿＿＿＿＿＿＿＿

E-mail：＿＿＿＿＿＿＿＿＿＿＿＿＿＿＿＿＿＿＿